A EXPERIÊNCIA DO GOSTO

A experiência do gosto

O mundo do vinho segundo Jorge Lucki

Companhia Das Letras

Grafia atualizada segundo o Acordo Ortográfico da Língua Portuguesa de 1990, que entrou em vigor no Brasil em 2009.

Capa
Flávia Castanheira

Mapas
Sonia Vaz

Preparação
Maria Cecília Caropreso

Índice remissivo
Luciano Marchiori

Revisão
Camila Saraiva
Ana Maria Barbosa

Dados Internacionais de Catalogação na Publicação (CIP)
(Câmara Brasileira do Livro, SP, Brasil)

Lucki, Jorge
A experiência do gosto : o mundo do vinho segundo Jorge Lucki / Jorge Lucki. — 1ª ed. — São Paulo : Companhia das Letras, 2010.

ISBN 978-85-359-1759-8

1. Vinho e vinificação I. Título.

10-10022 CDD-641.22

Índice para catálogo sistemático:
1. Vinho : História 641.22

EDITORA SCHWARCZ S.A.
Rua Bandeira Paulista, 702, cj. 32
04532-002 — São Paulo — SP
Telefone: (11) 3707-3500
www.companhiadasletras.com.br
www.blogdacompanhia.com.br
facebook.com/companhiadasletras
instagram.com/companhiadasletras
twitter.com/cialetras

A Lonka, Dora, Juliana e Tonzinho

Sumário

PERSONAGENS DO MUNDO DO VINHO

Mar do
Norte
Berlim
ALEMANHA
rio Reno
Ahr
Mosel-
Saar-Ruwer
Rheingau
Franken
Rheinhessen
Nahe
Pfalz
Reims
Champagne
Paris
ALSÁCIA
Sélestat
Colmar
Thann
Baden
Württemberg
VALE DO LOIRE
Muscadet
Sèvre-et-Maine
Tours
Nantes
Muscadet
Touraine
Pouilly-
-Fumé
SANCERRE
Chablis
BORGONHA
Côte de Nuits
Côte de Beaune
Côte D'or
Beaune
Côte Chalonnaise
Mâconnais
Beaujolais
OCEANO
ATLÂNTICO
BORDEAUX
FRANÇA
Pomerol
Saint-Émilion
Sauternes
VALE DO
RHÔNE
Avignon
PIEMONTE
TRENTINO -
ALTO ADIGE
FRIULI -
VENEZIA
GIULIA
LOMBARDIA
VENETO
Florença
Chianti
TOSCANA
Roma
ITÁLIA
Mar Tirreno
Mar Mediterrâneo
Marsala
SICÍLIA
50°N
40°N
0°
10°L
N
0
165
km

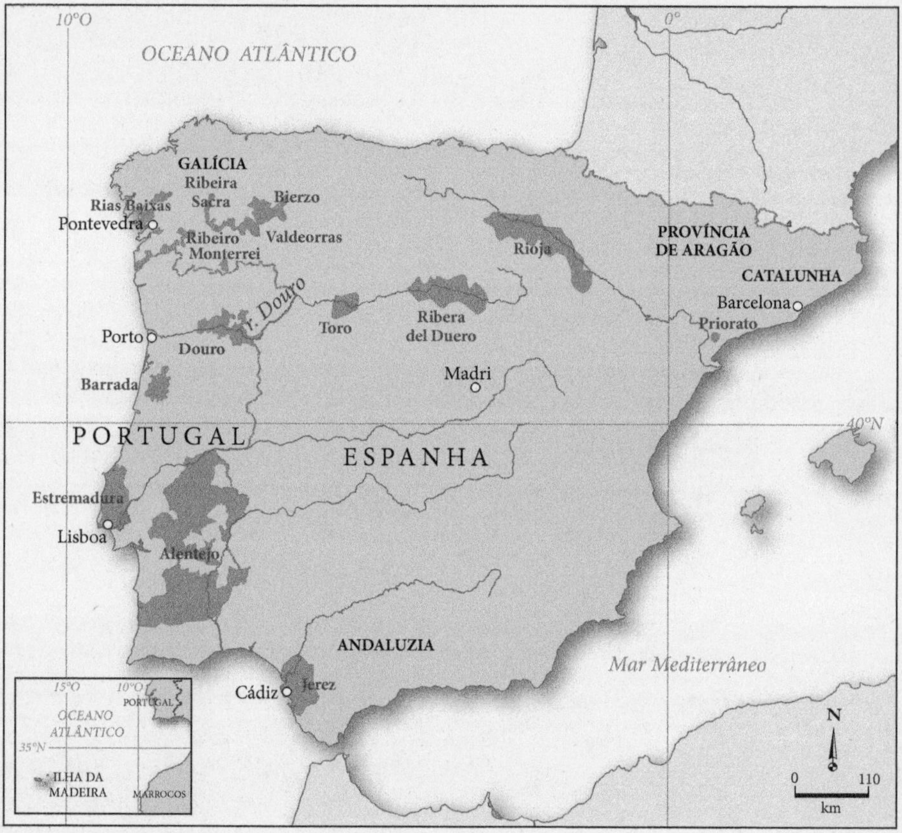

10ºO
0º
OCEANO ATLÂNTICO
GALÍCIA
Ribeira Sacra
Rias Baixas
Bierzo
Pontevedra
Ribeiro
Valdeorras
Monterrei
Rioja
PROVÍNCIA DE ARAGÃO
CATALUNHA
Barcelona
Priorato
r. Douro
Toro
Ribera del Duero
Porto
Douro
Madri
Barrada
40ºN
PORTUGAL
ESPANHA
Estremadura
Lisboa
Alentejo
ANDALUZIA
Mar Mediterrâneo
Cádiz
Jerez
15ºO
10ºO
PORTUGAL
OCEANO ATLÂNTICO
35ºN
ILHA DA MADEIRA
MARROCOS
N
0
110
km

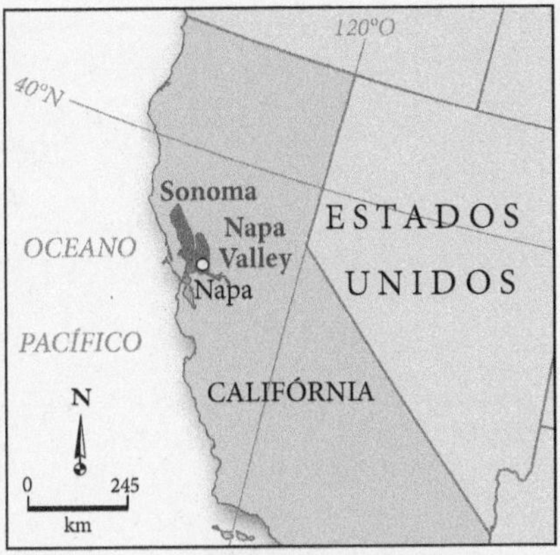
120°O
40°N
Sonoma
Napa
Valley
Napa
ESTADOS
UNIDOS
OCEANO
PACÍFICO
CALIFÓRNIA
N
0
245
km

Trópico de
Capricórnio
PARAGUAI
BRASIL
Salta
OCEANO
PACÍFICO
São
Joaquim
Campos de
Cima da Serra
Serra
Gaúcha
30°S
Limarí
Campanha
Porto
Alegre
Serra do
Sudeste
ARGENTINA
Mendoza
Casablanca
San Antonio
Santiago
Mendoza
URUGUAI
Canelones
Maipo
Buenos
Aires
Montevidéu
CHILE
Traiguén
OCEANO
40°S
N
ATLÂNTICO
0
210
km
70°O
60°O
50°O

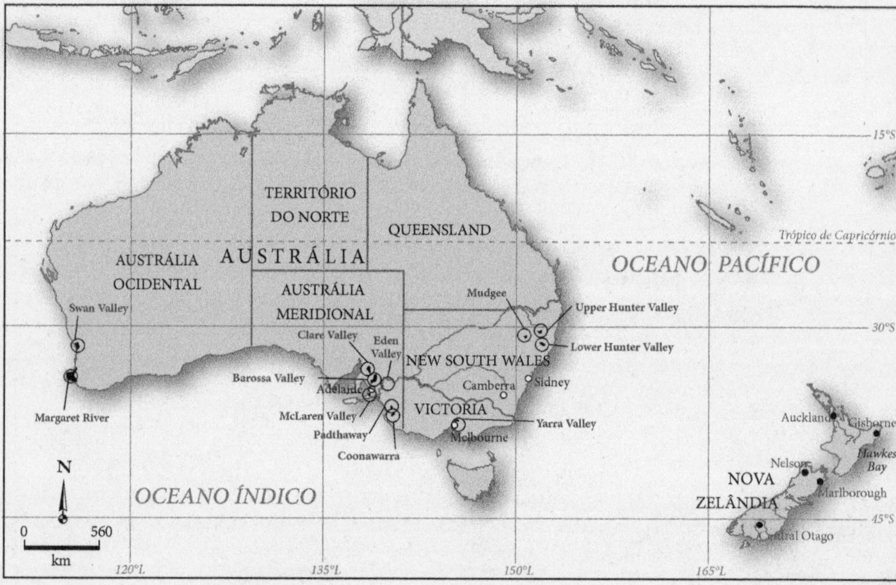
TERRITÓRIO
DO NORTE
QUEENSLAND
AUSTRÁLIA
OCIDENTAL
AUSTRÁLIA
AUSTRÁLIA
MERIDIONAL
Trópico de Capricórnio
OCEANO PACÍFICO
Mudgee
Upper Hunter Valley
Lower Hunter Valley
Swan Valley
Clare Valley
Eden
Valley
NEW SOUTH WALES
Barossa Valley
Adelaide
Camberra
Sidney
Margaret River
McLaren Valley
VICTORIA
Padthaway
Yarra Valley
Melbourne
Coonawarra
Auckland
Gisborne
Hawkes
Bay
Nelson
NOVA
ZELÂNDIA
Marlborough
Central Otago
N
OCEANO ÍNDICO
0
560
km
15°S
30°S
45°S
120°L
135°L
150°L
165°L

Apresentação

Angela Klinke

Ao longo de dez anos tive o privilégio de editar os mais de quatrocentos artigos que Jorge Lucki escreveu para o *Valor* em sua coluna sobre vinhos. Em 2000, quando o jornalista Celso Pinto, então diretor de redação do jornal, estabeleceu que Lucki seria colunista, muitos donos de importadoras chiaram. Sabiam que encontrariam nele um crítico atento e não condescendente.

A questão, como fica evidente nos artigos aqui selecionados, não é gostar ou não dessa ou daquela importadora. Sempre que Lucki trata de um tema, seja uma variedade de uva ou uma região produtora, ele busca exemplificá-lo com rótulos disponíveis no mercado nacional. E nessa seleção reúne o que considera mais significativo e o que está em sintonia com suas convicções, sem se preocupar com quem ficou de fora.

Com tantos turistas e entendidos de ocasião escrevendo sobre vinhos, os artigos de Lucki revelam a consistência e a coerência de seu trabalho desde o início do *Valor* e de sua coluna — Lucki é da turma pioneira do jornal e permanece conquistando leitores nesses dez anos. Seu didatismo não é desrespeitoso, como é possível conferir logo no primeiro capítulo deste livro. Da mesma forma, seu conhecimento não agride. Para ele, vinho não é um exercício do ego, mas da generosidade.

O conhecimento, o compromisso e a seriedade de Jorge Lucki abrem portas e garrafas restritas no universo do vinho. É por respeito e por ser respeitado que ele consegue comentários reveladores, alguns deles reunidos aqui. E, como todo apreciador que percebe o que há de humano na produção e no ato de beber um bom vinho, ele quer compartilhar suas experiências.

Vinho, para Jorge Lucki, é um exercício do gosto, não um instrumento de poder. E a informação é a ferramenta para se frequentar esse universo com prazer. Quer um exemplo? Ao tratar do uso do decanter — um recipiente que até mete medo —, ele não transforma o texto num verbete de enciclopédia. Lucki contextualiza a função do decanter diante dos hábitos contemporâneos de consumo do vinho: "A tendência de se consumir cada vez mais vinhos jovens — faceta da era moderna, numa sociedade imediatista — tem provocado distorções nas avaliações. Como alguns vinhos necessitam de mais tempo para se exprimir, nesse ínterim eles podem ser preteridos em favor de outros eventualmente inferiores. É comum, em degustações em que vários vinhos são provados em série, ouvir a frase 'O vinho cresceu no copo', denunciando uma mudança nas preferências. Ser volúvel, diga-se de passagem, nesse caso é louvável, pois é um sinal de que se está provando com atenção".

Quando estimula a infidelidade a rótulos como forma de aprendizado, nem dá para acreditar que Lucki pertence à galera arraigada da Fiel. Mas, do mesmo modo que valoriza a personalidade de cada vinho, ele também construiu a sua com muitas particularidades: trata-se de um corintiano tinto.

Angela Klinke é editora do jornal *Valor Econômico*.

Nota do autor

O mundo atual pede mais democracia e menos preconceito. Questões complicadas da história da humanidade estão sendo equacionadas a partir desse ideal. Muito menos complexo é o mundo do vinho: não há leis ou proibições, não há grandes sanções (a não ser a ressaca do dia seguinte). A única intolerância admitida é contra os maus produtores.

É fundamental valorizar o produtor honesto, diferenciando o bom vinho daquele que é puro marketing. Há uma crescente e contínua oferta de novos rótulos inundando o mercado brasileiro, e não é simples escolher diante de uma prateleira repleta, com vinhos das mais variadas procedências e características. Bom vinho, a rigor, não é só aquele que agrada ao paladar, isso é obrigação. Bom vinho é aquele que propicia prazer com preço acessível. Respeitando o poder aquisitivo de cada um, não existe vinho caro; caro é aquele que não vale o seu preço.

No Brasil, o interesse pela bebida só aumenta, e gradativamente o brasileiro vem incorporando o vinho ao seu hábito alimentar. Além dos fatores comprovadamente benéficos à saúde, vinho é o melhor acompanhamento para uma refeição.

Nesse prazeroso caminho em busca da cultura e do conhecimento de vinhos, o interessado deve estar atento às armadilhas e entender a diferença entre sofisticação e elitismo — confusão bastante frequente, que afasta muitos iniciantes. O vinho é uma bebida sofisticada, mas de forma nenhuma elitista. Sofisticada porque não se bebe vinho como se bebe água. Requer atenção. Vinho é para ser compartilhado, para acompanhar as refeições com a família e os amigos.

A palavra de ordem no mundo do vinho é pluralidade (por mais que se goste, não dá para comer feijão com arroz todo dia), e há vinhos para todos os paladares e poderes aquisitivos, como também oportunidade de ampliar o conhecimento sobre o tema por meio de cursos, palestras, eventos enogastronômicos e publicações especializadas.

Minha relação mais estreita com o mundo do vinho começou em 1975, quando comprei dois livros com a expectativa de que contivessem as respostas a tantas questões que afloravam cada vez que eu degustava um vinho. A complexidade de sabores, a diversidade de estilos, a influência do homem e da natureza na elaboração da bebida, a interferência e os caprichos do clima em cada safra, as incertezas e surpresas da evolução na garrafa. Nenhuma outra bebida mexia tanto comigo e despertava tanta curiosidade. Mergulhei de cabeça e fui atrás de entender um pouco mais sobre o assunto.

O vinho é muito importante na minha vida. O ato de degustá-lo é um exercício comunitário e uma permanente e contínua lição de humildade. Aprendi a ser mais sensível, mais humilde e a me aproximar mais das pessoas.

A convivência que o vinho incita, associada ao respeito que ele merece, é o que enseja o surgimento de tantas confrarias, grupos de degustação ou outro nome mais informal que se queira dar para esses encontros. O ato de levar nessas ocasiões uma garrafa que se juntará às dos confrades deve ser conduzido sob a luz da generosidade e do desprendimento. Tenho a sorte de ter encontrado pessoas com esse espírito e de desfrutar de sua amizade. Agradeço a cada um desses amigos e parceiros com quem pude dividir tantos e tão bons vinhos.

Esta obra é uma coletânea dos artigos — com algumas modificações, com vistas a publicação em livro — que escrevi para o *Valor Econômico*, ao longo dos últimos dez anos. Tive o privilégio de estrear minha coluna semanal no primeiro número do jornal. Sou grato por essa oportunidade, e nesse sentido minha primeira reverência é para o jornalista Celso Pinto, mentor e primeiro editor do jornal, extensiva à atual editora, Vera Brandimarte, que tem me apoiado sempre. Meu reconhecimento também à Rosvita Saueressig, à Célia de Gouvêa Franco e ao Pedro Cafardo. E ainda à querida Angela Klinke; caso tivesse de optar entre a gratidão — pela compreensão, paciência e discernimento — e a admiração — pelo profissionalismo, inteligência e competência — que sinto por ela, ficaria, sem pestanejar, com ambas.

Orgulho maior do que ver meu nome na capa de um livro é esse livro ter como editor Luiz Schwarcz, que conheci como um tímido goleirinho de futebol de salão há muitos anos e vi construir a Companhia das Letras. Agradeço imensamente a toda a equipe da editora, que trabalhou com dedicação e habilidade neste livro. Um agradecimento especial a Paula Colonelli.

Não cheguei até aqui sozinho. Tive pais que me deram carinho e uma formação sólida, com valores inestimáveis. Agradeço a eles, que não me ensinaram a beber vinho, mas tiveram participação decisiva na apuração do meu paladar. Nesse aspecto, minha mãe, dona Lonka, cozinheira generosa e de mão-cheia, foi fundamental; a ela todo o meu afeto. Bênção divina, minha filha Juliana, é o meu mais valioso patrimônio. Não bebe vinho. É seu único defeito.

A ideia de publicar uma coletânea de artigos nasceu há mais ou menos quatro anos. Adiei bastante, sempre alegando falta de tempo. Era necessário analisar os textos um por um, separar por temas, atualizá-los e editá-los. Tudo isso foi feito agora por obra, força e determinação da Dora, minha mulher. Com muito amor, para toda a vida. Obrigado é pouco.

Espero que este livro transmita aos leitores parte do imenso prazer que me dão os bons vinhos.

INTRODUÇÃO AO MUNDO DO VINHO

Paladar globalizado, ou quando tudo acaba em Cabernet

O clube dos consumidores que bebem qualquer vinho, desde que seja elaborado com Chardonnay, se for vinho branco, ou com Cabernet Sauvignon, se for tinto, está cada vez maior. Essa é uma questão de paladar, de moda, de facilidade ou de marketing? Na verdade é um pouco de tudo.

A partir da década de 1970, cada vez mais regiões produtoras de vinho passaram a fazer parte do mercado. Sem um nome comercialmente forte, como os tradicionais Bordeaux, Borgonha ou Chianti, a alternativa é destacar o nome da uva no rótulo, uma maneira de dar identidade a quem não tem, de se apropriar de um nome conhecido, de credibilidade, já que a cepa é internacional. Cabernet todo mundo conhece: é a principal uva dos Bordeaux, o mais célebre dos vinhos tintos; Chardonnay é a variedade dos famosos Borgonhas brancos.

Além de conhecidas, essas uvas também têm a vantagem de se adaptar facilmente às mais diversas condições climáticas. O clima é a principal barreira ao plantio de qualquer uva em qualquer lugar. Outras uvas que dão vinhos famosos, como a Sangiovese (dos Chiantis), a Pinot Noir (Borgonhas tintos) ou a Riesling (a rainha dos vinhos da Alsácia), têm dificuldade de se aclimatar fora de suas regiões de origem. Embora a febre da Chardonnay e da Cabernet tenha atingido até produtores tradicionais — Itália, Espanha e Portugal —, os países do Novo Mundo — Austrália, Estados Unidos, Argentina, Chile e África do Sul — foram os grandes usuários dessa estratégia de conquista de mercado, aproximando-se mais daqueles consumidores — que são a maioria — que não têm paciência para gravar nomes de regiões, sub-regiões ou produtores. Para o iniciante, o nome da uva é sinônimo de garantia.

Essa oferta geral de Cabernet e Chardonnay provoca uma globalização ou, mais exatamente, uma standartização, criando um padrão mundial de vinhos, fazendo com que o vinho perca sua mágica, um de seus maiores atrativos. O vinho corre o risco de se tornar um produto cada vez mais monótono, cada vez mais industrial, sem riscos, mas também sem charme. Além da excessiva oferta de rótulos com essas uvas, muitos deles não refletem o lugar, a procedência. Por trás de cada uva há também sua tipicidade e sua origem. Sem isso, os vinhos ficam todos iguais, sem personalidade, como *fast-foods*, comidas com o mesmo gosto. De nada adianta fazer um Bordeaux na Califórnia; Bordeaux fazem os bordaleses — os vinhos californianos devem ter sua personalidade própria. Esse foi, por exemplo, o grande objetivo (e desafio) de Christian Moueix, proprietário do Château Petrus (um dos vinhos mais famosos e caros de Bordeaux) ao se instalar no Napa Valley, em 1982, para produzir o vinho Dominus. O vinho pode ter o espírito dos grandes Châteaux de Bordeaux, mas reflete o *terroir* da Califórnia.

Não acredito que no curto ou médio prazo os países do Novo Mundo vão mudar significativamente, direcionando-se para a produção de vinhos elaborados com outras uvas, ou para a pesquisa de uvas mais apropriadas a seus respectivos climas e solos, desenvolvendo assim um produto seu, como acontece nos países produtores tradicionais, dando uma personalidade a seus vinhos, uma diferenciação. Uma identificação. Esporadicamente, alguns países já transmitem essa imagem, por exemplo a Nova Zelândia, com seus vinhos à base de Sauvignon Blanc, a Austrália, com a Shiraz, e a Argentina com a uva Malbec. É louvável ainda o caso de Portugal, que está conquistando novos mercados graças à modernização de seus métodos vitivinícolas e à adaptação às suas variedades de uvas indígenas, tão originais quanto seus nomes, Touriga, Trincadeira ou Castelão.

Existe um número limitado de uvas nobres capazes de compor grandes vinhos, mas muitas não têm a importância que merecem. Fico contente quando vejo um vinho se destacar fora do eixo Cabernet, Merlot e Chardonnay. Isso é acreditar e apostar na evolução do paladar do consumidor e, consequentemente, na sua capacidade de apreciar um bom vinho.

Aromas, sabores e maquiagem nos barris de carvalho

É impossível discutir vinho sem tocar no assunto "barril de carvalho". *A história do vinho* — livro rico, completo e definitivo —, de Hugh Johnson,* descreve a evolução dos recipientes que armazenavam o vinho, desde a ânfora até a garrafa de vidro, passando pelos barris de madeira. Heródoto, "o pai da história", relata tempos antigos até mesmo para ele em que barcos carregados de pipas de vinho desciam o Eufrates até a Babilônia — e, como o próprio Johnson cita, Heródoto se referia à pipa como algo trivial.

Inventado pelos celtas no decorrer do século III d.C., o barril substituiu as ânforas, pesadas, frágeis e difíceis de manusear. Desde então, a não ser por seu formato mais baixo e mais largo, ele pouco mudou; o que mudou foi a importância dada à sua utilização. Nas três últimas décadas a evolução qualitativa do vinho deve-se ao progresso da enologia como ciência e, nela, ao estudo dos fenômenos que ocorrem dentro de um barril.

* Companhia das Letras, 1999.

Em oposição aos vinhos que devem ser consumidos pouco tempo depois de elaborados — Beaujolais, Dolcetto e os Vinhos Verdes, entre outros —, os vinhos chamados "de guarda" são engarrafados somente depois de certo tempo, que varia de alguns meses a vários anos. Na fase em que fica armazenado no barril, chamada de amadurecimento, o vinho evolui por transformações físico-químicas e sensoriais. Esse processo pode ocorrer em recipientes inertes, como aço inox ou concreto, mas só a madeira permite ao vinho aumentar sua potencialidade e atingir novos patamares de riqueza e complexidade; principalmente se a madeira for carvalho e se sua utilização for racional, o que significa a dosagem adequada do tempo de permanência do vinho no barril, as condições do barril, se é novo ou usado, seu volume interno (capacidade) e a procedência do carvalho. Todos concordam sobre a sinergia entre o carvalho e o vinho, o que a torna praticamente a única madeira utilizada; a discussão, portanto, é sobre o modo de utilizá-la.

Duas características do carvalho explicam sua influência e seus bons resultados: a porosidade, que permite a troca de oxigênio entre o vinho e o meio externo, e o fato de transmitir ao vinho componentes da família dos taninos (substância natural responsável pela sensação de aspereza na boca que experimentamos ao beber vinho tinto). Esses componentes aportam ao vinho aromas marcantes que lembram baunilha. No barril, ocorre uma lenta e progressiva oxigenação que favorece a combinação dos taninos e dos componentes do vinho e do carvalho, resultando num vinho menos adstringente e mais aromático. Para dar bons resultados, no entanto, é preciso que o vinho seja concentrado, equilibrado e rico. A esse respeito, existe um axioma irrefutável: "É preciso que o vinho mereça o barril". A receita, que pode dar a impressão de exigir apenas uma simples análise prévia do vinho candidato ao barril, começa a complicar pela multiplicidade de fatores que devem ser levados em conta: utilização de barris novos ou usados (estes têm menos porosidade e componentes); tempo de permanência do vinho nos barris; tamanho do barril (que tem relação direta entre a área de contato da madeira e o volume do líquido); e procedência do carvalho (os componentes e a porosidade variam de acordo com o país e a região).

Esses elementos, somados à técnica de confecção dos barris, influem decisivamente nos fenômenos que se processam no vinho. Essa fase é o final da linha e tem grande influência em todo o trabalho desenvolvido. Como não existe uma fórmula matemática para medir todas essas interdependências, produtores conscientes checam, na prática, cada elemento. Por diversas vezes presenciei produtores famosos empreendendo novas experiências na busca de ganhos de qualidade; por exemplo, um bom produtor italiano testando um barril de 350 litros em vez do barril-padrão de 225 litros, e o Domaine de la Romanée-Conti analisando o comportamento do vinho numa barrica de carvalho russo, quando normalmente utiliza franceses, procedentes da floresta de Tronçais. A conclusão definitiva vem de degustações durante todo o estágio dos vinhos nos barris, como uma mãe zelosa acompanha o crescimento do filho. Para não comprometer o trabalho de um ano inteiro, as experiências são realizadas com uma amostra do vinho, até se chegar a algum resultado confiável. Um grupo chefiado pelo professor René Naudin, do Institut Technique de la Vigne et du Vin de Beaune, na Borgonha, desenvolveu um estudo muito interessante, que analisou durante cinco anos o comportamento de vários vinhos brancos e tintos em diversos tipos de barris, novos e usados, e em recipientes inertes, onde não há troca, como inox e fibra de vidro. Os resultados, consolidados em gráficos de qualidade, foram obtidos a partir de degustações de profissionais experientes e, ao mesmo tempo, de análises químicas. Os melhores vinham dos barris de carvalho novo, originários das florestas de Vosges e Tronçais, na França.

Além da França, outro grande fornecedor de carvalho são os Estados Unidos. Considerando-se as diferenças (o americano é menos poroso e tem mais resina e taninos), há consenso de que os melhores vinhos merecem barris de carvalho franceses; embora custem em torno de quinhentos dólares, quase o dobro do americano, eles permitem que vinhos potencialmente bons se desenvolvam com elegância. Só não fazem o milagre de transformar Gata Borralheira em Cinderela: quando o vinho não ajuda, há quem ache que o melhor é buscar maquiagem. Maquiagem, muitas vezes em excesso, é a que recorrem muitos produtores que abusam da utilização do carvalho americano para dar a seus vinhos o que eles não conseguem oferecer naturalmente. Não há como negar que, num primeiro instante, esse procedimento é sedutor: o carvalho americano confere de fato ao vinho aromas intensos de baunilha que podem alcançar variações de coco e chocolate. São aromas agradáveis, que cativam o consumidor, mas que são também enjoativos e mascaram as outras características.

Esse é um assunto vasto. O mundo do vinho viveu e ainda vive, embora um pouco menos agressivamente, a moda dos barris de carvalho, ou da madeira, termo mais utilizado. Como todas as modas, essa vem acompanhada de interesses e paixões insensatas, excessos temerários, mas, para nossa felicidade, também de alguns exemplos vitoriosos e de sábias revelações.

Da casca do sobreiro e do risco de beber um *bouchonné*

O advento da rolha e da garrafa de vidro, ocorrido no século XVII, revolucionou o conceito de vinho e marcou para sempre sua história. Até então era impossível impedir o contato do líquido com o oxigênio, o que tornava o vinho uma bebida altamente perecível. A garrafa já era usada, mas apenas para conduzir o vinho do barril à mesa. O grande salto — para a indústria do vidro e para o vinho — foi encontrar a tampa perfeita. Aparentemente, as rolhas de cortiça já eram utilizadas pelos romanos, mas haviam caído no esquecimento, tendo voltado em definitivo quando se percebeu sua praticidade e elasticidade. Houve ainda uma fase de transição, quando a cortiça, não tão bem trabalhada, trouxe alguns problemas e enfrentou a concorrência das tampas de vidro esmerilhado.

Por fim, a rolha de cortiça foi a vencedora porque, embora as tampas de vidro proporcionassem vedação, era difícil retirá-las sem quebrar a garrafa.

A conhecida frase "O vinho virou vinagre" tem origem na ação do oxigênio. O contato da bebida com o ar promove a proliferação rápida das bactérias do gênero *Acetobacter*, naturalmente presentes no vinho e que atacam o álcool e o transformam em ácido acético, o principal componente do vinagre. Quando não havia a possibilidade de proteger o vinho dessa alteração por meio de uma boa vedação, o jeito era ao menos dificultá-la ao máximo. Eram então empregados métodos empíricos, como a adição de álcool ao vinho e a queima de mechas de enxofre no interior dos barris. O álcool e o gás à base de enxofre inibem a reprodução das bactérias acéticas, retardando, mas não bloqueando, o processo indesejado.

A rolha de cortiça abriu caminho para que se investisse na qualidade do vinho, mudou todo o conceito de comercialização e tornou possível acompanhar a mágica transformação ocorrida no interior da garrafa — ao abrigo do ar —, onde a bebida vai ganhando nuances cada vez mais complexas.

No entanto, nem tudo é alegria na relação entre rolha e vinho. A cortiça é extraída da casca do sobreiro, árvore cientificamente conhecida como *Quercus suber*, muito abundante em Portugal — onde está o maior cultivo mundial — e Espanha. Ainda durante a fase anterior ao corte, ou devido aos tratamentos que recebe depois de extraída, a cortiça pode desenvolver um fungo ou composto químico que acaba contaminando o vinho de forma irreversível. Essa contaminação caracteriza-se por um odor desagradável que lembra bolor ou pano molhado e pelo gosto deteriorado.

A "doença da rolha", como é chamada, ou vinho *bouchonné* (do francês *bouchon*, rolha), é o principal motivo de se degustar um vinho com atenção antes de ele ser servido ao restante da mesa. O defeito pode ser encontrado em qualquer vinho, independentemente de sua qualidade ou reputação. Alguns podem denegrir um vinho por culpa da rolha, assim como achar que ótimos rótulos estão imunes ao problema. Lembro bem do que aconteceu na tarde de uma sexta-feira de dezembro de 1995, quando fui gentilmente convidado para a reunião de uma confraria que costuma se reunir em São Paulo. Enquanto eu conversava a um canto com um dos confrades, era servida uma reluzente garrafa de Grands Echézeaux safra 66, do Domaine de la Romanée-Conti. Nossa conversa, porém, não foi interrompida pelo burburinho da sala, aplaudindo fervorosamente as incontáveis qualidades do vinho, e sim pelo susto que tomei quando levei ao nariz a taça que acabara de nos ser servida para sentir os aromas do vinho, gesto quase automático que faço antes de beber. Aquela preciosidade estava completamente *bouchonné*, e ninguém havia percebido.

Se apreciadores habituais de vinho, que deveriam reconhecer com facilidade um odor tão marcante, não o fizeram, que dirá de tantos consumidores ocasionais, que bebem garrafas inteiras sem se dar conta do problema? A contaminação não faz mal à saúde, mas ao bolso e ao espírito, quando se constata que uma garrafa foi comprada, quem sabe guardada com carinho e preparada para ser aberta numa ocasião especial, causando depois frustração de consequências imprevisíveis.

Não há garantia de que o fornecedor vá trocar uma garrafa deteriorada. A questão é moral e pode ser resolvida com a comprovação do problema e com uma conversa amigável entre um bom cliente e um comerciante idôneo que investe na relação. No restaurante, por outro lado, é obrigação do estabelecimento servir um produto sem defeito, e a troca é inevitável. Ainda assim a questão é delicada: quem vai referendar o diagnóstico de que o vinho está impróprio? Até que ponto o cliente inexperiente confunde vinho estragado com o que não lhe agrada? O restaurante tem alguém com conhecimento e credibilidade para julgar?

É recomendável que, mesmo que se perceba um problema com o vinho servido, se coloque a questão de forma polida e se peça a opinião de um profissional do estabelecimento, em vez de impor sua opinião e exigir a troca. O gesto educado abre a possibilidade de que, na dúvida, outro vinho ou outra garrafa seja oferecida.

A estatística de rolhas contaminadas é pouco precisa, mas estima-se que esteja entre 2% e 5% dos casos. A incidência tem diminuído à medida que uma série de precauções vêm sendo tomadas em todo o processo: na extração da cortiça, em seu tratamento e no armazenamento adequado antes da utilização. Depois de uma série de tentativas mal-sucedidas, desenvolveu-se uma nova técnica inspirada no princípio do micro-ondas. O equipamento, semelhante a um grande forno onde as rolhas são submetidas a ondas eletromagnéticas, é fruto do esforço conjunto da indústria corticeira de Portugal e da tecnologia alemã, de modo a não perder uma importante fonte de divisas.

Os americanos desenvolveram rolhas sintéticas, que lembram plástico colorido, testadas e aprovadas pela Universidade de Davis, importante centro de enologia da Califórnia. Essa tentativa se junta à corrente que tenta introduzir as despretensiosas tampinhas metálicas, de rosca ou para serem extraídas com o abridor comum das garrafas de cerveja. Embora não haja nenhuma contraindicação comprovada, esses substitutos da cortiça não têm tido sucesso, deixando o produto associado a algo de padrão inferior. Não acho que seja mero apego à tradição; existem questões bastante emotivas envolvendo o vinho, que vão além do próprio líquido.

Tanino, anidrido, histamina e a sensibilidade de cada um

Não há mais dúvida de que, consumido com moderação, o vinho traz benefícios à saúde. Nem todos, no entanto, têm uma relação de prazer com a bebida, devido a eventuais reações do organismo a algum de seus elementos. O corpo humano pode se comportar de forma muito particular diante de determinada substância, e nem sempre a causa do sintoma desagradável é evidente. No caso do vinho, não vale a pena generalizar; é possível que o problema não seja tão extremo a ponto de ser necessário prescindir dessa alegria.

Deixando de lado casos radicais, como os de origem psicossomática ou associados ao álcool, responsáveis por 99% das ressacas ou dos desconfortos após a ingestão de algumas doses, existem certos tipos de reações alérgicas relacionadas a determinados vinhos. É o que explica casos em que o organismo aceita vinhos brancos e rejeita tintos, ou vice-versa. Tintos e brancos diferem na cor e no paladar por causa da maneira como são elaborados, tornando suas constituições muito diferentes. Para se obter um vinho tinto, é necessário que a casca da uva faça parte do processo, pois é ela, e praticamente só ela, que contém os pigmentos que dão cor à bebida. Além da matéria corante, a casca contém outros elementos que se incorporam naturalmente ao vinho tinto e que são, inclusive, os grandes responsáveis por suas características. E, em alguns casos, também pelas reações alérgicas que provocam.

O diferencial dos tintos, e provável causa de incompatibilidade, é o tanino, na verdade uma família de componentes do grupo dos polifenóis, responsável pela sensação de aspereza sentida na superfície da língua. Ensaios em laboratório indicam que compostos fenólicos podem liberar agentes que atuam como precursores da enxaqueca.

Outras pessoas são extremamente sensíveis à histamina, substância imperceptível no palato, que se desenvolve durante a elaboração dos vinhos em geral e dos tintos em particular. É um elemento também presente nos tecidos do corpo humano e que tem efeito vasodilatador, podendo desencadear reações alérgicas na pele e provocar rubores e pruridos. Essas incidências, contudo, são pequenas, uma vez que a concentração de histamina no vinho é muito baixa, bem inferior à encontrada em alimentos como queijo, peixes, carne, espinafre e tomates.

Os tintos são, pela presença da casca no processo de fermentação, mais ricos em constituintes do que os brancos. Têm, portanto, maior probabilidade de gerar respostas incômodas. Se isso comprovadamente ocorrer, a solução é partir para os brancos. A perda até que não é grande: muitos deles têm alma de tintos e podem enfrentar com petulância qualquer tipo de prato.

Por outro lado, vinhos brancos são mais frágeis que tintos, necessitando de maior proteção. O preservante mais empregado, com excelentes resultados desde o tempo dos romanos, é o anidrido sulfuroso, que aparece no líquido sob a forma de sulfitos. Sua dosagem é rigorosamente controlada pela legislação da maioria dos países produtores e consumidores, e limitada a níveis substancialmente menores do que os existentes em sucos, frutas secas, sacos de alimentos congelados e todas as conservas do mercado. Ainda assim, os sulfitos no vinho ganharam fama de vilões, sendo responsabilizados pelo que não cometeram. Estudos americanos mostraram que muitos entrevistados se queixavam de alergia ao vinho devido ao SO_2 — a fórmula química do anidrido sulfuroso —, mas admitiam não ter nenhum problema quando tomavam suco de laranja em caixinhas tetrapack ou quando comiam figos secos ou tâmaras, sem saber que estes contêm muito mais conservantes. A origem da prevenção pode estar na obrigatoriedade de mencionar "contém sulfitos" no contrarrótulo de qualquer garrafa vendida nos Estados Unidos. No Brasil e internacionalmente, seu código é 220. Sabe-se que o enxofre e, por extensão, seus derivados, como os sulfitos, não gozam de boa imagem desde os primórdios, sendo associados a algo ruim e tidos na cultura popular como o "cheiro do diabo".

O anidrido sulfuroso é um grande aliado do vinho. Quanto maior o conhecimento de suas potencialidades, maior a contribuição para melhorar a qualidade dos vinhos e aprimorar sua evolução. O uso do anidrido permite hoje melhor extração e fixação da cor nos vinhos tintos e a manutenção bem definida do frescor e do caráter frutado nos brancos. Sem os sulfitos, o vinho não sobreviveria aos longos trajetos que sua comercialização requer, muito menos à exportação. Mesmo os mais rígidos produtores, adeptos dos vinhos orgânicos, biológicos e da biodinâmica, não descartam seu uso, defendendo apenas uma aplicação racional.

Os sulfitos são utilizados em todo o processo de elaboração do vinho. No vinhedo, empregam-se compostos de enxofre na prevenção e no tratamento de pragas e doenças. Na cantina, destaca-se no processo de vinificação e de conservação, pela dupla capacidade de agir como antisséptico e antioxidante. Na função antisséptica, a sulfitagem é feita antes da fermentação e tem por objetivo eliminar bactérias e leveduras inferiores que provocariam doenças no vinho ou formação de produtos secundários indesejáveis.

A capacidade antioxidante do SO_2 permite que ele exerça uma eficiente proteção, impedindo ações nefastas do oxigênio, tanto antes quanto depois da vinificação. Isso se deve ao fato de o anidrido sulfuroso reagir rapidamente com o oxigênio, antes que este faça estragos. Com todos esses atributos, é possível que não bebamos vinho por causa dos sulfitos, mas provavelmente não o faríamos sem ele.

O progresso da técnica enológica permitiu que as doses de sulfitos utilizadas durante todas as fases de produção do vinho fossem sendo progressivamente reduzidas. A quantidade empregada — lembrando que cada país fixa seus limites — depende do tipo de vinho. Os vinhos tintos têm mais defesas naturais que os brancos, possibilitando doses menores de sulfitos. Permite-se uma dosagem mais alta aos vinhos doces, para impedir que a presença do açúcar residual — que dá o sabor adocicado — refermente no interior da garrafa.

Ainda que o limite autorizado de sulfitos seja baixo, os bons produtores esforçam-se e conseguem elaborar vinhos com doses ainda inferiores ao que se estipula como teto. É uma questão de consciência e respeito ao consumidor. Por perseguirem a qualidade e terem como meta buscar o melhor vinho, esses produtores acompanham muito bem todos os passos, o que diminui o risco de alguma surpresa e, como consequência, reduz a necessidade de doses maiores de SO_2. O ponto de partida é uma boa seleção de uvas, direcionando para a fermentação só aquelas sadias e em bom estado de maturação. Em vinhos comerciais, produzidos em grandes volumes, esse controle é impraticável. Uma quantidade maior de sulfitos torna-se obrigatória.

A incidência de reações alérgicas a sulfitos é pequena. A ocorrência é possível em pessoas asmáticas, mais sensíveis a sulfitos. Provavelmente esse número pode se reduzir ainda mais se os vinhos consumidos forem de boa qualidade. Vale a pena tentar.

Eterna disputa entre os "natura-ateus" e os "terroirristas"

"*Terroir*" é a palavra francesa que exprime o conjunto de fatores que contribui para a personalidade de um vinho. A tendência, num primeiro momento, é traduzi-la como "terreno", mas seu significado preciso é muito mais do que isso. Todo grande vinho é diferenciado, seu caráter único é o que o distingue dos demais. Ele provém de um vinhedo que expressa o solo, o microclima, a topografia do terreno e a insolação daquela área bem definida onde as parreiras desenvolvem seus frutos. Ou seja, características muito específicas daquela parcela e que mesmo um vizinho pode não ter igual. Cabe ao homem extrair todos esses fatores, verdadeiras dádivas, e representá-los integralmente sob a forma de vinho.

Essas características ficam bem claras quando um bom produtor tem vários vinhedos e a extrema preocupação de produzir vinhos distintos, que exprimam fielmente sua origem. Exemplo contundente é o do Domaine de la Romanée-Conti, proprietário de seis parcelas diferentes, quatro delas praticamente vizinhas de muro e outras duas a menos de mil metros de distância. A despeito de serem provenientes de uma única variedade de uva, a Pinot Noir, com vinhas cultivadas da mesma forma, colhidas com o mesmo cuidado e vinificadas segundo métodos idênticos, são seis tintos absolutamente diferentes. Eles refletem, ano após ano, a particularidade da safra, mantendo sua individualidade. Isso está longe de ser etéreo ou produto de marketing: o Romanée-Conti, o mais célebre dos seis rótulos e que, fato único na França, empresta seu nome ao Domaine, há séculos já se destacava de todos os outros da Borgonha, tendo, por isso, seu perímetro sido definido em 1521 pelos monges de St. Vivant. Documentos mostram que por volta de 1750 o Romanée-Conti era vendido de seis a sete vezes mais caro do que o Clos Vougeot, outro vinho de prestígio da região.

Embora o modelo utilizado para ressaltar a importância do *terroir* seja bem ilustrativo, não é preciso atingir níveis tão sofisticados e preços tão elevados para alcançar o mesmo objetivo. Importa que o produtor tenha essa filosofia, como é o caso de Jean Michel Deiss, da Alsácia. Ele sempre foi defensor ferrenho da noção de *terroir* e leva a questão tão a sério que tem adotado um caminho de retorno ao que se fazia antigamente na região. Ao contrário do que se pratica hoje, onde a casta aparece com destaque nos rótulos alsacianos, e os vinhos são elaborados exclusivamente com uma delas, na Alsácia do início do século XX as uvas eram plantadas todas misturadas no mesmo vinhedo. O vinho era, então, reconhecido exclusivamente por seu *terroir*, deixando as uvas em segundo plano. Aos poucos Jean Michel tem abandonado a monocultura nos vinhedos que considera mais importantes para realçar o fator *terroir*. É, de fato, um conceito radical que pode não ser percebido de imediato pela maioria dos consumidores, o que deverá ocorrer de maneira crescente, tendo em vista que Deiss conta com a mesma determinação que lhe permitiu conquistar grande reconhecimento internacional. De forma mais prosaica, seus princípios (menos rígidos) de expressar a origem podem ser apreciados nos vinhos varietais que continuarão a ser elaborados, como os Rieslings Bennwihr e Saint Hippolyte, só para citar dois deles. Aqui a uva fala alto, mas o *terroir* se expressa na medida em que o primeiro vinho, vindo de um solo de aluvião, com pedregulho e areia, gera um produto seco, leve e fresco, e o segundo, de um terreno granítico, é bem diferente, com aspectos minerais e leve toque cítrico, o que lhe confere mais presença.

Desde que haja conscientização do produtor, a doutrina do *terroir* pode ser observada também em outros países que não só a França. Entre tantos exemplos que podem ser citados estão os novos vinhos espanhóis, sem aquele antigo excesso de madeira que mascarava as características dos vinhos desse país, ou os belos Barolos de sempre. Ambos dão margem a interpretações interessantes, seja comparando, no caso da Espanha, duas regiões como Rioja e Ribera del Duero, em que a Tempranillo assume novas nuances em função de, entre outras peculiaridades, altitudes diferentes (Rioja está a 450 metros e Ribera del Duero a oitocentos metros, em média), ou, observando a casta Nebbiolo, hegemônica dos Barolos, vê-la assumir uma postura mais elegante na zona de La Morra em vez dos taninos mais presentes típicos de Serralunga d'Alba. No fundo, a excelência de um vinho depende integralmente da perfeita harmonia entre três elementos: a vinha, o homem e a natureza.

Com a entrada no mercado, em particular nos últimos quinze anos, de novos países produtores, instalou-se certa confusão sobre o significado de um grande vinho, o que levou o conceito de *terroir* a ser bastante questionado. Na verdade, esse questionamento foi, e continua sendo, uma estratégia, baseada na descomplicação, para minar a posição do grupo europeu, que até então dominava o comércio internacional de vinhos. Assim, o setor se divide, segundo seus interesses, entre os "natura-ateus" e os "terroiristas".

Os primeiros, mesclando vinhedos diversos, priorizam a noção de prazer e equilíbrio, enquanto os últimos alfinetam, afirmando que, não tendo sinais próprios e individuais, os vinhos são todos iguais, clones uns dos outros. Pode-se, na prática, separar os vinhos das correntes conflitantes em dois extremos: de um lado aqueles que os americanos chamam de "*blockbusters*", explosivos e concentrados, que impactam e satisfazem logo de cara, e do outro lado os que apresentam elegância e sofisticação, elementos imprescindíveis para não ofuscar o caráter e as raízes que lhe deram origem.

Ainda que a grande maioria dos adeptos da concentração esteja no Novo Mundo, e os do requinte no Velho Mundo, não se pode generalizar. Quem realmente quer produzir um vinho de exceção acaba dando valor ao *terroir*, mais hora, menos hora. Se as condições naturais não fossem imprescindíveis, o Brasil não seria reconhecido por seu café, e o mar Cáspio pelo melhor caviar, assim como o fantástico queijo da Serra da Estrela, de Portugal, poderia ser produzido em qualquer lugar.

O desafio europeu de vencer o calor na prova dos taninos

A forte onda de calor que dominou a Europa nos últimos anos e que a atingiu especialmente em 2003 não será esquecida tão cedo, pelo menos por muitos produtores de vinhos tintos da região. Verões tórridos e secos tendem a propiciar vinhos marcados pelo tanino, um atributo de safras longevas, mas a questão é que isso não é necessariamente um aspecto positivo. Embora o tanino seja um agente importante no potencial de evolução da bebida, sua presença ostensiva provoca uma forte sensação de aspereza na boca, um estímulo desagradável que caracteriza desequilíbrio. Não cabe a desculpa de que, com o tempo, essa agressividade se atenua. Primeiro, porque nem sempre longos anos de garrafa são suficientes para amaciar taninos rudes — um vinho pode "morrer" e ainda tê-los bem presentes — e, segundo, mesmo que no futuro isso acontecesse, os padrões atuais exigem vinhos prontos para ser consumidos a curto prazo. Se o fator clima tem participação decisiva nos taninos, pode-se dizer que antigamente era ainda pior, e nada se podia fazer a respeito. Produzia-se, então, vinhos para os netos beberem. O vilão tanino é, de fato, um dos maiores diferenciais entre os vinhos do passado e os de hoje.

Até 1950, pouco se sabia sobre o comportamento dos taninos e como controlá-los. Foi a partir de uma série de estudos desenvolvidos pelo professor Jean Ribéreau-Gayon, do Instituto de Enologia da Universidade de Bordeaux, tido como o pai da enologia moderna, que as mudanças se sucederam. E elas começaram no vinhedo. Na época, para se determinar a data da colheita, acompanhava-se basicamente a evolução dos açúcares e dos ácidos da uva. Em seguida, passou-se a valorizar também o amadurecimento dos taninos, que não seguem, necessariamente, o mesmo ritmo. Para tanto, uma série de práticas agrícolas foram sendo adotadas, como a condução da vinha, o trabalho com a folhagem e a exposição ou não dos cachos ao sol.

Não há um manual com regras absolutas e definitivas para que se alcancem índices ideais. Vale o cuidado e a experiência do enólogo, e muitas vezes também é preciso determinação: em 1998, um ano quente, os responsáveis pelo Comte de Vogüe, um renomado produtor da Borgonha, apressaram-se a mandar a campo uma equipe que percorreu todo o vinhedo retirando de cada cacho as uvas ressecadas pelo sol, o que deu continuidade ao processo de amadurecimento até a colheita e possibilitou uma seleção dos grãos. Tanto desprendimento pode ser comprovado na sua linha da safra 98, um ano marcado por taninos incomuns e desagradáveis em boa parte dos vinhos da Borgonha.

Esforços redobrados são importantes no vinhedo, mas não garantiram, por exemplo, uma ótima safra em 2003. Com o excesso de calor, os poros das folhas tendem a se fechar, interrompendo a fotossíntese, processo responsável pelo sistema vital da planta. Existe também a possibilidade de que haja um descompasso no grau de amadurecimento dos componentes — açúcar, acidez e taninos —, obrigando o produtor a fazer a colheita sem que eles estejam equilibrados. O tempo é curto e, se a natureza não ajudar, a competência do enólogo faz diferença mais uma vez, agora no momento de vinificar. Uma condução adequada da fermentação, onde entram temperatura e política de maceração, por exemplo, se não faz milagre pode, ao menos, amenizar arestas. O mesmo acontece com as fases seguintes, em particular o estágio em barris de carvalho e procedimentos de clarificação antes do engarrafamento.

Toda essa preocupação com a madurez e a extração controlada dos taninos refere-se aos taninos existentes na casca da uva. Embora eles sejam os elementos mais importantes do processo de elaboração do vinho, não se acham presentes apenas lá. Há diferentes famílias de taninos na própria madeira com que são confeccionados os barris, bem como no engaço (o ramo que segura os grãos de uva) e nas sementes. Por terem características mais agressivas — são mais rugosos e amargos —, toma-se uma série de precauções para impedir que esses taninos se dissolvam na bebida. Desse modo, o engaço, ao contrário de como se procedia antigamente, nem vai para a cuba de fermentação; ele é separado das uvas de forma mecânica, através da desengaçadeira, e utilizado depois como adubo orgânico. Quanto às sementes, como é impossível retirá-las, é preciso ter cuidado para que elas não sejam esmagadas e possam sair intactas ao final da vinificação. As cascas e as sementes remanescentes do processo são cada vez mais empregadas na indústria cosmética, por haver indicações de que retardam o envelhecimento da pele.

O que está por trás desses efeitos positivos para a pele é o forte poder antioxidante do tanino, capaz também, e principalmente, de oferecer um importante benefício à saúde: dificultar a formação de coágulos responsáveis por acidentes cardiovasculares.

Se taninos são bem-vindos, isso não significa que cumprem melhor seu papel quanto mais amarrarem nossa boca. É certo que algumas uvas são mais ricas em taninos, caso da Cabernet Sauvignon e da Nebbiolo, do que outras, como a Pinot Noir. É preciso fazer uma distinção entre quantidade e qualidade de taninos. Por causa da sensação que causam na boca, os taninos podem ser desde finos e macios, característica dos taninos maduros e nobres, até ásperos e duros, que resultam de uvas verdes ou mal trabalhadas. Neste caso, só resta ter paciência e deixar o vinho de lado por um bom tempo, à espera de que os taninos se domestiquem. O melhor é ficar atento aos bons produtores. Quando as condições são ideais, todos produzem um vinho (mais ou menos) bom. É nos anos difíceis que se conhecem os melhores.

Acidez e taninos em plena harmonia pelo bem comum

O assunto tanino desperta tanto interesse que merece ser bem discutido. E vale explorar o tema através da (grata) constatação de que os aspectos positivos que esse componente, presente nos vinhos tintos, apresenta não são proporcionais à sensação que ele provoca na boca. Isto é, um vinho não tem necessariamente vida mais longa nem oferece mais benefícios à saúde quanto mais adstringente for. Além de ser necessário distinguir quantidade de qualidade dos taninos, outros fatores presentes na bebida devem ser levados em consideração quando se trata de estimar seu apogeu ou até, se é que é relevante, saber escolher aquele que traz mais proveitos para o organismo.

No que se refere aos efeitos positivos que o vinho traz para a saúde, os estudos indicam que eles estão associados a um grupo de substâncias denominadas polifenóis, no qual se incluem os taninos. Assim, é um mix de polifenóis, traduzidos em cor, taninos e paladar, o responsável pela redução da incidência de doenças cardíacas nos que consomem vinho tinto com moderação. Boa parte das pesquisas, inclusive, dá particular atenção ao resveratrol, um flavonoide pertencente à mesma família dos polifenóis, encontrado em diferentes proporções nos vinhos e que depende diretamente da casta, do local onde ela é cultivada e das condições particulares da colheita, além dos mecanismos que se desenvolvem durante as etapas de vinificação.

O tanino tem influência no potencial de evolução do vinho, porém outros fatores, como extrato, álcool e acidez, são igualmente importantes. A propósito, é por causa da acidez que certos Rieslings e Borgonhas brancos, e licorosos do gênero Sauternes ou Trockenbeerenausleses alemães, aguentam décadas e até usam esse tempo para gradualmente exprimir seu esplendor. Por outro lado, a deficiência em acidez é o que faz com que tantos Chardonnays do Novo Mundo devam ser consumidos enquanto jovens. Com relação aos tintos, há exemplos de velhos e encantadores Bordeaux que se sustentaram e ainda brilham devido à acidez, caso de incríveis Grand Crus da safra de 1929. Enquanto isso, o inverso ocorre com a de 1976, bem mais nova, que pela falta de acidez só tem tanino para mostrar.

Tanino e acidez bem combinados garantem longevidade e são parceiros inseparáveis quando se trata do equilíbrio e da elegância de um vinho. É possível que os atuais tintos europeus não apresentem o mesmo grau de tanino e acidez do passado, e com isso talvez não tenham uma vida tão longa quanto aqueles. No entanto, esse é o preço a se pagar pelos novos tempos, em que ninguém tem paciência para esperar e deseja começar a desfrutar de sua compra no curto prazo. Situação mais comprometedora é a de muitos tintos "modernos" com os quais produtores emergentes pretendem conquistar o mercado. Os taninos foram amaciados à custa de se protelar em demasia a colheita, comprometendo a acidez. O resultado são vinhos intensos, alcoólicos e sem atrativos, que podem até agradar no primeiro gole, mas que em seguida revelam-se pesados e enjoativos. O teste categórico mesmo se faz à mesa, onde se manifesta, afinal, a verdadeira vocação do vinho: níveis corretos de tanino e de acidez são fundamentais para compatibilizar um prato e se levar, com prazer, uma refeição até o fim.

Se tanino é importante para propiciar equilíbrio aos vinhos tintos, alguns aspectos práticos também devem ser observados no momento de servir a bebida. O intuito é tirar partido de sua contribuição positiva, amenizando o que poderia haver de desagradável, isto é, a sensação de aspereza que o caracteriza. O primeiro passo é deixar o vinho respirar, termo utilizado para o contato do líquido com o oxigênio, depois de aberta a garrafa. O ar beneficia a maioria dos vinhos tintos, e mesmo alguns brancos, ao liberar odores de redução,* retidos enquanto a garrafa estava fechada, ao mesmo tempo que permite a formação de aromas mais interessantes e uma evolução dos taninos, tornando-os gradualmente mais macios. Há consenso de que apenas tirar a rolha é irrelevante — a área exposta é tão pequena em relação ao volume de vinho, que a troca com o oxigênio é insignificante, independentemente do tempo de exposição. O procedimento indicado é transferir o vinho para outro recipiente, um decanter ou mesmo uma jarra, possibilitando, durante a passagem, a oxigenação de todo o líquido.

Outro aspecto importante é a temperatura de serviço do vinho. Na verdade, esse é sempre um tema essencial e, quando o assunto é tanino, merece atenção particular. Para ter o necessário suporte da acidez, o vinho deveria ser servido mais refrescado — a sensação de frescor se acentua na medida em que a temperatura é mais baixa —, porém essa condição também evidencia a aspereza causada pelos taninos. Logo, trata-se de encontrar o justo equi-

* Aromas de compostos de enxofre criados em condições de ausência de oxigênio, um defeito do vinho que pode ser volatilizado com sua aeração.

líbrio entre as sensações que o tanino e a acidez provocam, já que ambos trabalham em conjunto. O intervalo recomendado situa-se, então, entre 17 e 20 graus centígrados; os vinhos com taninos mais leves devem ficar próximos da faixa inferior, e os com taninos mais evidentes, na superior. Vale lembrar que acima disso a noção de acidez se dissipa e o álcool evapora.

O ritual de servir corretamente, deixando o vinho respirar e pondo-o na temperatura adequada, é o único esforço que nos compete, e o fazemos em nosso próprio benefício. É muito pouco. Precisaríamos sempre nos lembrar de que, embora a tarefa não seja nada simples, bons produtores trabalham com dedicação para oferecer vinhos de qualidade, equilibrados em taninos e em acidez, que permitem satisfação imediata e prazer por longos anos. De quebra, essa santa bebida faz bem à saúde. Não deveríamos, nunca, deixar de brindar também a tudo isso.

Astronomia e biologia a favor do vinho de *terroir* valorizado

Há os que acreditam na influência dos astros no destino e no comportamento das pessoas. Mesmo os descrentes, por via das dúvidas, dão uma olhadinha no horóscopo de vez em quando. Afinal, como se diz, "*Yo no creo en brujas, pero que las hay, las hay!*". Desde sempre, as imagens celestes exerceram grande fascínio nos homens e, em particular, nos camponeses que se acostumaram a associar os movimentos dos astros às práticas agrícolas. O primeiro a tentar explicar essas interações e a propor uma conduta de trabalho foi o filósofo austríaco Rudolf Steiner, fundador da ciência espiritual, ou antroposofia. A biodinâmica é o prolongamento agrícola do movimento que ele criou. É uma proposta de retorno consciente do homem ao campo, com uma noção de respeito à terra e à vida, o que implica a não utilização de pesticidas e fungicidas, e a valorização das defesas naturais da planta com o aproveitamento de forças cósmicas. Excetuando-se aqueles que pensam só no que é mais fácil e no lucro imediato, os demais, ainda que não sejam adeptos fervorosos, acreditam na coerência desses conceitos. Na viticultura não é diferente.

Entre os produtores de vinho, a preocupação com o meio ambiente está longe de ser um modismo. É uma necessidade. Não combina o discurso de que o consumo moderado de vinho faz bem à saúde, se em sua elaboração entram uvas provenientes de vinhedos tratados com produtos que vão no sentido contrário. No mundo todo, principalmente entre 1960 e 1980, apareceu no mercado grande quantidade de materiais de síntese, tidos como milagrosos no combate às doenças da vinha, assim como fertilizantes usados sem discernimento. Em meados da década de 1970 e início dos anos 80, a Borgonha, por exemplo, passou uma das fases mais difíceis de sua história devido ao aporte indiscriminado de potássio no solo. Vinícolas e consumidores perceberam esses excessos e começaram a dar mais atenção ao assunto. Cresce a cada dia o número de propriedades vinícolas que aboliram totalmente o uso de defensivos agrícolas. Na França, primeiro país a reconhecer as práticas orgânicas, os métodos são confundidos com cultura biológica, que a rigor não é somente deixar de utilizar produtos químicos, mas envolve biologia também nos trabalhos de campo, com o uso positivo da fauna — insetos e vida microbiana principalmente. Os produtos utilizados na terra têm de ser orgânicos e devem respeitar o equilíbrio dos organismos vivos que povoam o solo. O termo "bio" é indistintamente utilizado, e muitos "vinhos orgânicos" são comercializados como "vinhos biológicos". Em 1995, havia na França quase 5 mil hectares de vinhedos em agricultura biológica. Passaram a mais de 12 mil na virada do século, a grande maioria no Sul do país. A explicação é que o clima ajuda.

Em regiões quentes e secas, é mais fácil controlar o desenvolvimento de pragas e fungos. Em outras, caso da Serra Gaúcha, é necessário ter princípios fortes para não cair na tentação de abusar de produtos químicos. Conduzir as parreiras sem eles implica muito mais trabalho e atenção. A palavra é prevenção. Começa com escolher espécies e mudas mais resistentes às condições locais, plantá-las e guiá-las da maneira mais apropriada, e executar as tarefas de campo — entre outras, folhagem e poda — com critério. Há, ainda assim, vários graus de comprometimento com o conceito do que seja respeitar a terra e produzir um bom vinho.

O primeiro grau, e mais brando, é o que os franceses chamam de "*lutte raisonnée*", ou proteção integrada. Consiste em utilizar produtos fitossanitários de maneira mais racional. O tratamento só é realizado no limiar da ação nociva da praga. Sua escolha e aplicação são feitas de forma limitada e precisa, para ser eficaz e causar o menor dano possível ao ambiente. Entre as ferramentas admitidas está a "confusão sexual", método que se vale de ampolas espalhadas pelo vinhedo, contendo substâncias derivadas de feromônios de borboletas. Ao atrair e desorientar os machos, impede a fecundação das fêmeas e a consequente deposição de larvas danosas aos cachos de uva.

Na cultura orgânica as normas são mais rígidas e não se admite nenhum produto sintético. A propósito, é preciso distinguir vinho orgânico de cultura orgânica: no vinho, é permitido o uso de dióxido de enxofre, conservante químico largamente utilizado e tolerado em dosagens moderadas. É o anidrido sulfuroso, normalmente mencionado no contrarrótulo das garrafas de vinho como SO_2 ou com a designação PV ou INS 220. Para ter direito de ostentar o selo de vinho orgânico, as vinícolas interessadas devem se cadastrar num programa específico e seguir um manual de encargos elaborado por órgãos internacionais. A menção só poderá ser utilizada após obediência dessas práticas por cinco anos, comprovada por severa fiscalização.

No grau de comprometimento acima está a já citada "cultura biológica" e mais ainda a biodinâmica. O ponto em comum entre os dois é que não se utiliza nenhum produto de síntese, pesticidas ou herbicidas. Isso, por si só, já é um aspecto importante, tendo em vista os estudos que apontam vínculos entre o câncer e esses produtos. A biodinâmica vai mais longe ao levar em conta não somente os aspectos vegetativos, terrestres, da parreira, mas também o lado cósmico, com todas as interações da Lua e dos planetas sobre as plantas. Tendo isso em mente, as intervenções no vinhedo, seja nos trabalhos com a vegetação, seja nos tratamentos à base de plantas específicas, são feitas em momentos precisos, quando da passagem da Lua diante das constelações. A depender do elemento que rege a constelação pela qual a Lua passa — terra, ar, água ou fogo —, uma tarefa será favorecida. Assim, como o intuito é obter o melhor fruto possível, trabalham-se flores e cachos quase sempre que a Lua está posicionada numa constelação de fogo, de calor, caso de Áries, Leão e Sagitário. Se a tarefa está voltada para as raízes, o período ideal é aquele regido pelo elemento terra. Da mesma forma, a seiva da planta está associada à água, e a folhagem ao ar.

Talvez nada disso possa ser comprovado cientificamente, mas pode-se observar seus resultados na prática. Pelo menos é o que se deduz por alguns dos melhores vinhos do planeta, cujos mentores abraçaram o conceito da biodinâmica. Basta para isso citar, entre tantos, Romanée-Conti, Leroy e Marcel Deiss, na França, e Álvaro Palacios e Pingus, na Espanha. Pode-se ainda levantar a questão de que a biodinâmica não é a verdadeira responsável pela excelência desses vinhos e que tal padrão estaria mais ligado ao *terroir* privilegiado e ao rigor com que a vinícola trabalha. No entanto, há evidências mais concretas, e elas foram empreendidas por um dos produtores de maior tradição e prestígio da Borgonha, o Domaine Leflaive.

Anne-Claude Leflaive assumiu a propriedade em 1990, com a retirada de seu pai, Vincent Leflaive, nome de grande respeito na região. Tendo vivenciado alguns dos problemas que a Borgonha sofreu devido a equívocos no trato do vinhedo, e seguindo suas convicções, Anne-Claude logo adotou a cultura biológica e, em seguida, a biodinâmica em parte do vinhedo. Mais especificamente, ela resolveu experimentar os dois métodos, lado a lado, em seu vinhedo Le Clavoillon, um destacado premier cru de Puligny Montrachet. Isto é, parte desse vinhedo foi conduzida biologicamente e outra parte seguindo o conceito mais radical da biodinâmica. A base de dados era a mesma, já que as parreiras tinham igual procedência, o terreno era o mesmo e a forma de vinificar idem.

Durante sete anos, Anne-Claude Leflaive foi comparando as análises de solo, observou as diferenças entre as folhagens e as uvas, realizou exames dos vinhos em laboratório e, evidentemente, degustação. Tive a oportunidade de participar de uma dessas provas em 1994, e as diferenças eram significativas. Três anos depois, voltei lá para conhecer os detalhes que levaram à decisão de Anne-Claude Leflaive passar tudo para biodinâmica.

A colheita de 1997 foi muito importante porque permitiu constatar de maneira precisa os resultados dos dois métodos, em particular sobre a acidez dos vinhos. Anne-Claude conta que, na época, recebeu um conhecido enólogo local, com visão global do que por lá se passava, e ele se declarou impressionado com índices de acidez tão bons, contrastando com o que ocorria com a maioria dos vinhos dessa safra. Era o vinho da parcela conduzida por biodinâmica, e esse fato possibilitou dar por encerrada a fase de experiências. Acrescentando-se que o método ainda permite enfatizar as características próprias dos vinhedos, o precioso elemento *terroir*, não há como duvidar do conceito. Trata-se da pureza no mais amplo sentido.

Muitas emoções com uma Magnum e suas irmãs maiores

Há tempos, o grupo de degustação do qual faço parte — eu preferiria chamar de grupo de amigos que se reúne periodicamente para beber vinhos mais ou menos a sério — juntou-se na casa de um dos membros com a solene finalidade de abrir uma Imperial (garrafa de seis litros) de Château Mouton Rothschild 1985. Provar o sempre sedutor Mouton 85 — para mim, junto com Cheval Blanc e Margaux, os melhores Bordeaux da safra — já é, por si só, um momento de prazer e respeito; compartilhar uma garrafa desse porte é motivo de festa e excitação, com direito a toda sorte de prelibações.

Formatos grandes, caso da Magnum (o correspondente a duas garrafas normais, ou 1,5 litro), da Double Magnum (três litros), da Jeroboam (três ou 4,5 litros, dependendo da região), da Imperial (seis litros) e de outros ainda maiores, dão outra dimensão à ocasião. É de se imaginar que a reação dos convivas reunidos em volta da mesa não seja a mesma quando se coloca uma Magnum e quando se servem duas garrafas de 750 ml do mesmo vinho. Com efeito, além de menos comuns, vinhos acondicionados em garrafas de maior volume tendem a ser de melhor qualidade e se destinam, a princípio, a consumidores mais exigentes. Tal suposição faz sentido, uma vez que, fugindo do padrão, exigem uma partida especial, prática pouco recomendável a vinícolas direcionadas a vinhos mais comerciais. Estas, por outro lado, apostam em meias garrafas (375 ml), formato bem-aceito em restaurantes, política que produtores de primeira linha, caso dos grandes Châteaux de Bordeaux, como o Mouton Rothschild, recusam-se a adotar.

A questão não está em elitizar e focar níveis de consumidores diferenciados. Há uma razão maior para tal decisão. É que, ao contrário dos vinhos de maior produção, rótulos nobres têm bom potencial para envelhecer, e a evolução da bebida ao longo do tempo varia de acordo com o volume do vasilhame. Numa primeira análise, quanto menor esse volume, mais o vinho é sensível a desaforos, caso de movimentações, transportes e variações de temperatura. Só por essa razão, meias garrafas devem, preferencialmente, ser consumidas no curto prazo.

Ainda que todas as precauções sejam tomadas, comprova-se na prática que vinhos em formatos maiores dão resultados melhores, e a Imperial de Mouton 85 mais uma vez deixou isso evidente — o vinho estava mais inteiro, vivo, com todos os seus componentes integrados, um conjunto bem superior àqueles provados nos últimos tempos em garrafas normais.

O fato não tem uma explicação científica conclusiva. A mais plausível talvez seja aquela que associa o fenômeno ao volume de oxigênio contido na garrafa, basicamente o espaço entre o vinho e a rolha. Essa quantidade de ar, que interage com os componentes do vinho, é, proporcionalmente ao líquido, muito maior na meia garrafa, decrescendo à medida que o recipiente aumenta. Quanto mais ácidos, componentes fenólicos e aspectos frutados compuserem o vinho desde o início — em virtude da casta, do *terroir*, da safra e do processo de elaboração —, mais interações haverá entre todos esses compostos e mais gratificantes serão, com o passar do tempo, na garrafa. Significa, também, que as diferenças são perceptíveis no médio e longo prazo.

A propósito, taninos e matérias corantes, conhecidas como antocianos, são as formas mais correntes de fenóis e um dos principais preservantes dos vinhos tintos. Esses e outros elementos continuam a interagir, formando compostos cada vez mais complexos, que após alguns anos perdem solubilidade, precipitando-se na forma de sedimentos. Não é à toa que vinhos tintos de boa qualidade perdem cor e se tornam mais macios ao paladar com a idade — a matéria corante e os taninos se depositam e formam a chamada borra no fundo da garrafa. Em contrapartida, ganham toda uma gama de nuances sentida na boca e no nariz — passam a constituir o que se conhece verdadeiramente como buquê (não se usa o termo buquê para vinhos jovens) em vez de simples aromas.

No que se refere a vinhos brancos, é principalmente a acidez que trabalha como defensor, papel que os taninos desempenham nos tintos em sua longa jornada. Nessa função, os ácidos são ajudados pelo (bom) extrato que o vinho tiver. Ainda assim, como esses ácidos não têm a mesma força que os componentes fenólicos presentes nos tintos, os vinhos brancos, na média, demonstram menos capacidade de envelhecer na garrafa. Dentro do tema, vinhos doces — caso do Sauternes, Tokajis, Trockenbeerenausleses alemães e austríacos, doces da Alsácia e do Loire à base de uva Chenin Blanc, e outros, que se diferenciam dos demais pela ação do fungo nobre *Botrytis cinerea* —, denominados vinhos botrytizados, podem durar décadas.

Se a prática comprova que uma limitada quantidade de oxigênio aprisionada na garrafa contribui beneficamente para o vinho, ela mostra também que existe uma proporção ideal de volume de ar/volume de vinho. E isso se dá na Magnum. Em garrafas normais o vinho evolui mais rápido que o desejável, e em recipientes de maior capacidade o desenvolvimento é demasiadamente lento, impossibilitando um andamento favorável das interações entre os diversos componentes.

Vale o mesmo para champagnes, com mais um reforço. Até 2001, quando uma lei regulamentou o processo, as garrafas dos espumantes mais celebrados do planeta que fugiam do padrão de 750 ml não tinham, necessariamente, sua segunda fermentação — o método clássico, ou antes chamado Champenoise, obrigatório na região — no próprio recipiente. Via de regra, os borbulhantes locais comercializados em formatos Magnum e acima dele eram elaborados a partir da soma do conteúdo de garrafas normais, abertas com tal objetivo. Desde então, da meia garrafa até a Double Magnum, todas devem ser produzidas integralmente pelo método tradicional.

A despeito da ressalva de que formatos grandes, como a inesquecível Imperial de Mouton 85, perdem em evolução para a Magnum — é bom lembrar também da dificuldade de armazenar, servir, decantar (o que deve ser feito em várias etapas, pois não há decanter para tais volumes) e manter na temperatura adequada —, não há dúvida de que é tentador ter algumas dessas garrafas. Até pelo orgulho de vê-las na adega e pela impressão que causam quando abertas. Mostra acima de tudo generosidade. Diante disso, a recomendação é ter, de cada vinho (que o mereça), uma Imperial, uma Jeroboam (para um grupo menor de pessoas), duas Double Magnuns (idem), várias Magnuns (para serem saboreadas em seu apogeu), e outras tantas garrafas normais para acalmar um pouco nossa impaciência. Afinal, somos humanos.

O prazer que não precisa ser uma caixinha de surpresas

Que vinho você bebeu ontem? Não vale responder "um tinto", assim como não vale só lembrar que era um francês. Uma pesquisa realizada nos Estados Unidos concluiu que "muitos não tomam vinho porque consideram difícil seu universo". Na verdade, apreciar um vinho não requer nenhuma precondição, mas apenas entregar-se ao prazer que a bebida pode proporcionar e sentir se ela agradou ou não. Se o intuito é se aprofundar, então, aí sim, começam a ser relevantes atenção e memória. Uva, região, nome do vinho... são muitas informações ao mesmo tempo. Para os consumidores que não querem deixar de tomar seu vinho, a alternativa é apelar para a simplificação. Essa, aliás, é a razão pela qual Frascati, por exemplo, foi durante muito tempo o vinho branco mais vendido em restaurantes.

A oferta de vinhos é grande, e o processo de memorização, lento. No entanto, é a única maneira que existe para não ser preciso afirmar depois, como no futebol, que o vinho é uma "caixinha de surpresas". É preciso lembrar com exatidão do vinho que se bebeu, tanto para comprá-lo numa segunda vez, se ele era bom, como para nunca mais chegar perto dele, se era ruim. Preço também não é parâmetro; ainda que qualidade custe, o preço nem sempre é fielmente proporcional. Valendo-se da falta de informação do consumidor, embute-se no preço de um vinho boa dose de especulação, margens exorbitantes, verbas de promoção e marketing, além de outras gorduras. Em restaurantes, não aconselho nunca a escolha de um vinho de qualidade pela coluna de preços da carta. É sempre menos arriscado pedir conselho a quem o está servindo.

Há muito mais neblina nessa viagem em busca de um bom vinho. É comum, nos cursos de vinho, inocentes apreciadores ficarem surpresos ao tomarem conhecimento de que "Denominação de Origem" não é garantia de qualidade, caso por exemplo das AOC (Appellation d'Origine Contrôlée), na França, e DOC (Denominazione di Origine Controllata) ou DOCG (DOC Garantita), na Itália. Enquadradas nessas classificações, estão Chianti, Valpolicella, Barolo, Côtes du Rhône e Châteauneuf du Pape, só para citar algumas. A legislação prevê a demarcação geográfica da região, as variedades de uvas que podem ser utilizadas e alguns controles mínimos que não conseguem sequer estabelecer um padrão médio de qualidade. Na mesma região, grandes vinhos convivem com vinhos medíocres: é forte a tentação de um produtor, aproveitando-se da reputação da região, aumentar a produção obtendo um vinho bem abaixo do conceito geral do rótulo. Em algumas regiões, como Frascati, apesar de seu reconhecimento, a vulgarização vem preponderando e praticamente eliminando a possibilidade de se encontrar ali um vinho de qualidade.

Mas, afinal, o que garante a qualidade de um vinho? A resposta: o produtor. Produtor, no caso, é aquele que possui um vinhedo, cuida dele, colhe as uvas, vinifica e cria seu próprio vinho, o engarrafa e comercializa. O vinho tem a cara do produtor, reflete diretamente sua competência e personalidade. No rótulo consta seu nome e a menção de que o vinho foi produzido e engarrafado em sua propriedade. Outro personagem é o negociante; ele não é proprietário de vinhedo e compra vinhos de diversos produtores, mistura todos, engarrafa e vende. O pressuposto é que se o vinho que o produtor vendeu ao negociante fosse bom, ele mesmo o teria engarrafado. Embora existam produtores melhores e piores, só o fato de ele ter posto seu nome no rótulo já demonstra sua confiança no vinho que produziu. Exceções sempre existem, claro, e há bons negociantes comercializando bons vinhos. Ainda assim, na dúvida, o mais indicado é optar pelo produtor — o ideal seria memorizar o nome dos melhores —, assim como tentar escapar de algumas armadilhas famosas, como rótulos de Bordeaux com a designação AOC e Château que não passam de vinhos de terceira categoria. Nem todo vinho que leva Château no nome merece confiança; melhor se constar "*mis en bouteille au château*".

Nessa caça de informações, podemos poupar nossa memória e nosso tempo guardando apenas os dados mais importantes de um rótulo, sem nos deter em informações superficiais. O que interessa é saber se o vinho foi produzido e engarrafado na origem e se quem o fez é bom. Enquanto a memória não estiver afiada, e o caderno de anotações não estiver completo, vale apelar para um conselho honesto e desinteressado, se houver dúvida quanto à credibilidade da informação: a solução é procurar em publicações especializadas. Em geral, o que está escrito nelas tem mais valor.

O sublime sabor da maturidade

As discussões sobre o tipo de adega ideal para vinhos — uma simples garrafeira debaixo da escada, uma dessas Eurocaves (como são chamados os armários refrigerados, que levam o nome da marca mais conhecida) ou um depósito devidamente climatizado — em geral envolvem espaço disponível, custo e outras questões. A decisão deve levar em conta também um benefício de médio e longo prazo, que é a possibilidade de dispor de um espaço de armazenamento que permite ao apreciador da bebida ir adquirindo aos poucos garrafas que dificilmente estarão disponíveis no futuro, mantendo-as em condições de conservação capazes de garantir que os vinhos não estraguem.

Na montagem de uma adega, o que vale não é só o garimpo de preciosidades, a conquista de uma garrafa desejada ou a valorização do estoque. Há também, e principalmente, o prazer maior de degustar um vinho no seu apogeu, o que só se consegue com um trabalho paciente de longo prazo. Como alguém me disse certa vez numa alegre conversa pós-degustação de uma série deles, "estas garrafas não têm preço porque não estão à venda; só são baixadas do nosso patrimônio (líquido)". A tendência é consumir vinhos cedo demais, ainda na fase adolescente da bebida. Primeiro porque é o que há disponível no mercado e, segundo, por nos tornarmos cada dia mais impacientes.

O vinho, ao contrário dos destilados, é uma bebida viva, em constante evolução, e o fenômeno de envelhecimento leva em conta uma série de elementos. Há questões alheias a ele, como a temperatura de armazenamento (quanto mais alta, mais rápido ele evolui) e o tamanho da garrafa (em meia garrafa a evolução é mais acentuada que no vasilhame normal). O fundamental, no entanto, é inerente à bebida propriamente dita e diz respeito à variedade de uva, à região do vinhedo, à qualidade da safra, ao trabalho e às técnicas adotadas pelo produtor. O conjunto desses fatores tem participação decisiva no complexo de substâncias componentes de um vinho, que vão se transformando ao longo do tempo em que ele permanece em garrafa.

Sabe-se que um bom Bordeaux, moldado majoritariamente com Cabernet Sauvignon, atingirá sua plenitude bem depois de um simples Beaujolais, por este ser elaborado com Gamay, uva pouco apta a envelhecer. Saber exatamente quando o envelhecimento se dará exige experiência e/ou adivinhação. Georges Lepré, respeitado sommelier em Paris, costuma dizer que o apogeu de um vinho não se decreta; se verifica. A partir de comparações e dados anteriores, pode-se estimar sua trajetória, mas cada vinho tem sua história e, portanto, são muitas as possibilidades de engano. Certeza mesmo só acompanhando de perto sua evolução, abrindo periodicamente uma garrafa e ajustando as impressões.

Já se foi o tempo do ditado "Quanto mais velho o vinho, melhor". A evolução da qualidade pode ser representada por uma curva específica daquele vinho e daquela safra. Todas as curvas, no entanto, têm a forma parecida: começam com uma fase ascendente (a fase criança e adolescente), atingem um patamar mais alto, que significa seu apogeu, e iniciam uma descendente que espelha a perda gradual de suas qualidades até a decrepitude. Na realidade, o ditado sempre foi falso.

A sociedade de consumo atual leva os produtores a abreviar a fase juvenil, produzindo vinhos que possam ser consumidos mais cedo, comprometendo com isso sua longevidade. Nota-se claramente essa mentalidade em países do Novo Mundo, atentos ao movimento dos novos consumidores, que têm pressa e pedem vinhos mais fáceis. No entanto, isso não significa que os países europeus pararam no tempo e continuam produzindo vinhos como antigamente. O desenvolvimento da enologia possibilita que se gerencie com consciência o processo de vinificação, permitindo que muitos produtores mantenham as raízes que distinguem seus vinhos, mas com um perfil moderno. Acredito que uma das regiões onde a mudança foi mais sentida é no Piemonte, com os Barolos. Comentava-se que, até o início da década de 1970, os barolistas faziam vinhos para seus netos, em razão do tempo que era necessário aguardar para que eles pudessem ser abertos e corretamente apreciados. Mesmo os mais conservadores modernizaram seus métodos, e já se consegue degustar prazerosamente um Barolo, um vinho "inteligente" (não simplório), com cinco anos de vida. Contudo ainda é verdade que suas verdadeiras nuances e riqueza se desenvolvem por algumas décadas, quando vão ganhando mais complexidade.

Tive a oportunidade de degustar duas preciosas garrafas da safra 82, trazidas da Itália por um amigo de longa data. Com algumas diferenças de estilo — o Barolo sério mas moderno de Luciano Sandrone, e o mais tradicional, Monfortino Riserva, de Giacomo Conterno —, são vinhos que têm a classe, a beleza e o porte dos nobres. Entraram com certeza no restrito clube dos melhores vinhos que provei naquele ano e por um momento me fizeram perguntar como teriam sido antes da maturidade. Desisti rapidinho de perder tempo. Melhor controlar a ansiedade, aproveitar o momento e carregar na lembrança aquelas sensações, apreciando um vinho em seu apogeu.

Podres poderes de um micélio benquisto

Todo início de novembro, enquanto na grande maioria das regiões vinícolas do hemisfério norte os produtores já podem relaxar e observar o líquido recém-fermentado, o tempo ainda é de ansiedade e expectativa para quem trabalha com os grandes vinhos doces. Entenda-se por grandes vinhos doces aqueles produzidos a partir de uvas botrytizadas, isto é, aquelas que foram beneficamente afetadas pelo fungo *Botrytis cinerea*. Caprichoso, esse fungo necessita de condições meteorológicas favoráveis — neblina de manhã e tempo seco e ensolarado à tarde — para cumprir positivamente seus propósitos. Ele se desenvolve na casca da uva com os cachos ainda na parreira e deixa a pele da fruta fina e porosa, por onde a água evapora, permitindo grande concentração de açúcar e a formação de substâncias que vão dar untuosidade e riqueza ao vinho.

Pela qualidade que confere, e não por secar o grão da uva e deixá-la com aspecto murcho, o fenômeno é chamado de "podridão nobre", "*pourriture noble*" em francês, "*noble rot*" em inglês, "*muffa nobile*" em italiano. Um tempo úmido em excesso, ou chuvoso, pode desencadear um processo de difícil controle e de efeitos sinistros, conhecido como "podridão cinza", que faz com que o vinho perca a nobreza. Ele impede a boa maturação da matéria corante e dos taninos nos vinhos tintos e origina sabores desagradáveis.

Poucas regiões vinícolas têm clima propício para que a podridão nobre ocorra. A Alemanha com os Trockenbeerenausleses, a Hungria com os Tokajis e a França com os Sauternes são as mais célebres e renomadas, cada uma chamando para si o mérito da descoberta de que com aquelas uvas "podres" é possível produzir bons e até mesmo grandes vinhos. A diferença entre um vinho doce elaborado com elas e outro com uvas deixadas a secar naturalmente — as uvas-passas — é a mesma entre a qualidade de som de um piano de cauda Steinway e de um piano de parede. Nota-se a diferença quando os vinhos são colocados lado a lado. Há, no entanto, bons vinhos doces provenientes de uvas supermaduras ou passerizadas, mas raramente eles atingem a excelência, a riqueza e a complexidade dos botrytizados.

Mesmo em áreas com tradição e potencialmente favoráveis ao bom fungo, não é sempre que aquelas precisas condições climáticas se verificam. Em determinados anos, o fenômeno pode não ocorrer, ou ocorrer em pequena quantidade. A solução é realizar uma seleção rigorosa, descartando uvas que não atingiram seu melhor ponto, o que significa diminuir o volume de produção. Em situações mais adversas, os melhores produtores, em nome da credibilidade, deixam de comercializar o vinho daquela safra. Foi o caso do mais cobiçado e elogiado vinho doce do planeta, o Château d'Yquem, da região de Sauternes, que deixou de ser lançado em 1992 e cuja safra de 2000 só foi adiante depois de uma rigorosa triagem das uvas.

Nos anos 1980, foi desenvolvida em Sauternes uma nova tecnologia de vinificação que possibilitou aos produtores salvar ou melhorar safras que poderiam ser prejudicadas pelas chuvas durante as colheitas. A técnica, conhecida como crioextração, consiste em deixar as uvas por mais de doze horas em prateleiras de grandes refrigeradores ajustados para uma temperatura de dez graus negativos. O excesso de água é eliminado por congelamento, e assim se produz um vinho mais concentrado. O sucesso dessa técnica pode ser comprovado nos bons vinhos da safra de 1987, que alcançou um patamar antes inatingível.

Produtores de escalão mais baixo não utilizam somente uvas botrytizadas, mesclando-as também com outras que atingiram alto grau de maturação sem ser atingidas pelo fungo. Mesmo porque é difícil, e caro, produzir vinhos de podridão nobre puros. Como se não bastasse exigir um tempo propício de desenvolvimento, o fungo ataca cada grão de uva individualmente, espalhando-se de modo lento e gradual por todo o cacho. Isso chega a levar sessenta dias para se consumar, o que obriga o produtor a passagens sucessivas no vinhedo para colher apenas as uvas infectadas. Retira-se uva por uva, e não o cacho inteiro, como ocorre na colheita de outros vinhos. Houve anos em que no Château d'Yquem foram registradas até catorze colheitas parciais. Com tanto esmero e preciosismo, o rendimento acaba sendo pequeno, justificando o preço elevado do vinho.

Em 2000, foi publicado o resultado de uma degustação de vinhos doces realizada no Brasil. Eram vinhos de várias procedências, e o Yquem não se saiu muito bem. O mesmo ocorreu em 2001, em uma magna degustação no Encontro Internacional do Vinho, no Espírito Santo. Compareci ao evento e não tenho dúvida de que as garrafas estavam prejudicadas. Não por coincidência, nas duas degustações, a de 2000 e a de 2001, a procedência era a mesma, levando a concluir que o problema estava no lote enviado ao Brasil. Considerando que os vinhos não saem direto do Château e que, comprovadamente, o transporte, de responsabilidade do importador, foi feito em contêineres refrigerados, a mercadoria deve ter sido manipulada sem o devido cuidado no tempo em que permaneceu com os negociantes.

Os fantásticos Trockenbeerenausleses da Alemanha, a mais alta categoria da vinícola do país e orgulho nacional, assim como os cativantes Tokajis húngaros, são grandes exemplos da magnitude dos vinhos doces. A esse seleto time juntam-se os vinhos do Vale do Loire, especialmente os Coteaux de Layon e os Quarts de Chaume, produzidos com uva Chenin Blanc, da Áustria, e uma paixão minha: os SGN, Sélection de Grains Nobles, da Alsácia. Seleção de grãos nobres — só pelo nome já se tem ideia do quanto se trata de algo precioso. Podem ser elaborados com Riesling, Gewurztraminer, Tokay, Pinot Gris ou Muscat, cada uva com características e personalidades distintas, que alcançam níveis sublimes.

Quando a natureza não ajuda, o homem tenta dar um empurrãozinho, apelando para a tecnologia. Com base em estudos feitos pelo enólogo americano Myron Nightingale nos anos 1950, que já escrevera que o clima californiano era inadequado para a elaboração de vinhos botrytizados, a Universidade de Davis, na Califórnia, um dos mais avançados centros de enologia do mundo, pesquisou como reproduzir de maneira artificial condições climáticas ideais para o desenvolvimento do fungo. O método consiste em colher cuidadosamente as uvas, colocá-las em bandejas e, num meio bem controlado de alta umidade, pulverizá-las com esporos de *Botrytis cinerea*. Aproximadamente duas semanas depois, ocorre a desidratação das uvas e a elevação do teor de açúcar. No entanto, provando mais uma vez como a natureza é sábia e soberana, nenhum desses vinhos produzidos apenas com tecnologia apresentou uma qualidade até mesmo próxima dos concebidos naturalmente.

Elas são a diferença entre força e brutalidade

O que têm em comum, além do merecido prestígio, o Château Margaux, o Musigny e o Barbaresco, três dos melhores tintos de Bordeaux, Borgonha e Piemonte, respectivamente? A resposta é que os três são considerados "vinhos femininos".

Antes que cause estranheza classificar como femininos tintos impetuosos e reconhecidamente intensos, cabe esclarecer que, na terminologia do vinho, essa qualificação significa sobretudo elegância e é uma maneira bem apropriada de diferenciá-los de outros vinhos das mesmas regiões, igualmente de alto padrão, mas que têm como característica um estilo mais austero e robusto, ou seja, mais masculino. É o caso dos bordaleses Châteaux Latour e Lafite, dos borgonhas Chambertin e Clos Vougeot, e do Barolo do Piemonte.

A melhor forma de ilustrar o conceito de "vinho feminino" (não confundir com vinho leve) é se valer do parecer de Paul Pontallier, diretor técnico do Châteaux Margaux e grande responsável por manter o caráter intenso mas refinado desse vinho. Ele diz que "é preciso saber diferenciar força de brutalidade". E emenda: "Repare que no geral as mulheres são mais fortes que nós, homens".

É pouco provável que alguém admitisse isso no passado, em particular no meio vinícola, que sempre foi misógino, ao contrário do que ocorre atualmente, quando um número grande e crescente de mulheres vem ocupando posições relevantes no setor. Ainda que discriminada, a classe feminina teve importante participação na história da bebida e, para exemplificar e marcar bem essa presença, há dois fatos bastante significativos.

O primeiro, ocorrido em 1805, na fase de conquistas de Napoleão, destacou a figura notável de Nicole-Barbe Clicquot-Ponsardin, conhecida simplesmente como a "Viúva Clicquot", que herdou a firma do marido ao ficar viúva aos 27 anos, com uma filha para criar. Sua visão foi fundamental para o sucesso comercial do champagne como um todo — a começar pelo seu —, ao conseguir que seu produto caísse no gosto da corte russa. Para abastecer um mercado relativamente de grandes volumes, a viúva Clicquot se viu forçada a industrializar a produção. Foi, segundo consta, com o tampo de sua mesa que ela desenvolveu o método de retirada dos sedimentos que se formavam no interior da garrafa. A técnica, conhecida como *remuage** e utilizada até hoje, permitiu a criação de linhas de montagem e, assim, a produção em escala industrial. Resolvidos os problemas de abastecimento, e com a demanda aquecida pelo enriquecimento da classe média promovido pela Revolução Industrial, os negócios prosperaram. De 300 mil garrafas, a produção anual passou a 20 milhões no século XIX. A partir de 1820, vários negociantes foram surgindo, dando origem às famosas maisons de Champagne, existentes até hoje.

* Método em que a garrafa é enfiada pelo gargalo num orifício feito num tampo de madeira, permitindo girá-la e incliná-la ao longo do processo, para que os sedimentos sejam conduzidos em direção ao gargalo.

Início parecido com o de Nicole-Barbe Clicquot-Ponsardin teve dona Antonia Adelaide Ferreira, mulher que se tornaria lendária nos anais do vinho do Porto. Depois de ficar viúva aos 33 anos, Ferreirinha, como era carinhosamente chamada, sobretudo pelas benfeitorias e ações sociais que empreendia, direcionou toda sua enorme energia e raro talento comercial — algo difícil de ser reconhecido na época — para impulsionar a cultura da vinha na região. Ao mesmo tempo, dona Antonia colocou definitivamente a A. A. Ferreira, que ela assumiu em 1844, entre as principais casas de vinho do Porto.

Se num primeiro momento o vinho do Porto, grande especialidade local, foi enormemente beneficiado pelos atos de dona Antonia, décadas mais tarde sua visão e pioneirismo também foram decisivos para a produção de vinhos de mesa. É que foi na Quinta do Vale Meão, propriedade que ela comprou em 1877, situada no então pouco valorizado e inacessível Douro Superior, que surgiu o Barca Velha, o primeiro grande vinho de mesa do Douro, ícone eterno de Portugal e precursor dessa leva de ótimos tintos que o país produz atualmente.

Caídas as esdrúxulas barreiras que impediam o acesso das mulheres ao setor vinícola, o que foi ocorrendo de maneira gradual no século XX e ganhou mais consistência a partir da Segunda Grande Guerra, o universo do vinho lucrou não só com o charme da presença feminina, mas com o aporte suplementar de virtudes que elas têm de sobra e que são essenciais nesse campo: sensibilidade e emoção. Além disso, estudos indicam que as mulheres tendem a ter olfato e paladar mais desenvolvidos que o dos homens, além de serem mais rigorosas nas degustações e mais detalhistas em suas observações e atitudes.

Tal evidência levaria a supor que vinhos produzidos por homens e mulheres tendem a ser diferentes. No entanto, é impossível fazer tal afirmação, uma vez que homens e mulheres compõem grupos demasiado grandes e heterogêneos, o que impede que se extraia um padrão de gênero. No fundo, e é o que interessa, as mulheres são responsáveis, na atualidade, por um sem-número de grandes rótulos mundo afora, e eles refletem o talento e a personalidade da autora, além de sua interpretação toda pessoal do *terroir* da região.

Muito talento e uma personalidade difícil é o que une a americana Helen Turley e a francesa Lalou Bize-Leroy, duas personagens de destaque em seus países e, em particular, nas regiões onde atuam, Califórnia e Borgonha. Turley é uma das enólogas mais respeitadas e temidas dos Estados Unidos. Ela é considerada um gênio por Robert Parker, o mais influente crítico americano, principalmente por sua participação decisiva na criação de vários dos chamados *cult wines** californianos. A despeito dos bons resultados, seu conhecido temperamento difícil, intimamente ligado a um perfeccionismo obsessivo, causa sérios problemas de relacionamento com seus clientes. Foi após um desses curtos-circuitos, e sem se importar se era ou não o momento apropriado, que Helen Turley deixou na mão o proprietário do Bryant Family, um dos mais expressivos vinhos dessa categoria.

Lalou Bize-Leroy, proprietária dos vinhos Leroy, é outra personagem polêmica. Dura e exigente consigo mesma e com os outros, volta toda a sua energia para a excelência, o que efetivamente consegue. Seus vinhos são disputados no mercado internacional, alcançando preços bem acima dos congêneres. Além da busca pela perfeição, há uma disputa particular com os vinhos da casa Romanée-Conti, na qual ela detém uma participação de 25% e de cuja direção foi afastada por desavenças com os outros sócios.

* Denominação informal de vinhos californianos de produção minúscula que alcançaram alta pontuação dos críticos e preços estratosféricos.

Embora esses sejam exemplos importantes, não é necessário que mulheres criem confusão para se impor e ter sucesso à frente de projetos na área de vinhos. No caso da também francesa May-Eliane de Lancquesaing, foi preciso determinação, e ela a exerceu sem perder seu ar afável. Aos quase oitenta anos, madame de Lancquesaing dirige um ícone de Bordeaux, o Château Pichon Longueville Comtesse de Lalande, propriedade da família e lugar onde ela nasceu e do qual se afastou, reassumindo-o apenas em 1978, após trinta anos de ausência. Quando madame de Lancquesaing voltou, com marido e quatro filhos, o château estava em mau estado, com problemas e administrado pela Justiça. Ela começou a reformar e a modernizar as instalações aos poucos, com suas reservas financeiras, ao mesmo tempo que começou a cursar a faculdade de enologia de Bordeaux, aos 53 anos.

Outros exemplos, ainda em Bordeaux, servem para ilustrar o papel fundamental das mulheres no árduo trabalho de recolocar seus domínios na posição que merecem: Christine Valette, do Château Troplong Mondot, e Claire Villars, com os Châteaux Chasse Spleen, Ferrière e Haut Bages Liberal.

Se Portugal tem Sandra Tavares da Silva, que comanda no Douro o Quinta do Vale Dona Maria e na Estremadura o Chocapalha, a Espanha tem Sara Pérez à testa do Clos Martinet, no Priorato, só para citar alguns dos muitos nomes femininos que brilham em países europeus. A América do Sul também não fica atrás. Não poderia haver nada mais representativo do que começar a relação por Cecilia Torres, enóloga responsável, entre outros, pelo Santa Rita Casa Real, um dos melhores vinhos chilenos e que impressiona pela elegância. Sem abdicar de seu lado feminino, ela fala com naturalidade e extrema segurança de seu trabalho e do desafio que foi substituir, no início dos anos 1980, Ignacio Recabarren, um dos mitos da enologia chilena. Sua responsabilidade não se restringe à vinificação, mas abarca ainda

2 mil hectares de vinhedos. Embora eles não sejam o que se pode chamar de um lugar adequado para mulheres, a atuação de Cecilia Torres mostra que o mais importante não é saber manejar o trator, mas comandar os que o dirigem. Mais vale a energia do que a força bruta, como demonstram seus vinhos Santa Rita.

O caminho aberto por Cecilia Torres no Chile (e também por Irene Paiva, responsável pela Viña San Pedro, uma das maiores daquele país) facilitou a entrada de mulheres da nova geração, que, mostrando serviço, assumiram cargos de ponta. É o caso de Ana Maria Cumsille, enóloga do ambicioso projeto Viña Altair, sociedade entre dois empresários poderosos, o chileno Guillermo Luksic, dono da Viña San Pedro, e Laurent Dassault, do Château Dassault, um Saint Emilion Grand Cru Classé de propriedade da família que controla a fabricante de aviões de caça Mirage, da França. Logo em sua primeira safra, 2002, os dois vinhos elaborados por Ana Maria Cumsille, o Sideral e o top de linha Altair, já despontaram nas primeiras colocações dos guias de vinho chilenos.

Na vizinha Argentina, o time feminino tem como expoente Susana Balbo, ainda que mais recentemente nomes como o de Laura Catena, filha do renomado Nicolás Catena, venham se destacando com vinhos modernos e de caráter. Susana é uma enóloga brilhante e tem no marido, Pedro Marchevsky, que conhece vinhedos como ninguém em Mendoza, o parceiro ideal para propor uma gama impecável de tintos e brancos.

A projeção que as mulheres alcançaram no segmento de vinhos não se restringe à sua elaboração. Há jornalistas e críticas especializadas — louvada seja a inglesa Jancis Robinson —, sommelières e as que trabalham na área comercial e de comunicação, entre outras funções. E há as que consomem, hábito que não lhes era permitido no passado. Ainda bem que não nasci naqueles tempos tão sem graça. Devia ser muito chato.

Gabarito do sabor

Desde que, por volta de 1860, as descobertas do cientista francês Louis Pasteur permitiram entender de modo científico como a uva se transformava em vinho — as leveduras como agentes responsáveis pela fermentação —, novas técnicas vêm se aperfeiçoando ao longo do tempo. No entanto, o grande salto na enologia foi dado logo após a Segunda Guerra, por um seleto grupo da Universidade de Bordeaux, na França, que fixou efetivamente as bases da revolução na elaboração da bebida e foi o grande responsável pela qualidade que percebemos nela hoje.

Meu ídolo nesse grupo é Émile Peynaud, o qual considero o personagem mais importante do mundo do vinho no século XX. Um dos motivos da minha admiração é que, além de ter responsabilidade na melhora da qualidade da bebida, Peynaud percebeu que pouco adiantava aprimorar os vinhos sem que seus consumidores notassem isso. Era preciso saber apreciá-los.

A palavra "degustação" é muitas vezes mal interpretada, sendo erroneamente associada a coisa de entendidos ou profissionais. Degustar nada mais é do que prestar atenção no que se está provando. Toma-se água para saciar a sede, o que nos proporciona alívio sem que haja necessidade de exercer nosso senso crítico em relação ao líquido. O vinho ativa e estimula outras sensações, que podem ser expressas por um simples "Gostei" ou "Não gostei". Apenas manifestar isso já caracteriza uma análise e, consequentemente, a noção de degustação. Saber dizer o porquê é um passinho a mais.

O vinho é uma bebida sofisticada — não confundir com elitista — pela riqueza de estímulos que provoca. Saber tirar proveito dessa riqueza, sem complicações, aumenta a sensação de prazer. Para tanto, de saída é necessário um mínimo de informações e de disciplina para não dispersar. É assim que a experiência se soma, é assim que se apura o paladar.

Durante uma apresentação para um grupo reunido num hotel na Costa do Sauípe, no litoral baiano, eu demonstrava na prática um método simples e didático de degustação, estimulando os participantes a expressarem, de forma natural, o que percebiam no contato com o vinho. Com as respostas fluindo em ritmo crescente, acima de tudo depois dos primeiros goles, lembrei-lhes que acontecia ali exatamente o mesmo que ocorrera naquela tarde durante a clínica de tênis ministrada por Carlos Alberto Kirmayr, melhor tenista brasileiro dos anos 1980. Com competência e extremo bom humor, Kirmayr primeiro fez com que todos entendessem o movimento da bolinha e como controlá-la, utilizando somente golpes aplicados com a mão; só depois a raquete foi introduzida. Mesmo quem não tinha nenhuma intimidade com o esporte se divertiu, e — fundamental — se desfez da imagem de dificuldade normalmente associada ao tênis e que afugenta possíveis interessados.

Como em qualquer atividade, algumas pessoas demonstram mais habilidade ou uma aptidão natural na degustação de vinho. A rigor, no entanto, degustar é uma questão de treino para desenvolver os sentidos que a vida moderna tende a nos fazer negligenciar. O olfato, por exemplo, pode ser afinado simplesmente com o hábito de prestar atenção e sentir os odores primários antes de comer ou manusear frutas, ervas ou verduras. O intuito não é depois tentar encontrar "pelo de raposa molhada" no vinho. Sem excessos ou pedantismos, os aromas da bebida fornecem informações importantes que nos ajudam a entender o que bebemos e a desfrutar melhor o que sentimos.

A busca de aromas ou o apego obcecado à técnica não podem, em hipótese nenhuma, se sobrepor ao prazer, que, afinal de contas, constitui a essência do vinho. Eles são apenas meios que permitem formar critérios próprios e julgar com propriedade a qualidade da bebida, reforçando o conceito de que a preferência de um produto é pessoal e intransferível. Apurando sua capacidade de degustar, o consumidor tem condições de exercer suas preferências, seu gosto pessoal, partindo conscientemente para a escolha do vinho que lhe agrada. A essa satisfação, somam-se ainda as agradáveis surpresas proporcionadas por possíveis descobertas.

Mesmo tendo escrito livros sobre normas de degustação, Emile Peynaud jamais deixou de lado duas noções fundamentais do vinho: prazer e comunhão. Além de ressaltar a necessidade de haver equilíbrio entre técnica e prazer, ele lembra que esse não é um deleite solitário. Em grupo, há uma benéfica troca de impressões entre as pessoas que os procedimentos descritos no livro não conseguem proporcionar. É necessário saber expressar essas impressões — as palavras valorizam o pensamento. Sem dúvida, apreciamos melhor um vinho quando sabemos reconhecer suas qualidades e dizer por que ele é bom.

Desfazer o mito (mal) criado em torno da palavra "degustação", conversar com o vinho, e sobre ele, traz benefícios incalculáveis. E de nada adianta tentar enumerá-los. Só os que já vivenciaram isso sabem avaliar.

Dando tratos à rolha no jogo dos experts

Já na Antiguidade, servir o vinho, a mais nobre das bebidas, obedecia a um ritual. Nesse passado rico de grandes celebrações, durante os banquetes os escravos davam de comer aos convivas, enquanto aos nobres cabia o serviço do vinho, pela atenção e maior cuidado que exigia. O ato de servir vinho é uma especialidade que se desenvolveu gradualmente ao longo dos séculos, até se firmar como verdadeira arte com os grandes restaurantes estabelecidos há duzentos anos. E o artista em questão é o sommelier.

A palavra "sommelier", hoje empregada no mundo todo, tem origens latinas, evoluções francesas e até poderia ser traduzida como "escanção" em português. Diferentemente de enófilo, a pessoa que gosta de vinho, de enólogo, o diplomado em enologia e responsável por produzir a bebida, e de especialista (*expert*, ou enologista), que entende do assunto, o sommelier é o profissional encarregado do serviço do vinho nos restaurantes, desde a compra até a mesa. Sua função é montar a carta, selecionando as garrafas a ser compradas, zelar por elas na adega, recomendar aos clientes os mais adequados para os pratos escolhidos e, por fim, servi-los corretamente. Sobre o assunto, um sempre bem-humorado amigo contou que, jantando certa vez num grande restaurante na França, foi abordado educadamente pelo profissional, que queria saber o que ele gostaria de beber para acompanhar o requintado cardápio. Meu amigo disse que desejava algo bom para o espírito e que não fizesse mal nem à cabeça nem ao bolso. Em resumo, isto é o que se espera de um sommelier: que tenha a capacidade de transformar o simples ato de comer num grande prazer. Para tanto, tudo deve ser perfeito, inclusive a escolha do vinho, que deve surpreender. Vinhos caros são óbvios e, se não causam desprazer, também não trazem nada novo.

A tarefa exige muito mais preparo do que parece. Antes de mais nada, é necessária uma boa dose de psicologia para saber o que o cliente aprecia e está disposto a pagar, sem lhe perguntar isso explicitamente. Durante essa fase, cabe ainda educação e paciência suplementar para suportar mau humor e desconhecimento camuflado. A partir daí, entra a arte suprema da mesa, que é harmonizar com sucesso um prato com um vinho. Requer do sommelier conhecimento e paladar para vinhos e para comidas, aptidões que se desenvolvem e se aprimoram com estudo e dedicação.

Para um profissional vir a entender de vinho, não bastam horas de degustação. Ele deve se apoiar em livros especializados, que lhe fornecerão conceitos para entender o que está bebendo e, consequentemente, ter condições de apreciar melhor a bebida. Manter-se atualizado é fundamental, já que vinho evolui, muda de safra para safra, e novidades sempre surgem no mercado. A qualidade de sua carta de vinhos depende dessas experiências e, para atingir seus objetivos, ela deverá agradar a gostos e bolsos.

Embora todos esses requisitos já sejam suficientes para dar a dimensão da complexidade da profissão, vale acrescentar que cabe ao sommelier a gestão da adega e o serviço do vinho propriamente dito, que, no fim das contas, é o *grand finale* da apresentação do artista. É um complemento importante, que requer habilidade, gestos precisos e harmônicos, e faz parte do ritual que o vinho exige e merece.

A França é a grande escola e onde se concentra o maior número de sommeliers profissionais, até por força dos grandes restaurantes que existem no país — em menor proporção, há nomes de destaque em todos os países onde existem boas mesas. No Brasil, embora tenhamos alguns bons sommeliers, esse número ainda é bastante reduzido. Na ABS, Associação Brasileira de Sommeliers, no Rio de Janeiro e em São Paulo, onde grande parte dos frequentadores são amadores, há cursos específicos para formação de sommeliers. É preciso se dedicar, estudar, ler e se atualizar, mais do que apenas assistir às aulas ou simplesmente ocupar o cargo nos locais onde trabalham. É o único caminho, ao contrário de outras funções no restaurante, onde, por exemplo, quem começa como ajudante pode chegar a se tornar um bom garçom, ou até um sub-*maître*, somente mostrando trabalho.

O vinho tem papel significativo nos restaurantes e é par indissociável da boa comida — a própria história relata essa ligação —, e é de se esperar que seu serviço esteja à altura da sua importância. Os grandes *chefs*, em países com tradição na área, são profundos conhecedores de vinho e se cercam de sommeliers de renome para transmitir sua mensagem, divulgar a cultura da gastronomia (que é diferente de culinária) e os prazeres da mesa. Nos últimos anos, o Brasil evoluiu bastante nesse sentido, e o vinho tem deixado de ser apenas uma bebida e caminhado para assumir seu lugar na mesa como um hábito alimentar e um elemento de prazer na refeição. Os restaurantes são fundamentais na consolidação dessa mentalidade e precisam se capacitar para atender um novo público, mais informado. Cada vez mais precisamos de bons sommeliers.

Saber servir

Aspectos importantes para harmonizar vinhos num jantar em casa

Um ex-banqueiro costumava organizar jantares em sua suntuosa casa em São Paulo, oferecendo, a rodo, vinhos de reconhecido prestígio. Tudo fazia parte do arsenal de artimanhas que ele utilizava para marcar presença e reforçar seu status junto à sociedade paulistana. Tanta ostentação soava artificial. Muitos convidados não sabiam o que estavam bebendo nem faziam questão de saber. Os que valorizavam um bom vinho, vendo tanta garrafa dando sopa, aproveitavam até onde o fígado aguentasse, mas, mesmo assim, uma boa quantidade de preciosos líquidos ia para o ralo.

Saber receber em casa, seja em um jantar sofisticado ou em uma reunião de amigos em torno da mesa, requer alguns cuidados. Não me sinto à vontade nem tenho a pretensão de dar aulas de etiqueta; apenas chamo a atenção para alguns detalhes que podem ajudar a fazer com que uma sucessão de pratos se torne um notável banquete. Um serviço adequado de vinhos pode contribuir para alcançar esse objetivo.

Montar um cardápio equilibrado e apropriado para a ocasião é, sem dúvida, o primeiro passo. E isso deve ser feito ao mesmo tempo em que se escolhe os vinhos que serão servidos, sempre buscando afinidade entre eles. Nesse contexto, coerência tem mais valor do que excessos. Da mesma forma que é um exagero e denota mau gosto elaborar um menu contendo uma sequência de ingredientes demasiadamente requintados — caviar, trufas, *foie gras* e outros —, é um despropósito abrir apenas rótulos caros e manjados. O efeito surpresa (no bom sentido) é um componente importante para o sucesso.

Vale como exemplo o telefonema que recebi de um empresário do setor imobiliário pedindo conselho sobre que vinhos deveria servir num jantar que estava preparando para um grupo de "amigos" poderosos — no fundo, era mais uma reunião de interesses comerciais. Sabendo que seus convidados bebiam habitualmente celebrados Bordeaux, sugeri que mudasse de tema e indiquei alguns Borgonhas com bom nome, de primeiro nível, fugindo porém da linha do Domaine de la Romanée-Conti. Apesar de na hora concordar com minha argumentação, o anfitrião, repensando depois, resolveu não arriscar e acabou oferecendo rótulos bordaleses. Bons, mas nada que impressionou seus convidados. "Estavam razoáveis", me disse um deles, com ar de desprezo, quando o encontrei por acaso tempos depois.

No outro extremo, também não cabe comprar vinho de última hora. Além de a garrafa vir chacoalhando — o que desequilibra o vinho —, acaba-se levando qualquer coisa, um total contrassenso com o que se pretendia de início e se programara com tanto carinho. Isso quando a urgência não leva à última opção: comprar vinhos em supermercado, onde a oferta é de rótulos batidos. Mesmo o mais tolerante dos amigos vai considerar um descaso.

Uma boa harmonização entre pratos e vinhos é um componente importante para o sucesso do encontro, mas nunca é demais relembrar que harmonização não é uma ciência exata. Não há respostas definitivas, fórmulas mágicas ou regras precisas. O que se procura é uma certa harmonia entre as sensações resultantes do gosto do que bebemos com o gosto do que comemos. Tais impressões não devem entrar em conflito ou se neutralizarem, e sim valorizarem-se mutuamente.

Alguns critérios, quando seguidos, conduzem a uma noção superior de prazer. Não é preciso grandes elucubrações. Sem entrar em pormenores, o mais importante deles, em essência, é que prato e vinho devem ter a mesma estrutura e força, ou seja, pratos leves com vinhos delicados — por isso peixes pedem vinhos brancos — e pratos consistentes com vinhos robustos — caso da carne vermelha com tintos. Pretender desafiar essa regra não é recomendável. Aqui o elemento surpresa, até então louvado, pode ser negativo.

Numa sucessão de vinhos ou de pratos, há um preceito importante a ser observado para que o resultado não fique comprometido: o que está sendo servido não pode ser encoberto pelo que foi servido antes. Assim, a composição de um cardápio deve obedecer a uma preparação crescente, a fim de se chegar a um grande final — por exemplo, não é possível iniciar uma refeição tendo uma feijoada como primeiro prato. Para ser equilibrada, ela deve começar com uma entrada e terminar num prato principal, passando eventualmente por pratos intermediários, mas obedecendo a uma sequência que vai dos mais leves aos mais pesados. O critério deve ser o mesmo para os vinhos. Vale como exemplo o caso do *foie gras*, usualmente servido como entrada acompanhado de um portentoso Sauternes. A combinação é ótima, mas o vinho tem uma presença forte e, sendo servido no início da refeição, tende a comprometer o que vem depois — é melhor optar por outros vinhos do gênero, menos adocicados e mais delicados.

Dentro dessa premissa ascendente, os vinhos devem obedecer às seguintes regras:

1. vinho mais leve antes do mais encorpado;
2. vinho branco antes do tinto;
3. vinho jovem antes do mais velho;
4. vinho simples antes do mais complexo;
5. vinho seco antes do doce.

Pode parecer mais fácil estabelecer um único vinho para acompanhar uma refeição completa, mas não é. O sucesso dessa prática implica a correta escolha dos pratos que vão compor o cardápio, ou seja, se o intuito é servir apenas um único vinho durante a refeição, todos os pratos deverão ser concebidos em função do rótulo elegido. Como é algo difícil de compor, adota-se um critério médio, com as implicações que isso acarreta, pois a harmonização não será perfeita com nenhum dos pratos. De qualquer forma, é impossível estabelecer livremente um menu e pretender forçar um vinho para todos os pratos. Isso invalida também a tese de que champagne acompanha muito bem qualquer refeição — imagine champagne com picanha! Um espumante pode até acompanhar vários pratos, mas se eles forem escolhidos com esse propósito.

Uísque, vodca e outros destilados são contraindicados como aperitivos de uma refeição. O grau alcoólico elevado que os caracteriza anestesia as papilas gustativas e prejudica o paladar. Nesse aspecto, espumantes em geral, além da conotação de celebrar e bem receber, limpam e preparam as papilas para o que vem pela frente. Ecléticos, eles também podem ir para a fase seguinte e acompanhar a entrada. Ostras, sopas frias (*vichyssoise* e bisques), salmão defumado, tartar de salmão e ceviche são boas escolhas. Vale o mesmo para o Jerez fino ou o Manzanilla, especialidades espanholas de paladar seco.

Terminar uma refeição com champagne pode ser charmoso, mas é complicado. O sabor adocicado das sobremesas não combina com os espumantes "*brut*". Alguns pratos doces não tão adocicados podem casar com o demi-sec, porém o gás carbônico que lhes é característico ingerido no final da refeição tende a ser indigesto. Uma maneira de diminuir tais efeitos é decantar esse gênero de espumante adocicado, uma prática pouco conhecida que tem sido preconizada recentemente. Outra opção é partir para algum Asti ou Moscatel, frisantes italianos de gênero próximo dos champagnes demi-sec, mas que apresentam menos borbulhas.

Ficar em volta da mesa jogando conversa fora no final da refeição chama um vinho do Porto. Aliás, essa especialidade portuguesa pode começar a ser servida antes, com a sobremesa, se for à base de chocolate. E emendar em seguida com frutas secas ou, para quem é do ramo, charuto. O anfitrião, ou alguém por ele indicado, deve provar o vinho antes de servi-lo para se prevenir de algum defeito. Cada garrafa tem sua história. Desvios de rota, como problemas na rolha ou na armazenagem, são mais comuns do que se imagina.

Os vinhos — os tintos basicamente — precisam respirar, sair da camisa de força que é a garrafa. Ao entrar em contato com o ar, podem liberar melhor seus aromas e, por vezes, perder seu excesso de ímpeto. É como se precisassem de oxigênio para se acalmar. De nada adianta, porém, abrir a garrafa com antecedência, o diâmetro do gargalo é muito pequeno para que todo o líquido contido lá respire. A passagem do vinho para um decanter, ou mesmo para uma jarra, aumenta a área de contato e a transferência de recipientes permite a oxigenação. A rigor, isso vale mais para vinhos jovens, encorpados. O mesmo procedimento, porém, se justifica para vinhos mais velhos, mas apenas com a função de separar os sedimentos que se formam ao longo do tempo e se acumulam no fundo da garrafa. Nesse caso, a decantação precisa ser feita com cuidado, devendo ser interrompida quando os depósitos tenderem a passar para o decanter. A antecedência com que ela deve ser realizada vai depender do vinho: mais encorpados necessitam de mais tempo fora da garrafa, em geral, duas horas; os mais frágeis, ou muito velhos, podem sair pouco antes de serem servidos. Em todo caso, não é só pelo ganho sensorial. Bons vinhos merecem tal cerimônia.

A temperatura de serviço do vinho também é de vital importância. Adequar o vinho à sua temperatura correta significa poder apreciar suas características em toda sua plenitude. E não se pode descuidar. Se a garrafa ficar na mesa por um bom tempo e o ambiente estiver quente, é essencial mantê-la num balde com água e gelo. Em partes iguais se o vinho for branco — é engano achar que só com gelo gela-se mais rápido, além do que, sem a água é impossível mergulhar a garrafa no balde — ou apenas com algumas pedrinhas se for tinto, o suficiente para manter a água refrescada. O fato de o vinho esquentar no copo é mais um motivo para que se sirva pouco de cada vez. Melhor repetir do que bebê-lo a temperaturas acima ou abaixo do recomendado. Em linhas gerais, tintos devem ser servidos entre 18 e 20 graus, e brancos entre 10 e 12 graus.

Ademais, é importante ter consciência de que não se bebe vinho como se bebe água, que basta despejar de qualquer jeito num copo comum, levar à boca e engolir. Fazer o mesmo com vinho é, além de um tremendo desperdício, uma enorme falta de educação. O vinho requer, antes de mais nada, atenção e respeito. É preciso saber apreciá-lo.

Um decanter contra o imediatismo da modernidade

A tendência de se consumir cada vez mais vinhos jovens — faceta da era moderna, numa sociedade imediatista — tem provocado distorções nas avaliações. Como alguns vinhos necessitam de mais tempo para se exprimir, nesse ínterim eles podem ser preteridos em favor de outros eventualmente inferiores. É comum, em degustações em que vários vinhos são provados em série, ouvir a frase "O vinho cresceu no copo", denunciando uma mudança nas preferências. Ser volúvel, diga-se de passagem, nesse caso é louvável, pois é um sinal de que se está provando com atenção. Isso de fato aconteceu numa degustação de um Bordeaux 2005, promovida por uma importadora de São Paulo. O Angelus, um Saint Emilion Premier Grand Cru Classe B, começou um tanto tímido e fechado, abrindo depois, a ponto de se tornar a amostra predileta da maioria dos presentes.

A rigor, tintos jovens e robustos necessitam de mais contato com o oxigênio, o que pode ser obtido, de certa forma, durante o período em que estão no copo. Pelo mesmo motivo é que se recomenda decantá-los previamente, com a vantagem de a bebida ser servida na temperatura correta (mantendo o decanter em ambiente refrigerado), e, vamos admitir, evitando a agonia de ter a taça intacta diante de si, à espera do momento ideal de desfrutá-la. Os efeitos positivos da decantação valem também — por que não? — para brancos com potencial de envelhecimento. Grandes Borgonhas, Hermitages e bons Chenin Blanc do Vale do Loire (*vouvrays* e *savennières*) são alguns exemplos.

O formato do recipiente influi no resultado: quanto maior seu diâmetro, maior a superfície de contato da bebida com o ar, havendo, assim, mais troca. No entanto, a questão não é só a área de contato; a simples transferência do vinho para o decanter faz com que todo o líquido respire.

No que diz respeito à parte aromática, a interação com o ar é duplamente benéfica. Por um lado, libera eventuais odores indesejáveis — sulfurosos, ou os de redução, desenvolvidos pela carência de oxigênio quando o vinho fica preso na garrafa —, mas também aromas menos voláteis, mais ricos e característicos dos melhores vinhos.

A pergunta frequente é quanto tempo antes o vinho deve ser decantado. Na verdade, os fenômenos que ocorrem variam de vinho para vinho, são complexos e em grande parte inexplicáveis. Nos tintos, têm a ver, em primeira análise, com os taninos, que, ao entrarem em contato com o oxigênio, se polimerizam e ficam, digamos, mais macios, domesticados. Essa, aliás, é a razão pela qual bons vinhos, após a fase de fermentação, férteis em tanino, permanecem por períodos variáveis (depende do vinho) em barris de carvalho, madeira relativamente porosa que permite a passagem gradual e parcimoniosa de ar. Assim, vinhos mais tânicos pedem não só um estágio mais prolongado em madeira, como também mais tempo de decanter.

Na falta de informação e conhecimento prévio sobre o comportamento do vinho, é bom não correr riscos. É prudente servir mais cedo do que tarde e acompanhar sua evolução no copo. Se melhorar com o tempo, significa que a aeração lhe foi benéfica e poderá ser ampliada em outra oportunidade. Foi o que aconteceu com os citados Bordeaux 2005, que haviam sido decantados com duas horas de antecedência e demonstraram necessitar de mais tempo.

Vinhos com idade, por sua vez, devem ser decantados momentos antes de ser servidos. E, em se tratando de tintos, nem deixá-los evoluir na taça é conveniente, pois são mais frágeis, não suportando longa exposição ao ar. A transferência para outro vasilhame, porém, se faz necessária, para separar o vinho dos sedimentos que se formam na garrafa com o passar dos anos. A bem da verdade, vem daí, desse processo, a palavra "decantar". De fato, no procedimento de evolução de um tinto a bebida vai perdendo cor, passando do violáceo para tons mais leves (com nuances alaranjadas), e perdendo também taninos, que chegam a ser agressivos no início e vão se suavizando ao longo do tempo. Não é por acaso que, compostas de pigmentos corantes e taninos, as partículas formadas no fundo da garrafa têm cor escura e transmitem um gosto amargo e adstringente, alterando significativamente o sabor do vinho.

Ter sucesso na tarefa de fazer passar apenas o líquido, deixando todos os sedimentos retidos na garrafa original, depende de certo treino e de alguns cuidados. O primeiro deles é manusear a garrafa com carinho para não agitar as partículas que demoraram tanto tempo para se depositar. Em seguida, a decantação deve ser feita com o auxílio de um ponto luminoso, de preferência uma vela, para iluminar o gargalo da garrafa e determinar o momento exato de interromper o processo — no instante em que a borra está em vias de passar para a jarra.

Como o recipiente para o qual se transfere o vinho, seja para que ele respire ou para liberá-lo dos sedimentos, é conhecido como decanter, é excesso de preciosismo diferenciar as duas operações em decantação e aeração. A distinção se dá na hora de executá-las: numa se utiliza a vela, na outra não. De resto, a não ser vinhos para beber rápido e esquecer rápido, todos os demais deveriam ser decantados. Se não pela dúvida sobre o ganho em fazê-lo, mas pela cerimônia que os bons merecem. Afinal, segundo o *Dicionário Aurélio*, decantar é também celebrar, exaltar qualidades.

OS DIFERENTES TIPOS DE VINHO

O *nonsense* do preconceito de cor ao encher a taça

O consumo de vinho aumentou consideravelmente após a comprovação dos benefícios da bebida à saúde. O único prejudicado com a divulgação dos estudos foi o vinho branco. Convenhamos que foi um empurrão bem-vindo, mas há algum exagero nesse apego aos tintos, e credito isso a certa dose de modismo. Como em qualquer campo, a moda é cíclica e no vinho não há de ser diferente.

Minha afirmação se baseia na tese de que o processo de escolha de vinho é dinâmico. Embora, num primeiro momento, saúde seja um argumento forte e capaz de arrebanhar ovelhas desgarradas, o vinho tende a se tornar um hábito alimentar e aglutinar seguidores de forma irreversível. Não é demais repetir que o vinho incentiva o convívio e constitui um elemento de prazer numa refeição, mas suas qualidades não param por aí: ele também tem a virtude de desenvolver nosso paladar. É uma evolução natural, na medida em que lhe rendemos certa atenção, exercendo nosso poder de escolha e degustando-o. É essa evolução dos sentidos que nos desveste de preconceitos, nos faz buscar alternativas, sair do óbvio. Vale para todos os tipos de vinho e para os brancos em particular.

É equivocado afirmar que os tintos são melhores ou mais sérios. Uma das grandes qualidades dos brancos, e não há tinto que os substitua nisto, é sua delicadeza e frescor, que os tornam insubstituíveis em certas ocasiões e no acompanhamento de alguns pratos. Os pratos leves, desde peixes até carnes brancas, pedem invariavelmente vinhos brancos, e não deixa de ser um contrassenso apelar-se para a tese da saúde quando se opta por tintos, já que eles acompanham pratos mais consistentes e supostamente menos saudáveis. Outro fato curioso nesta fase de pouca afeição aos vinhos brancos é que, em refeições sofisticadas, em que os pratos se sucedem à mesa, normalmente acaba sobrando espaço para apenas um tinto — para os pratos iniciais, mais delicados e que preparam para o último, recomendam-se vinhos brancos. Não é caso de concluir que os brancos são mais elegantes, mas apenas de evidenciar sua importância e alertar para o quanto se perde com o descaso a eles.

Para os que ainda não estão convencidos e exigem mais presença e corpo em um vinho, há os brancos de alma tinta, aqueles que se degustamos de olhos vendados nos dão a impressão de estarmos diante de um vinho tinto. Um bom exemplo, entre tantos, é o Montrachet (Montrachet só, ou "Montrachet tout court" como dizem os franceses), talvez o melhor vinho branco da Borgonha e do mundo. Para frisar bem isso, invoco a lembrança de uma degustação dos vinhos do cultuado Domaine de la Romanée-Conti, dirigida por sua então diretora, a supercompetente Lalou Bize-Leroy, que ousou deixar o Montrachet para o final, após todos os tintos, inclusive o célebre Romanée-Conti. Questionada, ela disse que além de ter força para tanto, o Montrachet não é branco; o Montrachet é Montrachet!

Além da Chardonnay, a uva do Montrachet e dos outros Borgonhas brancos, há outras variedades que proporcionam vinhos brancos intensos capazes de envelhecer com nobreza. A Riesling, na região da Alsácia, a Chenin Blanc, no Vale do Loire, e as Roussanne e Marsanne, no Rhône, são algumas uvas na França que atendem a esses requisitos, o mesmo podendo suceder com outras variedades e em outras regiões do mundo. Essas características, no entanto, embora intrínsecas da variedade da uva, dependem de como o enólogo trabalha. É arriscado generalizar e pretender adotar uma regra para os vinhos brancos. Antes de se decidir por uma garrafa, ou por quando abri-la, o melhor é procurar alguma informação sobre suas características.

Com relação ao serviço, os vinhos brancos, assim como os tintos, também podem ser decantados ou, melhor dizendo, aerados. Bons brancos se beneficiam do contato com o ar quando transferidos do vasilhame original para um decanter, e não há a preocupação de separar sedimentos, pois, ao contrário dos tintos, nos brancos eles não se formam com o tempo. A recomendação é atentar para que o diâmetro do decanter seja compatível com o balde de gelo onde ele deve ser acomodado, a fim de manter a temperatura. Permito-me mais uma sugestão: bons brancos não devem ser servidos gelados; eles exprimem melhor suas qualidades quando apenas refrescados, entre 10 e 12 graus centígrados.

O excesso de ênfase nos tintos e a consequente competição que se estabelece entre eles tendem a fazer com que, para participar da briga, seja necessário oferecer preços cada vez mais baixos, o que (em vinho não existe milagre ou "racionalização da produção") significa queda de qualidade. É o primeiro passo para que se busquem alternativas, e então os brancos começam, ou recomeçam, a ocupar espaço. O próprio descaso para com os brancos pressiona os produtores a se esmerar e a ser mais criativos, deixando de lado a atual superoferta de Chardonnays ou Frascatis de quinta categoria para oferecer vinhos qualitativamente melhores e de outras uvas com diferencial de personalidade. É importante acrescentar que os brancos se aperfeiçoaram muito nessas duas últimas décadas, graças a avanços tecnológicos que possibilitam um controle melhor da maturação das uvas e do processo de vinificação.

Brunello pede cuidado para se beber algo além do rótulo

Um amigo meu adepto do hipismo e dos bons vinhos comprou certa vez um imponente cavalo castanho e o chamou de Brunello di Montalcino. O nome pomposo era adequado ao belo porte do animal, que tinha toda a pinta de vencedor. Passado algum tempo, encontrei meu estimado cavaleiro desanimado com os resultados. Arrependido, estava prestes a voltar para sua velha e segura montaria. Se a frustração com o cavalo não tinha nenhuma ligação com seu nome, no vinho, invariavelmente, tem. O Brunello di Montalcino é um dos vinhos que mais decepções causam aos que, seduzidos pelo rótulo, pagam preços desproporcionais à qualidade de seu conteúdo. Há muitas razões para isso.

Situada quarenta quilômetros ao sul de Siena, no coração da Toscana, Montalcino era uma cidade pouco conhecida na década de 1970. Com menos de dez vinícolas, a área plantada não excedia míseros sessenta hectares. Pode-se dizer que seu prestígio estava baseado na raridade e no glamour do produtor que noventa anos antes iniciara ali as atividades vinícolas: Ferrucio Biondi-Santi. Em 1888, ele produziu o primeiro vinho, levando em frente experiências que seu avô Clemente Santi iniciara com mudas de seu vinhedo plantado com Sangiovese, a mesma uva do então já famoso Chianti. Santi observou que, ao contrário das demais, algumas parreiras geravam cachos compactos com uvas menores e de película mais espessa. O vinho, com isso, resultava mais concentrado. A mutação da Sangiovese original, clone conhecido como Brunello na região de Montalcino, ensejou o nome do vinho. Os disparates começaram quando a procura aumentou.

Uma expansão descontrolada da área vinícola teve início pouco antes de 1980, quando a legislação italiana definiu os conceitos que elevariam a região ao status de DOCG — Denominazione di Origine Controllata e Garantita. Em 1985, já havia 810 hectares de vinhas, número que já ultrapassou os 1300 hectares. Atualmente mais de duzentos produtores despejam todos os anos no mercado perto de 7 milhões de garrafas. Para suprir a demanda externa, são utilizadas vinhas muito jovens e de alto rendimento; 65% da produção é exportada, principalmente para a Suíça, a Alemanha e os Estados Unidos, país que consome um quarto desse montante. Se esse expediente de trabalhar com vinhas precoces compromete seriamente a qualidade de qualquer vinho, no caso do Brunello o problema é mais grave. A Sangiovese Grosso, como a casta também é chamada, já apresenta altos graus de acidez e taninos, índices que se evidenciam quando a uva não atinge boa maturação. Vale sempre lembrar que a decisão de buscar lucro ou qualidade depende tão somente da consciência do produtor, já que a legislação da DOCG não exerce na prática nenhum controle sobre o que é posto no mercado. Nos Brunellos, ainda por cima, ela só atrapalha.

Quando as normas que regulamentaram a produção da Denominação de Origem Brunello di Montalcino foram implantadas, estabeleceu-se a obrigatoriedade de os vinhos permanecerem mais de três anos em velhos tonéis de carvalho da Eslovênia.

Na verdade, a instrução só oficializou o procedimento desde sempre adotado. Ocorre que o estágio prolongado nesse tipo de madeira tende, principalmente quando a matéria-prima não é madura, a ensejar vinhos meio oxidados e com taninos secos. Os tempos eram outros, a uva era de melhor qualidade, e ninguém se importava com vinhos duros e rústicos. Uma ala menos tradicionalista de produtores, percebendo que o estilo desagradava o consumidor atual, que prefere vinhos com muita fruta e taninos não agressivos, iniciou um movimento com o objetivo de mudar as regras. Depois de muita polêmica, em 1988 foi implantado um novo regulamento, com efeito retroativo, permitindo que os vinhos permanecessem apenas dois anos em carvalho. Em seguida ele seria engarrafado e deveria ficar na adega até completar quatro anos, só podendo ser comercializado a partir do primeiro dia do janeiro seguinte. No caso do Riservas, são cinco anos. Ou seja, o período entre a colheita e a distribuição permaneceu o mesmo, o que mudou foi o tempo mínimo em casco.

Quem se interessa por Brunellos vai ter de conviver com os dois estilos de produção e, ao optar por um deles, deve saber quem é o produtor. É que a solução encontrada permite a sobrevivência das duas frentes de produção, a clássica e a moderna, e mesmo sinais evidentes do mercado dificilmente farão com que os lados mudem suas convicções. Um bom exemplo foi a briga entre Franco Biondi-Santi, neto do pioneiro viticultor e ferrenho defensor do sistema tradicional, e seu filho Jacopo, descontente com esse tipo de conduta. A disputa foi parar na justiça, e o filho foi obrigado a se retirar da propriedade, abrindo seu próprio negócio, onde adotou outros procedimentos.

É preciso reconhecer que o mais antigo e famoso rótulo de Brunello di Montalcino vinha perdendo prestígio e se saindo muito mal em degustações comparativas organizadas por publicações especializadas. Rígido em sua posição, o velho Franco proibiu que seu vinho participasse dessas provas, alegando que ele deveria ser aberto 24 horas antes, a fim de poder expressar suas qualidades. Quando lhe perguntei certa vez sobre como, então, fazer para pedir o vinho num restaurante, ele respondeu, sem hesitar, que se deve escolher antecipadamente o local e pedir para que a garrafa seja aberta um dia antes. Nem é tão simples agir assim nos dias de hoje, nem o vinho vale a pena.

Os produtores que aderiram às novas determinações não tiveram tempo suficiente para mostrar resultados. Eles ainda estão tentando encontrar a melhor política de amadurecimento, mudando os velhos tonéis ou fazendo experiências com pequenos barris, seguindo o estilo internacional. Há, portanto, excessos que descaracterizam o Brunello e casos em que não se soube tirar proveito das novas medidas.

A fase, desse modo, é de transição em Montalcino. Enquanto isso, quem não quiser se decepcionar, ou beber apenas rótulo, talvez faça melhor escolhendo um Rosso di Montalcino. Bem mais em conta, eles são produzidos com a mesma uva Brunello, nos mesmos vinhedos, e não precisam passar pelos longos períodos de cantina exigidos pela legislação. Se comparados com alguns poucos bons Brunellos, saem perdendo, mas o risco de errar é menor.

A esperteza que envolve um vinho "sem compromisso"

O que esperar de um vinho rosé? Provavelmente não vai ser "ver estrelas" nem se emocionar. Mas também é preciso admitir que não são muitos os brancos e os tintos, entre outros gêneros, como o champagne e certos licorosos, que provocam fortes emoções. No fundo, os rosés podem induzir bons momentos em boa companhia, o que já tem lá seu mérito. Dividir uma garrafa de forma descontraída é uma conquista dos novos tempos, em que cada vez mais o vinho vem perdendo caráter elitista.

Embora alguns tradicionalistas e muitos desinformados (inclusive garçons) demonstrem desprezo por quem pede rosés, a verdade é que esses vinhos, depois de virarem moda na Europa, conquistaram espaço importante no verão brasileiro, a ponto de surpreender os importadores.

A questão relevante é que o crescimento dos rosés, impulsionado por artigos e comentários na imprensa em geral, fez com que o consumidor embarcasse nessa onda sem espírito crítico, como se todos os vinhos do gênero fossem iguais, com apenas a cor definindo o produto. Mais leve ou pesado, seco ou adocicado, a rigor poucos se dão conta de sua diversidade. Foi esse cenário favorável que diversas vinícolas ao redor do mundo resolveram aproveitar, repetindo os erros do passado. Relembrando — não é preciso lançar mão de casos semelhantes, como os vinhos alemães e os Beaujolais Nouveau —, o rosé foi moda nas décadas de 1950 e 60 e entrou em decadência vítima de seu próprio sucesso.

O rosé surgiu com toda a força no Sul da França, mais especificamente em Provença, após a Segunda Guerra, como uma tentativa de incrementar a produção local de vinhos, mal servida de bons e refrescantes brancos para saciar a sede de seus habitantes e dos turistas durante o verão. A onda logo se alastrou por outras regiões francesas e por outros países, sem a preocupação nem o suporte técnico necessários para a elaboração de bons vinhos. O resultado foi uma quantidade enorme de rosés banais, pesados, para consumidores pouco exigentes.

Embora com outra denominação, os vinhos rosés já foram reconhecidos no passado. Na Antiguidade, falava-se de vinho branco, tinto e... preto! Este último, considerado uma bebida inferior, era destinado a criados e escravos. O tinto, na realidade, tinha a cor rosada até por volta do século XVII, daí o nome "*claret*" — derivação de *vin clair*, ou *clairet*, que significa "claro" em francês —, como ficaram conhecidos os Bordeaux importados pelos ingleses.

O processo de elaboração daqueles tintos é, basicamente, o mesmo utilizado nos rosés atuais, ou seja, parte-se de uvas tintas, mas encurta-se o período em que as cascas — onde está a matéria corante (e os taninos) — participam do processo. Enfim, a elaboração do rosé começa como se o objetivo fosse produzir um tinto, porém a fermentação é conduzida sem as cascas, como num vinho branco. A propósito, o termo "*claret*", ou "*clairet*", ainda é utilizado para designar alguns Bordeaux rosados mais intensos e encorpados, mas esta é a única região em que se permite sua menção. Clarete, a versão empregada comumente em Portugal e Espanha, passou a ser proibida nesses países desde 1986, ano em que ambos foram admitidos na Comunidade Econômica Europeia.

A bem da verdade, há duas maneiras de se obter um vinho rosado. *Clairet* e rosé, no fundo, fazem parte do mesmo grupo, onde as uvas (tintas) são prensadas e o suco resultante segue para fermentação. A diferença entre os dois é que no rosé clássico a prensagem é executada em geral após seis ou oito horas, o suficiente para dar leve coloração ao suco, assim como pouco ou quase nada de taninos. No *clairet*, o período de maceração é mais longo, entre 24 e 48 horas, resultando em um rosado de cor mais intensa e mais tânico, tanto que alguns produtores optam por estagiá-lo em madeira, procedimento não recomendável para os leves e frescos rosés.

O segundo método pode ser considerado um subproduto da vinificação de tintos. Nesse processo, chamado de sangria, "*saignée*" em francês, as uvas não passam pela prensa, sendo colocadas diretamente na cuba de fermentação. Decorrido algum tempo — cerca de algumas horas, e iniciada ou não a fermentação, tudo de acordo com os critérios e a vontade do produtor —, parte do líquido é retirada e enviada a outra cuba, onde a fermentação prossegue, como se fosse a de um branco. O contato maior com as películas e até mesmo sua eventual participação no início do processo de fermentação fazem do rosé de "*saignée*" um vinho mais encorpado e vinoso, mais próximo de um tinto leve. Em contrapartida, o que resta na cuba de tintos fica mais concentrado, permitindo vinhos com maior extração e intensidade.

Em princípio, nada impede que em ambos os processos se obtenham bons vinhos do gênero, ainda que de estilos diferentes: mais delicados, frescos e com matizes puxando para um salmão, como, acredito e prefiro, deve ser um rosé; ou aqueles de cor avermelhada, quase uma groselha, intensos e com algum tanino.

Preferências à parte, o perigo de se entrar outra vez numa fase decadente, imagem que demorou muito tempo para ser recuperada, vem da tendência aos excessos. A leva de rosés medíocres que, aproveitando-se da abertura, entrou de sola no mercado tenta impressionar à primeira vista — pela cor, pelo corpo, pelo elevado teor alcoólico e, pior de tudo, por um indisfarçável e proposital toque adocicado.

E voltamos à pergunta inicial: o que esperar de um rosé? Fundamentalmente, que ocupe espaço entre (bons) brancos e tintos, que fique, aliás, mais próximo de um branco do que de um tinto, já que a intenção é ele ser uma boa companhia para dias quentes, numa conversa descompromissada em um lugar arejado, de preferência compatibilizado com pratos da estação. Para tanto, o rosé deve ser alegre — a cor ajuda —, nem diluído nem encorpado, e não destoar na graduação alcoólica. E o principal: ter frescor. É a boa acidez que dá equilíbrio a um vinho, em especial a um rosé, e o faz cumprir seu papel.

Na prática, significa que o tratamento não pode ser o mesmo dado a um vinho tinto, com o qual — se admite? — algum deslize no álcool e (menos) na acidez, porque outros fatores permitem compensar essas imperfeições, no caso corpo e tanino. Assim, a elaboração de um bom rosé começa no vinhedo, na escolha da hora certa da colheita; não há como compensar uvas sobremaduras na vinificação. E continua, certamente, na condução do produtor: em sua decisão de que processo utilizar, quanto tempo deixar macerar, entre tantos outros recursos disponíveis. Pensando bem, todo bom rosé, como qualquer outro vinho, começa pelos bons propósitos de seu responsável.

Cada um de nós tem uma bagagem única de experiências

O nome é pomposo, enche a boca e tem história: Châteauneuf du Pape. Esses rótulos, no entanto, perderam boa parte do prestígio que tinham no passado devido à falta de um padrão de qualidade consistente. Numa região com cerca de 3200 hectares (com diversidade de solos e exposições ao sol), partilhados por algumas centenas de produtores mais outro tanto de negociantes — entre ambos há, como sempre, os ótimos, os bons, os regulares e os medíocres —, é até difícil pretender homogeneidade na produção.

A imagem da região andou realmente em baixa nas décadas de 1970 e 80. A questão era mesmo de (má) mentalidade. Situada perto da cidade histórica de Avignon, na metade sul da extensa região do Rhône, Châteauneuf du Pape tem inquestionavelmente um *terroir* privilegiado. O clima cálido, ainda que amenizado pelos ventos fortes que por vezes se alternam — o Scirocco, quente, que vem do Norte da África, e o Mistral, seco e frio — e que sopram em boa parte do ano, propicia uma grande concentração de açúcar e extrato, originando vinhos com alta graduação alcoólica — chega normalmente aos 14 graus — e certa rusticidade.

Outra particularidade da região com influência decisiva nos vinhos é o solo, formado na maior parte por uma camada interminável de grandes pedregulhos, como se fosse um fundo de rio (e era, num passado longínquo). Essas pedras arredondadas têm a propriedade de guardar o calor do sol de dia e restituí-lo ao pé das parreiras à noite, ao mesmo tempo que conservam a umidade do solo, favorecendo o processo de maturação dos cachos.

Uma das formas de dar equilíbrio ao vinho é utilizar diferentes castas, buscando em suas qualidades e peculiaridades um conjunto mais harmônico e atraente. A denominação de origem local (a francesa AOC, Appellation d'Origine Controlée) autoriza o cultivo de treze castas, oito tintas e cinco brancas, mas na prática os vinhos tintos são produzidos sobretudo com Grenache, que tem como função principal entrar com o álcool e a maciez, apoiada por Mourvèdre, que confere estrutura (a coluna vertebral), Syrah e, em menor proporção, Cinsault e Counoise.

Essa segmentação mudou ao longo das últimas décadas. Na tentativa de acrescentar mais cor e fruta a seus vinhos, que não é o forte da Grenache, a Syrah, que tem tais atributos — constatável nos Côte Rotie e Hermitage, tintos da parte norte do Rhône, onde é soberana —, foi tendo participação cada vez mais importante em Châteauneuf du Pape. A opção não trouxe apenas benefícios; ela significou perda de estrutura e complexidade, compensada, mais tarde, pela incorporação maior da Mourvèdre, que, de certa forma, estava encostada.

Não existe, assim, um padrão de vinho. Os estilos variam de acordo com a proporção das uvas utilizadas, que o produtor escolhe em função da melhor adaptação ao seu terreno — fora a prestigiada zona onde predominam pedregulhos, há áreas arenosas, calcárias e argilo-calcárias — e também com o que, segundo sua personalidade e entendimento, ele imagina ser um Châteauneuf du Pape. Para ilustrar: Beaucastel usa as treze uvas, Rayas só Grenache, e La Nerthe boa parte de Grenache, complementada com Syrah, Mourvèdre e Cinsault.

A origem dessa multiplicidade de castas vem do período em que o papado se instalou em Avignon, por volta de 1350, e João XXII mandou construir seu castelo de verão na região mais ao norte da cidade — vem daí o nome Châteauneuf du Pape, "o novo castelo de verão do papa". Ao mesmo tempo, ele restaurou os vinhedos implantando novas variedades. As invejáveis condições climáticas permitem que as parreiras se mantenham em bom estado por longos anos, praticamente sem necessidade de maiores tratamentos contra pragas. Não é preciso, portanto, grandes esforços para se produzir vinhos orgânicos por lá.

Não fosse a crise da filoxera, praga que devastou os vinhedos europeus na segunda metade do século XIX, possivelmente algumas vinhas sobreviveriam até hoje. Ainda assim, existem muitas propriedades com parreiras de até cem anos, de onde saem os melhores vinhos. Desses vinhedos antigos, os produtores costumam extrair uma partida especial, de qualidade superior e, por consequência, de preço (bem) mais elevado. No rótulo há sempre uma menção "*cuvée*" especial, "*vieilles vignes*" (vinhas velhas), ou algo semelhante.

Foi graças ao bom aproveitamento de parcelas antigas, associado a um trabalho contínuo e consciencioso, que alguns (poucos) produtores conseguiram reerguer o nome Châteauneuf du Pape. Na realidade, o processo de recuperação começou no início dos anos 1990, em especial depois que alguns rótulos caíram nas graças de publicações americanas. A ótima safra de 1989 mais o estilo vigoroso que caracteriza esses rótulos (e que tanto agrada aqueles críticos) lhes renderam altas pontuações e reconhecimento. Destaque para o Château de Beaucastel, considerado o melhor vinho de 1991 na lista dos Top 100 da revista *Wine Spectator*. O movimento ganhou impulso a partir de outra bela colheita, a de 1998, quando começou a surgir um número crescente de novos vinhos de qualidade.

Brinde espumante antes de começar a beber estrelas

Ao experimentar a sensação causada pelas borbulhas que haviam se formado nas garrafas de sua adega, o monge beneditino dom Pierre Pérignon proferiu a frase: "Estou bebendo estrelas". Esta é apenas uma das histórias contadas sobre o champagne, a mais charmosa das bebidas, que evidencia seu diferencial. Essas "bolhinhas" atraíram reis e imperadores, que a elas recorriam para comemorar as vitórias ou esquecer as derrotas.

Até oferecer o famoso espumante na forma como hoje é conhecido, a região que lhe dá nome tentou competir sem muito sucesso com a Borgonha em vinhos tintos e experimentando elaborar brancos. O clima frio — é a região vinícola mais setentrional da França — impedia a boa maturação das uvas e, invariavelmente, bloqueava o processo de fermentação, o que resultava em vinhos ácidos, pouco alcoólicos e com tendência a refermentar mais tarde, produzindo gás carbônico. O "defeito", porém, acabou se transformando no poder de sedução do champagne; além do aspecto visual (e também auditivo, que muitos equivocadamente apreciam ao espocar a rolha, perdendo boa parte do precioso gás), a bebida tem um elegante frescor proporcionado pelas borbulhas e pelo correto equilíbrio entre o álcool e a acidez alcançados na refermentação.

O processo de conquista desse grau de perfeição foi lento. Ainda que circulem muitas lendas incertas sobre dom Pérignon, não há dúvida de que foi ele que, entendendo as dificuldades do clima local, abandonou a produção de vinhos tintos desbotados e brancos instáveis e comandou um trabalho insano a partir da uva Pinot Noir. Estudou os melhores vinhedos, introduziu a melhor técnica e procurou o melhor momento para fazer a colheita, tudo em torno dessa uva tinta, que ele vinificava em branco para elaborar o melhor vinho da região. Ao contrário de outros produtores, misturava uvas de vários vinhedos segundo seu amadurecimento e sabores específicos determinados pelo tipo de solo, uma ciência até hoje empregada pelas grandes casas de Champagne.

O engarrafamento do vinho, antes armazenado e comercializado em barris, mostrou-se fundamental na preservação de suas qualidades. Infelizmente, na época, a indústria do vidro não oferecia garantias de que os vasilhames não fossem estourar; a pressão era proveniente do gás que se formava na retomada da fermentação, devido ao aumento da temperatura ambiente na primavera. As extensas galerias subterrâneas escavadas no solo de puro calcário, atualmente grande atração turística da região, ajudaram a manter constante a temperatura e, junto com garrafas resistentes desenvolvidas mais tarde, reduziram as perdas e os perigos de se entrar numa adega sem a devida proteção.

O sucesso das borbulhas transformou os antigos champagnes, até então meros frisantes, em vinhos espumantes. Outras mudanças foram a perda do sabor doce para o padrão *brut* atual e o desenvolvimento do método de eliminação dos sedimentos formados com a fermentação na garrafa. A *remuage* é um requinte artesanal que escapa ao bom-senso: consiste em fazer deslizar esses resíduos em direção ao gargalo durante os três meses que duram a fermentação secundária (que forma o gás), girando e inclinando progressivamente a garrafa. Próximo da época de expedição, o gargalo é imerso numa solução de cerca de 20 graus centígrados negativos, congelando as impurezas ali acumuladas; destampada a garrafa, a pressão interna expulsa essas impurezas.

Uma garrafa de champagne consegue equacionar e dar sentido a vários obstáculos naturais, reunindo todos os atrativos para consumidores sensíveis. Embora imitada, só a bebida elaborada na região de origem tem elegância, sua grande característica. Fora de seus limites, ela perde também direito ao nome — em qualquer outro lugar, mesmo utilizando idêntico processo de elaboração, é apenas espumante. A denominação "champagne" não pode sequer ser aproveitada por outros produtos (como prova a disputa judicial perdida há alguns anos pelo estilista Yves Saint Laurent, obrigado a buscar outro nome para seu perfume).

A imagem do champagne está associada a festas, mas a bebida tem sido cada vez mais consumida fora dessas ocasiões. Com a demanda em alta, cresce a produção de espumantes no mundo; atualmente, estima-se que apenas 8% da produção mundial venha da região de origem. Um dos grandes centros produtores é a Catalunha, na Espanha, com dois concorrentes poderosos: Freixenet e Codorniu. A cava — denominação restrita às garrafas da região espanhola elaboradas com o método clássico — é um dos espumantes mais regulares e mais vendidos.

Em Portugal também há bons espumantes, com uma indústria em rápida expansão no país. Além dos tradicionalmente produzidos na Bairrada, de onde vêm os bons Valdarcos, merecem ser citados o Herdade, do Esporão, no Alentejo, e o Murganheira, do Vale do Varosa, a primeira região de espumantes demarcada em Portugal. Na região do Douro, o Murganheira tem caves escavadas a quinze metros de profundidade e sistema de refrigeração que mantém a temperatura constante; cabe destacá-lo por seu cuidado no processo da segunda fermentação e ainda por seu sistema final de "*dégorgement à la volée*", através do qual os sedimentos são separados. Trata-se de uma operação manual, conduzida segundo tradições seculares dos monges de Champagne, e atualmente muito pouco realizada. Exige perfeita sincronização entre a subida da bolha de ar da garrafa e a retirada da tampa; bem executada a manobra, a bolha expulsa o depósito acumulado junto ao gargalo.

No final da década de 1990, um novo concorrente entrou no mercado: o Prosecco, da região de Trentino, Norte da Itália, bebida que conquistou espaço com um preço relativamente atraente, mas, com raras exceções, qualidade discutível. Além de um toque de amargor no final, típico da uva que lhe dá nome, os Proseccos seguem a popular receita comercial, confundindo consumidores desavisados, para quem, imaginando todos iguais, a opção é o preço. Não tenho dúvida em aconselhar os espumantes nacionais, ainda que não tenham o atrativo da procedência italiana, importante para muitos. As dificuldades do nosso clima para maturar a contento uvas para vinhos brancos e tintos não atingem os espumantes. Há algum tempo, várias cantinas conquistaram um bom e confiável patamar de qualidade, concorrendo, com vantagem em sua faixa de preço, com muitos importados. É só vencer o preconceito.

A saga sem afetação dos californianos

Em 1976, a Califórnia ficou conhecida internacionalmente como importante produtora de vinhos. Naquele ano, vinhos californianos ofuscaram grandes Châteaux de Bordeaux numa degustação às cegas promovida por Steven Spurrier, jornalista e especialista inglês, na época radicado na França. O fato de a avaliação ter sido realizada em Paris e com prestigiados degustadores locais dificultou contestações, e a inevitável polêmica que se sucedeu trouxe mais visibilidade aos vinhos americanos.

Sua repentina aparição no cenário internacional poderia fazer supor que a vitivinicultura californiana fosse um fenômeno recente. Na verdade, a cultura da vinha na região se iniciou, de forma inteligente, junto com sua anexação aos Estados Unidos, depois de deixar o domínio mexicano por volta de 1850. Acidentes de percurso atrasaram seu desenvolvimento, alguns naturais — como a crise da filoxera, que destruiu seus vinhedos no fim do século XIX — e outros provocados pelo homem — caso da Lei Seca, que impediu a venda e o consumo de bebidas alcoólicas em território americano. Durante sua vigência, de 1919 a 1933, os vinhedos foram arrancados ou simplesmente abandonados e, logo em seguida, vieram recessões e a Segunda Guerra. A propósito, lembro de um comentário do amigo e jornalista Saul Galvão, com sua habitual verve: "Para os problemas naturais, consegue-se solução com mais facilidade; contra a burrice humana, não há vacina".

O caminho foi retomado na década de 1950 pelos que já estavam lá e que, tendo sobrevivido a tantos imprevistos, apostavam ainda mais no futuro da terra e de seus vinhos. As atenções se concentraram na região do Napa e, em menor escala, em Sonoma, que já haviam provado seu potencial em tempos passados. À medida que os resultados iam aparecendo, muitos outros interessados foram se juntando, num processo incessante, transformando os Estados Unidos no quarto maior produtor mundial de vinhos.

Diferentemente da Austrália, que produz um terço do que produz os Estados Unidos mas precisa exportar, é raro encontrar vinhos americanos mundo afora — principalmente os melhores. Embora a área plantada e o número de produtores tenham crescido substancialmente, o consumo interno aumentou muito mais e pode absorver tudo o que chega ao mercado. Estima-se que haja oitocentas vinícolas na Califórnia e que pelo menos 10% delas sejam capazes de oferecer um alto padrão. Os que exportam o fazem por status ou estratégia de marketing, a fim de ganhar mais posição — e preço — no mercado interno.

Com o crescimento econômico verificado nos Estados Unidos nos anos 1990, os melhores californianos, particularmente os tintos à base de Cabernet Sauvignon, passaram a ser objetos do desejo dos novos milionários, o que elevou seus preços e abriu um segmento de vinhos de luxo — os "*cult wines*". Esse conceito surgiu quando muitos dos hoje cultuados produtores não estavam sequer estabelecidos ou os vinhos eram discretamente vendidos para clientes cadastrados, que recebiam entre três e seis garrafas pelo correio. É impossível conseguir posição no *mailing list* de um desses mitos, fazendo com que os vinhos, sempre produzidos em pequenas quantidades — raramente superiores a 6 mil garrafas por ano —, tenham seus preços catapultados instantaneamente logo depois que são expedidos.

Os americanos, em qualquer setor, sabem como atingir o mercado e se valorizar. Para alcançar o status de "*cult wines*" era necessário, e ainda é, ter um bom vinho avalizado por um enólogo-consultor de grife, rarear a oferta, provocando sonhos de consumo, e alardear tudo isso com algum tempero extra. Autores de livros sobre vinho e a imprensa especializada deram cobertura, e os leilões — particularmente os beneficentes — completaram o cenário, recebendo com regularidade dos produtores garrafas especiais. Certa vez, uma garrafa de seis litros (Imperial) de Screaming Eagle foi vendida por 500 mil dólares no Napa Valley Wine Auction, o mais famoso desses leilões, realizado anualmente desde 1981.

O clima quente da região favorece a maturação das uvas Cabernet Sauvignon, possibilitando vinhos de cor e paladar intensos, características que definem o estilo do vinho da Califórnia e a preferência do consumidor americano. Embora ainda possam ser considerados pesados se comparados com os do Velho Mundo, os vinhos californianos evoluíram bastante na década de 1990. Vários produtores priorizaram o aspecto elegância, abandonando excessos em extração e abuso de carvalho, guardando sempre a possibilidade de que seus vinhos sejam prazerosamente apreciados enquanto jovens, uma das grandes contribuições dos americanos ao mundo do vinho.

A tendência de se elitizar preservando suas raízes foi muito enfatizada pelos autores especializados e críticos locais, caso de Robert Parker, da revista *The Wine Advocate*, e da revista *Wine Spectator*, que sempre utilizaram termos como "Bordeaux-like", ou estilo bordalês, ao se referir à aproximação com o padrão francês, que inspirou a vitivinicultura americana. Robert Parker e a *Wine Spectator*, os dois porta-vozes do mundo vinho mais influentes nos Estados Unidos, foram os grandes divulgadores do produto californiano, ressaltando — muitas vezes com exagero — suas qualidades e endeusando alguns de seus personagens.

Surpreendi-me quando Parker fez pesados comentários sobre os vinhos de Robert Mondavi, um dos pioneiros dessa escalada americana, ícone da enologia no país e seu grande embaixador no mundo. Achei que o autor havia pecado por excesso de zelo e por basear-se em critérios pessoais de degustação quando descreveu os vinhos de Mondavi como "inócuos" e "indiferentes", sugerindo que a casa estaria abandonando suas raízes californianas, "calcadas na robustez e na potência, com as quais a natureza a havia presenteado" e buscando padrões europeus "equivocados", adeptos da linha "elegância". A gama de Mondavi é extensa e não degustei o suficiente para poder emitir uma opinião, mas dada a seriedade de Robert Parker fiquei atento.

Admirado, estupefato mesmo, fiquei ao ler um artigo na *Wine Spectator* sobre o mesmo assunto, assinado por James Laube, autor de vários livros e especialista em vinhos californianos. A revista é conhecida por dar bastante importância a aspectos comerciais, o que se evidencia com o enfoque cada vez maior sobre os vinhos do país, onde se concentram seus grandes anunciantes. A publicação não é afeita ao gênero "crítica pesada a gente de peso" como o grupo Mondavi; nem a arroubos nacionalistas quando cita o fascínio de Tim Mondavi, enólogo responsável e filho do patriarca, com as experiências que vem tendo nos projetos desenvolvidos pelo grupo na Toscana.

A discussão, se não houver outros interesses por trás (e não consigo enxergá-los), é positiva, pois envolve qualidade, elegância e tipicidade, elementos fundamentais do vinho.

Desprezado, mas necessário na adega dos bebedores vips

Foi da Andaluzia, região no extremo sul da Espanha, que Cristóvão Colombo partiu para a viagem que resultou na descoberta da América. Os registros indicam que foi de lá, uma das mais antigas áreas vitivinícolas do país, que veio a primeira garrafa de vinho para o continente americano. O "Vino de Jerez", como era conhecido, mudou muito de lá para cá, teve dias de glória, entrou em decadência e amarga hoje uma triste e injusta posição no mercado internacional.

O Jerez é uma especialidade da Espanha, a exemplo do que é o vinho do Porto para Portugal, o champagne para a França ou o Tokaji para a Hungria. São todos patrimônio do mundo do vinho, que nasceram e se desenvolveram sob condições muito particulares. Chamado de Sherry na Inglaterra e de Xerès na França, seu nome original vem da cidade de Jerez de la Frontera, situada no centro da província de Cádiz. As condições locais são determinantes para a qualidade e para as características inimitáveis da bebida. Em termos de clima, é a região mais ensolarada e uma das mais quentes da Europa, e há influência marítima importante, pela proximidade do oceano Atlântico e pelos ventos úmidos que dele procedem. A luz intensa reverbera no solo branco, ali denominado "*albariza*", extremamente calcário, que assegura perfeitas condições de maturação das uvas.

A Palomino, a casta base do Jerez, costuma originar vinhos neutros e pouco ácidos, sem muito corpo. Eles têm, no entanto, os elementos necessários para o preparo de grandes Jerez. Isso se dá primeiro pela adição de aguardente de uva, o que caracteriza o Jerez como vinho fortificado. Antes da adição da aguardente, os vinhos bases, com aproximadamente 11 graus alcoólicos, são separados em dois grupos. Os mais elegantes serão elevados para 15,5 graus e se destinam à categoria de Jerez "Fino". Os menos nobres receberão maior proporção de álcool vínico para chegar a 19 graus, iniciando a carreira de um Jerez "Oloroso". Todos partirão para a fase seguinte que é fundamental para a peculiaridade da bebida.

Os Finos serão transferidos para velhas barricas de carvalho americano com cerca de seiscentos litros de capacidade, chamadas de "botas". São recipientes repletos de segredos, e que tornam a região de Jerez a única onde barris usados aumentam de preço à medida que envelhecem. O líquido não ocupa mais do que 80% da capacidade dessas barricas e forma-se na superfície uma película que o protege da oxidação. Esse véu protetor, a "Flor", é composto de uma estranha espécie de leveduras — famílias de micro-organismos de ação benéfica — natural da região. O curioso é que nos vinhos normais o fenômeno não ocorre, e é imperioso que o barril esteja sempre repleto, sob pena de o líquido virar vinagre no contato com o oxigênio.

Nem sempre a natureza colabora. Por vezes a película não se forma, causando a oxidação. A solução, então, é adicionar mais álcool. O acréscimo faz com que se chegue a 17 graus, originando a categoria dos Amontillados. A partir daí, o vinho amadurecerá em contato com o oxigênio, adquirindo com isso cores e sabores mais fortes que o Fino. A proteção da película garante ao Jerez Fino tons claros, aromas puros e delicados, e um paladar mais seco e refinado. Características semelhantes são encontradas no Manzanilla, que é na verdade um Fino, só que produzido unicamente em Sanlúcar de Barrameda, cidade a leste de Jerez de la Frontera e outro polo importante de vinhos da região. O clima mais clemente e mais úmido de Sanlúcar de Barrameda forma um véu de maior espessura, preservando muito bem o líquido. Assim o Manzanilla é ainda mais claro, seco e leve que o Fino.

No Oloroso, a alta graduação alcoólica impede a formação da Flor, e o vinho segue desde o começo um processo gradual de oxidação. Ele pode ser identificado por sua cor acastanhada e pelos aromas fortes de frutas secas. Nas versões adocicadas do Jerez, são utilizadas uvas Pedro Ximenez puras, o que determina o Jerez com o nome dessa variedade, ou mescladas com Palomino, originando o Cream.

Com raras exceções, o Jerez não é um vinho com data de colheita, e sim um *blend* de vários anos. É o mesmo que os champagnes não safrados. Mas o processo que se utiliza para produzir o Jerez, conhecido como solera, é diferente do usado na tradicional bebida francesa. Consiste em empilhar as barricas, formando três, quatro ou mais estágios. O volume a ser engarrafado é retirado dos recipientes mais próximos ao solo, e a quantidade que saiu de cada um é reposta do barril logo acima, e assim sucessivamente, até que no último, no alto da pilha, adiciona-se o vinho recém-elaborado. Mantêm-se, desse modo, características idênticas e qualidade constante ano após ano.

Não se sabe exatamente qual era o gosto do Jerez que fez sucesso na Inglaterra nos séculos XVII e XVIII, já que o processo hoje utilizado em sua elaboração foi desenvolvido e aperfeiçoado por volta de 1800. É possível que as mudanças na produção já denotassem certa crise. A implantação do sistema solera impediria que vinhos do ano não vendidos se estragassem. Os Finos e os Manzanillas apareceram cem anos depois, também em decorrência da queda nas vendas. Não há mais o que inventar, nem é necessário. São vinhos fantásticos, com personalidade e sem um teor alcoólico elevado, o que os tornaria pesados e difíceis de conciliar. Como aperitivo, antes de uma refeição, o Jerez só tem o champagne como rival. E também pode acompanhar os primeiros pratos com vantagem. É possível ousar com caviar, salmão defumado, caldos (bisques) de peixe e, por que não?, sushis e sashimis. Sem contar sua afinidade com *tapas*, aquelas dezenas de entradas típicas espanholas. Talvez o Jerez esteja sofrendo do mesmo tipo de preconceito sofrido pelos vinhos brancos. Vale a pena insistir e divulgar suas tantas virtudes. Um dia os bons tempos voltam.

Dê uma chance ao Madeira, fruto de acidentes

Seja porque não estão na moda, por preconceito ou falta de conhecimento, o certo é que o consumo de alguns gêneros de vinho é demasiado baixo e, nesse contexto, se comete uma série de injustiças. No time dos desprestigiados estão hoje os brancos, os rosés, os doces, tipo Tokaji e Sauternes (que podem fazer com que uma simples sobremesa pareça obra de um grande *patissier*), e os fortificados, como Porto e Jerez. No caso destes últimos, que são um mundo à parte, creio que a desconsideração envolve um pouco das três razões citadas acima. Com um peso maior no item desconhecimento, fica o Madeira — e ele só não é de todo desconhecido por causa de sua utilização como ingrediente, aí, sim, no mais que conhecido filé ao molho madeira.

Pois é, tanto quanto o Porto, o Madeira é um vinho fortificado produzido em Portugal, mais especificamente na ilha da Madeira. Conhecer um pouco suas particularidades e o prazer que sua rica gama de tipos é capaz de proporcionar ajudará a não errar em sua escolha. Afora a origem portuguesa e o fato de em seu processo de elaboração adicionar-se aguardente vínica (a fortificação), são poucas as semelhanças entre ele e o vinho do Porto. A começar pelos quatro graus de doçura do Madeira, que tem, além do padrão doce característico do Porto, o meio-doce, o meio-seco e o seco. As outras diferenças, bastante evidentes nos aromas e no paladar, são resultado do método muito peculiar com que se produz um Madeira e que tem origem numa série de felizes acidentes ocorridos ao longo de séculos.

Situada a cerca de mil quilômetros a sudeste de Portugal e a setecentos quilômetros da costa do Marrocos, a ilha da Madeira, no século XVII, era parada obrigatória dos barcos que navegavam pelo Atlântico para se aprovisionar com água e vinho. As barricas, muitas vezes utilizadas como lastro, cruzavam os trópicos nos porões, sob altas temperaturas. Como acontece hoje frequentemente com tintos e brancos exportados para o Brasil em contêineres não refrigerados, os Madeiras de então se deterioravam, o que, por volta de 1750, gerou a prática da adição de álcool para que o vinho suportasse a viagem. Com esse reforço, percebeu-se que eles se beneficiavam do passeio, adquirindo um caráter especial, o que lhes garantiu uma legião de adeptos e o apelido de "Vinho de Roda", em função da "técnica" adotada de mandar as barricas dar uma voltinha. Prova de seu sucesso é que o Madeira foi utilizado para brindar a Declaração de Independência dos Estados Unidos em 1776.

Após um século de vacas gordas, uma sucessão de ocorrências negativas marcou a região e traçou o cenário que caracteriza o vinho Madeira até hoje. Tudo começou em 1850 com duas pragas, primeiro o *Oidium* e em seguida a terrível filoxera, que destruíram os preciosos vinhedos formados por castas nobres, como Sercial, Verdelho, Terrantez, Bual, Malvasia e Bastardo. Seu cultivo foi substituído por cana-de-açúcar ou por videiras americanas, que produzem uvas de mesa e são resistentes às duas pragas. No difícil recomeço, no início do século XX, as parreiras viníferas voltaram, então já enxertadas, mas, visando facilidade em vez de qualidade, as castas que deram prestígio à ilha foram praticamente preteridas em favor da banal Negra Mole. Hoje as castas nobres representam apenas 12% do total de seiscentos hectares de *Vitis vinifera* existentes, e a tal da Negra Mole basicamente o restante.

A pouca quantidade de castas nobres plantadas requer um tratamento especial, o que implica, necessariamente, um processo de elaboração mais esmerado, que valorize suas virtudes, ao contrário do que ocorre com a Negra Mole. Em todo caso, os dois processos utilizados na ilha atualmente nasceram da tese de que o Madeira se beneficia (e se distingue por isto) de um período em contato com temperaturas mais altas, em torno de 45 graus, que reproduzem as condições existentes nos porões dos navios de épocas passadas. Assim, no caso mais simples, da Negra Mole, após a fase normal de fermentação o vinho é colocado em cubas de concreto, ou eventualmente de inox, dotadas de uma serpentina que durante três meses mantém o líquido a uma temperatura entre 40 e 50 graus, método conhecido como "estufagem". Esse aumento de temperatura acelera o processo de oxidação, conferindo ao vinho as notas madeirizadas que o caracterizam. Após noventa dias na estufa é que se procede a fortificação com álcool vínico a 96 graus, vindo depois o adoçamento com mosto concentrado, mistela (mosto com álcool), ou caramelo, em doses que vão depender do tipo de Madeira que se pretende obter — seco, meio-seco, meio-doce ou doce. Mesmo não sendo um grande vinho, essa mistura ainda necessita de um período de envelhecimento de três anos para que seja considerada um vinho Madeira. Vá lá, no fundo essa é a categoria mais baixa da ilha, mas vale como introdução a coisas mais sérias.

Os Madeiras começam a se tornar realmente interessantes quando seu rótulo traz a menção "5 anos", sendo então chamados de "Reserva", e quando, com "10 anos", entram em outro patamar, sendo em geral citada no rótulo uma das quatro castas nobres — a Bastardo já não existe e a quantidade de Terrantez é irrisória (em 2004 foram colhidos 450 quilos!) — e ficando teoricamente implícita a certeza da utilização do outro método de elaboração, "canteiro", com resultados bem mais atraentes. Nesse caso, os procedimentos são mais artesanais, não há calor artificial, e tudo se processa na sequência correta e sem pressa. Para começar, são as quatro uvas, pelas características básicas de cada uma, que determinam o grau de doçura do vinho a ser comercializado, e a fortificação é feita durante a fase de fermentação — se a aguardente for adicionada mais cedo, sobra mais açúcar, originando um Madeira mais doce. Este é sempre o caso da Malvasia, também mencionada nos rótulos na forma inglesa, Malmsey. Na ordem, vem depois a Boal, ou Bual na versão em inglês, que origina os Madeiras meio-doces, a Verdelho, que resulta nos meio-secos, e por fim a Sercial, que dá origem aos mais secos da série.

Logo após a fortificação, os vinhos, sem a necessidade de correções, são transferidos para velhas pipas de carvalho americano de 650 litros, armazenadas junto ao telhado para receberem mais calor, e lá permanecem num lento processo de envelhecimento. Desses cascos de madeira, onde sempre consta o ano da colheita e o nome da variedade, sairão os vinhos para compor os "10 anos" — não é média de idade, como no vinho do Porto, mas idade mínima —, os "15 anos" ou os Vintages, que representam uma única safra e só podem ser comercializados após vinte anos.

Com uma dessas garrafas na mão, não é preciso ter pressa. Como eles passam por todo esse processo de oxidação, acelerado devido à exposição a temperaturas mais altas, e gradual, pelo lento contato com o oxigênio através da porosidade do carvalho, os Madeiras são praticamente eternos. E mais: isso vale até mesmo depois de aberta a garrafa.

Se após tudo isso sua curiosidade foi despertada, investigue as possibilidades de combiná-los com um bom prato.

Independência para o cultivo, a produção e a qualidade

Por mais que os vinhos de mesa portugueses estejam ganhando espaço e merecido reconhecimento no mercado internacional, Portugal é mais conhecido mundo afora pelo seu vinho do Porto. Aliás, o termo "vinho de mesa"* é empregado para diferenciar de vinho do Porto, cujo processo de elaboração é bem distinto.

Tudo isso tem a ver com história. Se descobertas arqueológicas e outros documentos testemunham a existência de cultura da vinha na região do Douro desde os primeiros séculos da era cristã, a designação Porto, a definição gradual de seu estilo e a delimitação da área, entre tantas particularidades, são fatos mais recentes, datam da segunda metade do século XVII. Nessa época, os ingleses, boicotando os produtos franceses, foram em busca de alternativa em Portugal, encontrando-a notadamente no Douro,

* Não deve ser confundido com os vinhos de categorias inferiores de outros países, como Vino da Tavola, Vin de Table, e mesmo aqueles nacionais mais comuns elaborados com uvas híbridas, gênero Sangue de Boi.

que produzia vinhos mais densos e encorpados. Adicionou-se aguardente, para conservá-los na viagem à Inglaterra.

A propósito, é isso que caracteriza um vinho fortificado e o distingue do "vinho de mesa" em Portugal. O passo seguinte, acrescentar aguardente durante a fase de fermentação, método atualmente utilizado, resultando na interrupção do processo e no consequente paladar adocicado decorrente da sobra do açúcar que não foi fermentado, só foi adotado anos mais tarde, no século XVIII.

Como era de se esperar, a expansão dos negócios trouxe muita euforia. No entanto, novas plantações, somadas a abusos e fraudes, levaram à velha equação: aumento exagerado da oferta, baixa na qualidade e queda de preços. Os ingleses pararam de comprar, acusando os produtores de adulterações, o que provocou a intervenção do marquês de Pombal, personagem importante do cenário político português da época. Assim, em 1756 surgiu a Companhia Geral de Agricultura das Vinhas do Alto Douro e com ela a tentativa de assegurar a qualidade do produto e equilibrar a produção e o comércio, estabilizando os preços. Nesse sentido, procedeu-se à primeira demarcação da região, representada concretamente por 335 marcos de pedra, determinando as áreas onde se produziam vinhos de padrão superior, aqueles a serem exportados para a Inglaterra.

Cem anos depois, outro período de turbulência com duas pragas: o *Oidium* e em seguida a temível filoxera, que devastaram os vinhedos. Seria bem melhor se elas não tivessem existido, mas muitas vezes as adversidades abrem caminho para mudanças benéficas. Foi o que aconteceu. Num primeiro momento, houve a abertura dos limites de demarcação, sendo incorporado à área original, denominada de Alto Douro,* o Douro Superior, onde o ataque da filoxera foi mais tardio e menos contundente.

* Com a reforma administrativa de 1936, o Alto Douro foi subdividido em Baixo Corgo e Cima Corgo, e assim seus vinhos são diferenciados até hoje.

Até então alijada, devido principalmente à dificuldade de acesso — havia uma grande formação granítica no meio do rio —, a região que segue até a fronteira da Espanha abriu novas possibilidades em termos de práticas de campo, conhecimento e utilização mais consciente das castas nativas, além de ensaios com novas técnicas de vinificação.

A partir daí, novos métodos de cultivo surgiram, caso, por exemplo, dos terraços mais largos e inclinados, que permitiam dobrar a densidade de plantação de 3 mil para 6 mil pés por hectare, bem como aqueles em que se plantavam as vinhas em declives naturais seguindo a inclinação do terreno. Ambas, no entanto, pelos custos elevados de mão de obra, têm sido gradativamente substituídas por patamares horizontais com taludes em terra, voltando a ter menos parreiras por hectare — da ordem de 3,5 mil —, porém com o atrativo do trabalho mecanizado.

A adoção de um ou outro sistema depende do viticultor, elemento-chave no cenário vinícola duriense. É que para os cerca de 38 mil hectares plantados (do total de 250 mil hectares de área demarcada) há em torno de 33 mil vinhateiros, o que significa menos de um hectare para cada um. Boa parte deles não tem como investir na mudança, e a mão de obra utilizada é a própria família. Eles vendem seus vinhos para as tradicionais casas de vinho do Porto, que se encarregam de mesclá-los, cuidar de seu processo de envelhecimento, engarrafá-los e comercializar a produção sob marca própria.

Comerciantes de um lado e lavradores de outro; isso levou à criação de normas para regulamentar essas transações. Em 1926 foi criado o Entreposto de Vila Nova de Gaia, conselho situado de frente para a cidade do Porto, do outro lado do rio Douro. Com a medida, todas as empresas ligadas ao comércio do vinho deveriam obrigatoriamente implantar ali seus armazéns de envelhecimento. Os viticultores, por outro lado, passaram a se agrupar em torno da Casa do Douro, organismo encarregado de proteger e disciplinar a produção.

Para regular estoques e com isso auxiliar a fixação de preços, por volta de 1950 foi criada a Lei do Terço. Ela obriga as casas a manter em estoque três vezes mais do que vendem, garantindo assim que a produção seja integralmente comprada e que o colono não corra o risco de vê-la encalhar. Se de um lado esse sistema é regulador, garante a sobrevivência do pequeno proprietário e o defende de ataques especulativos, de outro não o estimula a melhorar a qualidade e a se modernizar. O mesmo se passa com os negociantes, instalados confortavelmente em Vila Nova de Gaia.

Todas essas regras (existem outras) e órgãos no fundo são burocracia e freiam qualquer processo de evolução. A questão é como mudar, mas os políticos não querem alterar nada, pois mudanças envolvem muitos votos. Mesmo assim, ainda que não na velocidade que deveria, há progressos que abrem caminho para outros avanços. Em 1986, por exemplo, foi revogado o decreto que obrigava as exportações a saírem dos armazéns de Vila Nova de Gaia, possibilitando que muitos produtores se tornassem independentes. Ao se permitir que eles cultivassem as vinhas e produzissem seu vinho, a tendência seria, e foi realmente o que aconteceu, uma maior preocupação com a qualidade.

Vem daí, aliás, uma das boas explicações para a ascensão dos vinhos de mesa. Na década de 2000, inclusive, esses tintos e brancos passaram ao controle — e proteção — do IVDP, Instituto dos Vinhos do Douro e do Porto, que antes, como IVP, se ocupava somente dos vinhos do Porto. Não fazia sentido que na mesma região vinhos elaborados com as mesmas uvas se reportassem a organismos diferentes.

Adentrar em todo esse universo requer algo mais importante do que conhecer as noções básicas do assunto e desfrutar do prazer que a bebida oferece. Requer emoção. Não há palavra mais exata para traduzir a paisagem em que o vinho do Porto é produzido, com as águas mansas do rio Douro serpenteando o vale composto de encostas íngremes tomadas por videiras dispostas em terraços construídos pelo homem. Uma conjunção fantástica entre homem e natureza, e com muita justiça reconhecida pela Unesco como Patrimônio da Humanidade.

Nem toda a região demarcada do Douro, no entanto, é coberta por essa honraria da Unesco. Basicamente, só uma faixa que tem o vale do Douro como eixo e que abraça a parte inicial de seus afluentes foi contemplada. São cerca de 250 mil hectares, dos quais 40 mil são plantados e representam o que há de melhor em termos de *terroir* e de onde vêm, em tese, os melhores vinhos do Porto. Essa região já havia sido regulamentada pelos institutos oficiais de controle locais, e de forma mais detalhada. Os vinhedos foram classificados por suas características específicas — localização, solo, exposição, altitude, declividade, sistemas de condução, microclima e incidência de ventos, entre outras —, numa escala de A a F, com benefícios exclusivos.

Uma vinha classificada nessa escala é importante, mas não implica obrigatoriamente Portos inferiores ou superiores. É apenas parte do processo, que aos poucos vem se aprimorando. A começar pela seleção das castas, motivo de estudos lançados em meados da década de 1970 pelo pesquisador e então proprietário da Casa Ramos Pinto, José Ramos Pinto Rosas, junto com João Nicolau de Almeida, ninguém menos do que o filho de Fernando Nicolau de Almeida, uma das figuras mais lendárias do Douro, mentor do mítico Barca Velha.

Num primeiro e importante momento, eles definiram cinco castas — Touriga Nacional, Tinta Roriz, Touriga Franca, Tinto Cão e Tinta Barroca — como adequadas à produção de vinhos de melhor qualidade, uma evolução do patrimônio genético da região que ainda continua sendo aperfeiçoado com o estudo de enxertias e um melhor manejo das vinhas, além de incorporar outras variedades.

No que diz respeito à vinificação, houve igualmente grandes avanços. O primeiro foi o controle das temperaturas de fermentação, que permitiu alcançar padrões de qualidade mais elevados e consistentes. Junto veio a melhor utilização dos lagares, método, hoje mais do que nunca, considerado imprescindível para a obtenção dos Portos Vintages de primeira linha. A dificuldade crescente com mão de obra tem aberto espaço para a tecnologia, com a substituição da pisa a pé por lagares robotizados; cada vez mais sofisticados, eles contam com pistões mecânicos para executar as mais diversas funções — esmagar as uvas sem, em geral, danificar as sementes e mergulhar a manta —, tudo feito em horário contínuo, sem interrupções nem reclamações.

Toda essa técnica de lagares, pisa a pé ou a parafernália que os substitui vale, evidentemente, para a gama mais alta de Portos. Os mais correntes são vinificados em inox ou cubas equivalentes. Em todo caso, qualquer que seja o vinho do Porto, a adição da aguardente é sempre um item importante. Além do modelo tradicional — 110 litros de aguardente a 77° para 440 litros de mosto — não ser mais tão rígido, o que amplia a margem do enólogo, cada casa pode escolher o tipo e origem de aguardente que quiser (desde que seja vínica*), submetendo-a posteriormente à aprovação do IVDP.

Depois de dois a três dias de fermentação, chega o momento de adicionar a aguardente, de o vinho virar Porto e de todos os avanços e esforços se concretizarem. A quantidade e o instante em que o processo se realiza é que dão a harmonia e o equilíbrio ao recém-nascido. Daí para a frente, começa a fase de envelhecimento

* A aguardente vínica é obtida pela destilação da bebida fermentada cuja matéria-prima é exclusivamente uva.

em madeira. A forma e o tempo de armazenamento vão definir os diversos tipos de vinho do Porto, todas suas nuances e segredos.

Além do atrativo que representa incorporar marcas com boa imagem e pipas repletas de vinhos das mais diferentes idades, o fator primordial que leva conglomerados a adquirir vinícolas menores é a oportunidade de anexar vinhedos bem localizados, sempre escassos na região, e com eles melhorar a qualidade de sua gama principal. Foi com esse propósito que os Syminghton, que já possuíam marcas soberbas como Graham's, Dow's e Warre's, negociaram a Cockburn's. O mesmo fez o grupo espanhol proprietário da Cálem e da Burmester, que foi atrás da Barros Almeida, dona dos rótulos Kopke e Barros e de belas quintas no Douro. Atualmente, quatro grandes conglomerados dominam a região, os dois citados mais a Sogrape, com as marcas Ferreira, Offley e Sandeman, a Taylor/Fonseca também com Croft, Delaforce e Romariz. Sem ter o mesmo porte, mas com igual brilho, vale citar a Noval, a Niepoort e a Wiese & Kroon, vindo a seguir a Real Companhia Velha e a Poças.

Um importante reforço para a imagem do vinho do Porto foi a entrada dos produtores de vinhos de mesa de alto padrão, que, depois de se firmarem nessa área e conseguirem projeção internacional, passaram a se interessar também pelos fortificados, setor que sempre esteve identificado com o Douro. Na verdade, fortificados é um termo muito amplo; eles estão mais concentrados em um nicho bem especial, o dos Vintages.

Até meados do século XIX, o termo Vintage não era sinônimo de uma categoria especial. Essa distinção começou com os ingleses, supostamente já no século XVIII, só aparecendo oficialmente na legislação portuguesa por volta de 1930, e ainda assim não da forma como é concebido hoje (ou, mais especificamente, desde que foi regulamentado em 1975). Nesse espaço de tempo, Vintage era "apenas" um vinho de uma única colheita (a propósito, essa é a tradução inglesa de "*vintage*"), contrastando com os Tawnies, originários de uma combinação equilibrada de Portos de safras diferentes e que permaneciam em cascos de madeira até o momento da mescla.

O estabelecimento de 1975 como o ano efetivo do primeiro Vintage deve-se à data da obrigatoriedade de engarrafamento do vinho em Portugal. Antes, ele era exportado em barris e cabia ao importador determinar o tempo de contato com a madeira, o que resultava em grandes variações no estilo. Segundo a legislação, o Vintage deve ser colocado em garrafas entre o segundo e o terceiro ano após a colheita, e a partir daí ainda necessita de muitos anos para evoluir.

A regulamentação só veio reforçar sua imagem de vinho superior, aquele com que a mamãe Natureza não nos presenteia habitualmente — em média apenas três vezes por década. O produtor, por seu lado, deve saber respeitar e dar valor à oferenda, classificando o vinho como Vintage apenas quando ele de fato merecer essa distinção. Abusos, de qualquer forma, são controlados pela competente e insuspeita Câmara de Provadores, comissão que integra o IVDP, à qual cabe provar as amostras com poder de vetar a denominação.

O fato é que intensos, profundos e tânicos, os Vintages exigem paciência para ser apreciados como merecem, e isso pode levar um mínimo de dez a vinte anos, e por vezes dezenas e dezenas de anos. Ao longo desse período, eles vão perdendo cor e ganhando complexidade. Saber aguardar um Vintage é uma virtude que será devidamente recompensada.

Para quem não pode ou não está disposto a esperar tanto tempo, uma boa alternativa são os LBVs, os Late Bottled Vintages, que estagiam em madeira de quatro a seis anos, evoluindo mais rapidamente. Embora não tenham de saída a mesma qualidade que seus irmãos nobres — estes recebem as melhores uvas e passam por um processo de vinificação mais apurado —, são bons representantes do estilo de Portos encorpados e frutados. Tanto um quanto outro têm, entre outros méritos, a capacidade rara de se harmonizar com chocolate e sobremesas à base dele. Quanto mais amargo o chocolate, mais jovem e estruturado deve ser o vinho.

Outra opção são os Tawnies. Contando com uma maior interferência do homem em sua elaboração, são fruto de uma arte ancestral que se distingue pela sabedoria e pelo talento em mesclar Portos de vários anos. Até o momento de ser utilizados, permanecem em cascos de madeira — em geral de cerca de seiscentos litros —, que permitem ao vinho respirar através de seus poros. Sofrem assim um processo de oxidação que lhes retira a cor e os deixa com tons aloirados, termo, aliás, que é a tradução da palavra inglesa "*tawny*". O contato com a madeira acelera sua evolução e amadurecimento, o que, além da mudança gradativa de cor, se traduz em uma textura macia e um paladar sedutor, com aromas instigantes que escapam do frutadinho básico e se concentram mais em nozes, avelãs e frutas secas.

A bem da verdade, Tawny é uma família de vinhos do Porto que têm em comum o fato de terem sido envelhecidos em madeira. O período mais ou menos longo em que isso se dá é que distingue os que se enquadram nessa classificação. Todos, porém, seguem o mesmo ritual de serviço: podem ser consumidos de imediato. O fato de já terem vivido em ambiente oxidativo faz com que não precisem ser decantados (e também porque não criam sedimentos), da mesma forma que uma garrafa pode ser desfrutada aos poucos, por um bom tempo, depois de aberta; e devem ser armazenados na vertical. Não por acaso, a vedação é de cortiça com um chapéu de plástico, o que permite que a tampa seja retirada e depois posta de volta. A família dos Tawnies consiste de:

TAWNY (básico): o mais comum dos Tawnies, é composto de Portos com raramente mais de três anos, daí não terem uma cor tão esmaecida. São muito utilizados como aperitivo pelos franceses, acompanhando terrines de *foie gras*, queijos azuis tipo roquefort e frutas secas. É a porta de entrada da categoria, e seu maior atrativo está no preço. No padrão imediatamente acima, com cinco a seis anos de envelhecimento, ganham maciez e a denominação Reserva. Servir perto dos 16 graus centígrados.

TAWNY COM INDICAÇÃO DE IDADE: é uma composição de Tawnies mais velhos. A idade média dos vinhos utilizados na mescla — dez, vinte, trinta e mais de quarenta anos — vem indicada no rótulo. A data em que foram engarrafados também deve estar especificada e é uma garantia, já que eles guardam melhor o frescor se bebidos em seguida. Cada casa tem um estilo próprio que o enólogo (antes de seu aparecimento, a função era desempenhada pelos "provadores") procura preservar, seja na procedência de cada lote, seja na maneira de se obter o *blend* — mesclar vinhos novos, que têm mais fruta e frescor, com os mais velhos, mais macios e ricos, dando, na média, a idade desejada; ou partir de um lote com uma idade específica e fazer acertos e correções nele. Um ótimo exemplo da mescla de vinhos novos com mais velhos é o Duque de Bragança, especialidade da Ferreira e um dos melhores (e meu preferido) "20 anos" do mercado. O segundo gênero pode ser comprovado pelo Sandeman, que resulta num Tawny mais leve e fácil. Buscar um estilo mais austero e tradicional, próximo à preferência dos ingleses, foi o que fez a Offley. O curioso é que as três casas pertencem ao grupo Sogrape, mas, como se vê, têm vida autônoma. Guardadas as devidas diferenças de estilos e idades identificadas no rótulo, essa categoria de Portos é bem eclética na mesa, podendo ir do começo ao fim de uma refeição. Pode-se iniciar com um escalope de *foie gras*, seguido de um pato com laranja, encerrando com qualquer sobremesa à base de chocolate. Depois, enquanto também os charuteiros encontram nele uma boa companhia, o restante dos convivas pode jogar conversa fora tendo ao lado do copo uma porção bem variada de frutas secas. Servir entre 14 e 15 graus centígrados.

Colheita é um outro tipo de vinho do Porto. Também como os Tawnies, os Colheitas envelhecem em casco — no mínimo, por sete anos —, com a diferença de serem provenientes de uma única colheita, indicada no rótulo, e de irem sendo engarrafados à medida que a casa se interesse em colocá-los no mercado. Significa dizer que há vinhos com a mesma data de colheita, mas com anos de engarrafamento distintos, o que resulta em vinhos com características diferentes. O rótulo indica em que ano as uvas foram colhidas e o período em que o vinho foi mantido na madeira até o engarrafamento, cuja data também deve ser obrigatoriamente mencionada. Ainda que sejam Portos de alto padrão, os Colheitas não têm suas uvas selecionadas com o mesmo rigor dos Vintages — o fato de precisarem envelhecer em madeira faz, igualmente, com que o critério de escolha seja diferente —, razão pela qual são, em geral, produzidos todos os anos. Isso faz com que se tornem uma boa opção para presentear aniversariantes e sejam apropriadamente chamados de "Porto de Aniversário". Casas como Niepoort, Wiese & Krohn, Burmester e Ferreira são especializadas no gênero. Na compatibilização com pratos, assemelham-se aos Tawnies com indicação de idade.

Vintages e LBVs de um lado, Tawnies especiais do outro, é questão de momento e, evidentemente, de preferência. É o caso da harmonização com queijos. Se é inquestionavelmente perfeita a combinação de Vintage com Stilton, o fantástico queijo tipo azul inglês, eu pessoalmente discordo da propalada afinidade entre o "rei" dos Portos e a grande especialidade de Portugal, o queijo da Serra da Estrela. Entendo que o caráter, a delicadeza e a textura pastosa desse soberbo queijo português ficam impiedosamente ofuscados por um Vintage, sobretudo quando novo, o que é comum acontecer. Mais apropriado, acredito, é um "20 anos". Em todo caso, como bem me lembrou um leitor, "*Any time not spent drinking Port, is a waste of time*" (qualquer que seja o tempo gasto que não seja bebendo Porto, é perda de tempo). Contento-me com qualquer um.

A transição na escala do conservador ao moderno

Meu particular interesse pela ligação entre Barolo e Borgonha, duas regiões que há tempos fazem parte do meu roteiro pós-Vinitaly,* se deve ao fascínio que exercem sobre mim os vinhos Borgonhas e Barolos. Além da qualidade que muitos de seus tintos atingem — nos brancos os franceses são insuperáveis —, há o fato de que as duas regiões são instigantes e cheias de nuances, atributos que contribuem para tornar seus vinhos diferenciados quando comparados ao que se produz mundo afora.

Falar do vínculo entre Barolos e Borgonhas pode, a princípio, parecer um contrassenso, na medida em que são vinhos aparentemente distintos: o primeiro é mais tânico e encorpado, enquanto o segundo tem taninos mais macios e uma estrutura mais refinada. As diferenças, porém, acabam por aí. Na coluna semelhanças, ambos utilizam uma única casta, a Nebbiolo para os Barolos e a Pinot Noir para os Borgonhas. São variedades muito sensíveis e caprichosas, de difícil adaptação fora de suas origens, e

* Feira anual de vinhos italianos em Verona, Nordeste da Itália, desde 1966.

também não dissimulam. Ambas expressam abertamente o trabalho do viticultor e as particularidades do local onde a parreira está plantada, o *terroir*.

Isso ganha especial importância, porque nas duas regiões há grande fragmentação de vinhedos, o que significa que boa parte das parcelas tem vários proprietários, cada um com suas parreiras. Não há divisa ou cerca entre as vinhas delimitando a posse. Cada viticultor maneja seu vinhedo segundo critérios e objetivos pessoais. O vinho resultante refletirá sua filosofia e competência, portanto é essencial que o consumidor nunca desvincule o nome do produtor do rótulo desejado.

Sem jamais esquecer dessa premissa, a Borgonha, com todo seu emaranhado de nomes, é uma região, de certa forma, talvez menos complicada de entender, por possuir uma classificação mais antiga — 1er Cru e Grand Cru, pela ordem crescente na hierarquia superior — e um estilo sem mudanças revolucionárias ao longo de séculos. Barolo, por outro lado, não dispõe de uma classificação oficial, o que impede que se saiba, pela simples leitura do rótulo, quais são os vinhedos de primeira linha e os de segunda. Ainda assim, a menção do nome da "*vigna*" (o vinhedo), ou "*vigneto*", já define um patamar elevado, caso de Brunate, Cerequio e Cannubi, entre outros.

Citar o vinhedo, o que implica a obrigatoriedade de o vinho ser elaborado unicamente com uvas daquela parcela, é parte da influência da Borgonha na transformação ocorrida nos Barolos a partir da década de 1970. Até então, a região piemontesa era dominada por negociantes que compravam uvas dos lavradores, impondo preços (ofensivamente) baixos, misturavam todas e comercializavam o produto. Tudo era apenas Barolo. Com preços baixos, não restava aos vinhateiros outro meio para sobreviver senão aumentar a quantidade de uvas por parreira, com as sabidas consequências negativas na qualidade. Como bem disse Elio

Altare, um nome de grande destaque na elite dos vinhos do Piemonte, aquilo era um círculo vicioso, e de alguma maneira era preciso se insurgir e procurar mudar a conjuntura vigente. Ele foi um dos pioneiros na "modernização" dos Barolos.

Enquanto estudava agronomia, e mesmo antes de se juntar ao pai em 1976 na vinícola familiar iniciada pelo avô havia quase trinta anos, Altare visitou outras regiões vinícolas, especialmente a Borgonha. Foi com base no que viu lá, e observando o que Angelo Gaja fazia — ele considera Gaja o protagonista da mudança no Piemonte —, que o *signore* Elio começou a implantar novos procedimentos, indo contra tudo o que se praticava na época. Logo de cara, propôs macerações curtas (seis dias em vez de quase um mês), para extrair menos e melhores taninos, e baixou os rendimentos por parreira. Segundo ele, em 1978, os borgonheses colhiam quatro vezes menos do que os barolistas, tendo ainda o dobro de pés plantados por hectare. Ou seja, cada parreira no Piemonte tinha de alimentar oito vezes mais quilos de uva. Enquanto podava os cachos, seu pai, que já andava meio ressabiado com a contínua afronta à tradição, aproximou-se e de joelhos implorou ao filho que não o fizesse, dizendo que era um sacrilégio jogar fora o que Deus tinha lhes concedido.

Altare estava consciente da necessidade de fazê-lo, bem como de continuar a implantar novos conceitos, até trombar de forma definitiva e irreversível com o pai. Isso ocorreu quando Altare decidiu trocar os "*botti*", velhas cubas grandes de madeira, utilizadas para fermentação e amadurecimento dos vinhos, pelas cubas de inox — nas macerações curtas o controle de temperatura e seu bom manejo são essenciais — e por barricas novas de carvalho. Foi deserdado.

O pai morreu em 1985, e Elio, com a "ajuda" de um banco, comprou, três anos depois, a vinícola das duas irmãs que a tinham herdado. De lá para cá, seu prestígio só aumentou, mas ele continua se considerando um "campesino" sem muito estudo, que apenas passou ouvindo, observando e absorvendo o que produtores de lá e de fora faziam. Muito simpático e falante, Altare, que encerrou a relação com o banco em 1997, defende com unhas e dentes a figura do pequeno produtor — eles preservam a identidade e o patrimônio genético do local, ele crê —, mas perde seu ar complacente ao falar dos que estão lá para fazer dinheiro, negociantes e investidores, que ele compara a aves de rapina, definindo suas estratégias como "a economia do chacal".

A questão vai mais além, segundo Elio Altare. Para ter lucro, é preciso produzir mais e gastar pouco, o que explica a utilização de defensivos agrícolas. O camponês atual, ao contrário, recebeu uma terra danificada de seus antecessores, já que na época o uso de pesticidas e herbicidas era rotina, e precisa trabalhar por vinte anos para conseguir recompô-la, porque é obrigado a cuidar bem da única coisa que sabe fazer. Ele, entretanto, não gosta de dizer que seu vinho é biológico, argumentando que seria uma justificativa para um produto ruim.

A modernidade de Altare tem, ainda assim, duas graduações. A (um pouco) mais tradicional, leva o nome de Barolo Vigneto Arborina, que fermenta e faz a malolática (processo onde o ácido málico, instável, se transforma em ácido lático) em cubas rotativas de inox, para seguir depois seu estágio em barricas de carvalho de 225 litros, não todas novas. O Langhe Arborina (sai o nome Barolo, como fez Gaja com seus vinhos diferenciados) vem do mesmo vinhedo, porém, logo após fermentar em idênticas cubas de inox, segue para barricas novas, onde faz a malolática e estagia por um tempo maior. Minha preferência pelo Barolo — é mais profundo e revela melhor o caráter da Nebbiolo —, ambos 2003, fez com que o "maestro" Altare, quando estive com ele, fosse buscar um 1991 para me provar que depois de quinze anos eles se equiparam. Mesmo agradecendo tanta gentileza, continuo com o "tradicional" Barolo.

Por falar em modernidade e tradicionalismo, é inegável que, felizmente, não se fazem mais Barolos como antes do movimento inovador iniciado na década de 1970. Contudo, há uma escala que separa os dois estilos antagônicos, o moderno e o conservador. No grupo dos primeiros está, por exemplo, o próprio Altare, Paolo Scavino e Conterno Fantino. No canto oposto, Rinaldi e Bartolo Mascarello, que continuam vinificando em cubas de madeira — às vezes de concreto — por um período longo de maceração, que chega a trinta ou 35 dias, encaminhando seus vinhos, a seguir, para *botti* grandes de carvalho da Eslovênia, onde ficam por cerca de 36 meses.

Alguns produtores adotaram técnicas intermediárias, como vinificação em cubas inox clássicas e barricas maiores, de quinhentos litros ou de setecentos litros, o que implica padrões distintos — mais para o moderno ou mais para o conservador.

Na relação dos bons Barolos existentes no mercado brasileiro, ficaram faltando os de Elio Grasso, nos quais convivem procedimentos desiguais: basicamente um de seus três crus, o Runcot, é tratado de forma distinta. O caso é bastante ilustrativo, porque mostra que vinhedos diferentes pedem, a rigor, tratamentos diferentes. Além disso, mostra a convivência pacífica e a passagem sem sobressaltos de uma geração a outra: o pai, Elio Grasso, dita as regras para o Gavarini e o Ginestra, os dois vinhedos mais antigos, e Gianluca, o filho, toca com (relativa) liberdade o Runcot, único Barolo da casa a utilizar barricas.

CONHECENDO AS UVAS

As várias faces da Pinot Noir

Para quem, desavisadamente, ouvisse as serenas explanações de Sylvain Pitiot, responsável desde 1995 por um dos mais cultuados *grand* crus tintos da Borgonha, o Clos de Tart, sobre a forma como conduz seus vinhos, soaria lógico seu tão alto padrão de excelência: cuidado extremo com o vinhedo, rendimento baixo por parreira, rigor na triagem das uvas e uma vinificação clássica não intervencionista. No entanto, existem razões mais fortes, tais como a elevada idade média das vinhas, ao redor de sessenta anos (algumas chegam a cem anos), e a possibilidade de retardar a data da colheita até que os cachos atinjam graus de maturação próximos do ideal, atributo inexorável de um grande *terroir*.

Reconhece-se a importância do *terroir*, do homem e da variedade da uva quando o tema é vinho, mas dificilmente a interdependência entre esses três fatores é tão clara e crucial quanto na Borgonha, em especial em seus tintos. Isso se deve à uva Pinot Noir, considerada a mais sensível e caprichosa das castas tintas superiores, por refletir cruelmente as peculiaridades do local onde foi plantada e o trabalho do vinhateiro.

Ainda que na Borgonha haja um conjunto de condições naturais apropriado a seu cultivo, a fragmentação dos vinhedos, uma característica da região, é o que dificulta o processo de escolha do consumidor e o induz a erros frequentes.

Fragmentação significa que uma parcela tem vários proprietários — o Romanée St. Vivant tem dez, o Clos Vougeot tem oitenta, só para citar dois *grand* crus famosos —, cada um com suas próprias parreiras. Em seus domínios, o produtor impõe sua filosofia e define seus objetivos com liberdade. Alguns são zelosos e competentes, limitam o número de cachos por planta e trabalham para extrair as melhores uvas e produzir o melhor vinho. Outros nem tanto. Assim, é possível encontrar em um mesmo vinhedo vinhos ótimos, médios e ruins. Saber quem os produziu é, pois, fundamental ao escolher um Borgonha. Não é arriscado concluir que é mais importante guardar o nome do produtor do que o do vinho ou do vinhedo. No citado Clos de Tart, não há risco, porque ele faz parte de uma minoria: a parcela que lhe confere nome tem apenas um proprietário.

A Pinot Noir vem tendo crescente projeção nos últimos anos em detrimento de outras variedades muito utilizadas mundo afora, especialmente a Merlot. Num mercado tão influenciável como o americano, tal destaque fez explodir a demanda por Pinot Noir (30% já de imediato), sem que houvesse um correspondente aumento de sua produção.

Vários países já vinham tentando domar a caprichosa Pinot Noir, a maioria sem grande sucesso. A eles se juntaram produtores das mais variadas procedências, que, às pressas, implantaram novos vinhedos, para não deixar o bonde passar. "É inapelável, não existe Pinot Noir fora da Borgonha", disse certa vez a competente e geniosa Lalou-Bise Leroy, que dirige uma das mais respeitadas casas borgonhesas. Com efeito, longe de seu hábitat, a casta perde as principais características que a distinguem: elegância e sofisticação, resultado do perfeito equilíbrio entre taninos finos, macios e bom frescor, sem que isso se configure como falta de corpo. Aliás, é até certo ponto frequente associar vinho encorpado com tânico ou volumoso na boca. No caso, confunde-se estrutura e peso (que bons borgonhas têm) com vinhos impactantes (que tanino e volume provocam).

O grande diferencial do Pinot Noir da Borgonha é sua afinidade com o *terroir* local, elemento intransferível e "inimitável". Além da questão dos solos — na Borgonha predomina a rocha calcária —, pesa também a questão climática, pois na região alternam-se noites frias e temperaturas não elevadas durante o dia, o que enseja um período de maturação suficientemente longo para que se obtenham taninos maduros e finos, mantendo um desejável e imprescindível nível de acidez para garantir frescor ao vinho.

Em regra, nos "Borgonhas" mundo afora as uvas são colhidas mais tarde, levando-os a apresentar um teor alcoólico maior e um padrão marcado por fruta muito madura, quase adocicado, consequência do insuficiente grau de acidez necessário para contrabalançar. A exceção tem sido a Nova Zelândia, em particular as regiões de Martinborough, ao sul da ilha norte, e Central Otago, no canto meridional da ilha sul. O clima adequadamente frio dos dois locais favorece a maturação e a preservação do frescor. Ainda que guardem diferenças com os Pinots Noirs da Borgonha — solo, clones das videiras e peculiaridades do *terroir* —, são os vinhos que mais se assemelham aos originais.

O reconhecimento acelerou bastante a implantação de novos vinhedos na Nova Zelândia, expandindo a área plantada de 830 hectares, em 1978, para cerca de 10 mil no ano 2000. Em Central Otago, uma região afastada do mar e rodeada de montanhas com picos nevados, encontram-se, ao lado do lago Wanaka, os vinhedos de Rolfe Lois Mills, fundador da Rippon, que são tidos como um dos mais bonitos do planeta.

Os alternativos Sauvignon Blanc viram *in* entre modernos

Uma pesquisa realizada nos Estados Unidos indicou que, para os americanos, quem pede vinho tinto elaborado com uva Syrah é *in*, enquanto quem busca Merlot é *out*. No caso dos vinhos brancos, pega bem pedir Sauvignon Blanc. Isso ainda é muito pouco para que se possa prever o declínio do reinado da Cabernet Sauvignon e da Chardonnay, as duas variedades mais consumidas no planeta. Não deixa de ser um alento, considerando que, por mais virtudes que eles tenham, a excessiva concentração em torno de Cabernet Sauvignon e Chardonnay levou a certa padronização da bebida, em oposição àquilo que o vinho oferece de interessante e mágico, que é sua diversidade.

As duas variedades de uva que estão desafiando essa hegemonia o fazem por seus aspectos gustativos, que seduzem o consumidor. Enquanto a Syrah atrai pelo paladar intenso de frutas vermelhas e taninos mais macios que sua rival, a Sauvignon Blanc oferece vinhos com frescor e leveza, características opostas a maciez e corpo, típicas da Chardonnay. Elas expressam esses atributos em climas apropriados e bastante distintos entre si: a Syrah se dá melhor em regiões quentes e a Sauvignon Blanc, ao contrário, quando exposta a altas temperaturas perde a preciosa acidez que lhe dá personalidade. Em seus hábitats, ambas ensejam vinhos corretos, equilibrados e acessíveis; a questão é produzir algo acima disso. No caso da Sauvignon Blanc, as opções são mais limitadas.

Foi do Vale do Loire e de Bordeaux, ambas regiões francesas, que a Sauvignon Blanc conseguiu destaque e se espalhou para tantos outros países. São também de origem francesa os dois vocábulos que formam seu nome: *sauvage* (selvagem) e *vignon* (vinha), e fazem referência às notas aromáticas, vegetais e silvestres que a caracterizam. Pode parecer estranho e pouco apetitoso, porém um dos aromas que mais a identifica é o que lembra xixi de gato, dependendo do solo e do clima de onde procede. Passada, no entanto, essa impressão inicial e a analogia, o conjunto é bem agradável.

A Sauvignon Blanc tem algumas variedades aparentadas, caso da Sauvignon Gris, ou Rosa, e da Sauvignon Vert. Esta última ainda é cultivada no Chile com o nome de Sauvignonasse, e foi durante muito tempo confundida com a original. É bem menos nobre, apresentando aromas rústicos e florais, razão pela qual, não raro, produtores chilenos não a identificam no rótulo. Alguns estudos defendem que a Sauvignon Vert é idêntica à Tocai Friulano, uma uva típica do Nordeste italiano.

No Vale do Loire, a Sauvignon compõe sozinha os famosos Sancerre e Pouilly-Fumé. Foi onde, em 1986, Didier Dagueneau, *enfant terrible* e genial mentor de grandes Sauvignons Blancs, começou a trabalhar esses vinhos fermentando-os em barris de carvalho e obtendo resultados maravilhosos. Foi logo imitado por produtores da região e de outros países, chamando a atenção para um potencial desconhecido em se tratando de Sauvignon Blanc. Embora, na média, tenha havido um salto qualitativo, muitos não se deram conta da complexidade e do trabalho necessário para se atingir tal padrão e partiram para a utilização desmedida do carvalho. Isso, aliado ao clima quente, talvez explique por que a maioria dos Sauvignons da Califórnia são tão desinteressantes. É certo que um vinho elaborado com Sauvignon Blanc ganha complexidade quando se utilizam barris de carvalho, mas para isso é preciso uma boa matéria-prima, sob pena de a madeira ofuscar o vinho. Dagueneau, que executa um trabalho rigoroso em seu vinhedo, limita o número de cachos por parreira, atingindo cerca de 35 hectolitros por hectare, dependendo do ano. Consegue, assim, porte e acidez, para que o vinho adquira perfeita integração com o carvalho. É frequente o rendimento ser o dobro em vinhos comuns.

Já em Bordeaux, região às margens do Atlântico e com clima mais temperado, a Sauvignon Blanc tem uma ligeira perda de acidez e muda de estilo em relação ao que acontece no Loire. Talvez por isso tenha sido tradicionalmente combinada com outra variedade local, a Semillon, formando grandes vinhos. O melhor exemplo é o Château Haut-Brion Blanc, que leva metade de cada uma delas e com razão é considerado um dos melhores vinhos brancos do mundo, chegando a custar mais caro do que seu célebre irmão tinto. Ainda assim, há algumas exceções de vinhos importantes elaborados integralmente com Sauvignon Blanc. É o caso do Smith Haut-Lafitte e, em particular, do Pavillon Blanc do Château Margaux, um vinho inteiramente fermentado em barrica e que reforça a tese de Didier Dagueneau no Vale do Loire. Baixo rendimento, seleção primorosa das uvas e acompanhamento criterioso do tempo de permanência do vinho no barril fizeram dele uma referência em Bordeaux.

A ligação da Sauvignon Blanc com a região de Bordeaux não se restringe apenas aos vinhos brancos secos. A variedade contribui, embora minoritariamente, para os famosos Sauternes, reconhecidos e aclamados como um dos grandes vinhos doces produzidos no planeta. Sua porcentagem nesse tipo de vinho raramente ultrapassa 20%, mas sua importância é destacada pelo aporte de acidez, tão importante para o equilíbrio e a longevidade dos Sauternes.

A vinificação em barris confere estilo diferenciado aos Sauvignons Blancs, fazendo com que evoluam agradavelmente em garrafa e que possam ser guardados por anos. Não é o que acontece com grande parte dos Sauvignons plantados mundo afora, quando deve sobressair seu caráter inicial marcado pelo frescor, levando-os a ser consumidos nos primeiros três ou quatro anos. Vale para os belos vinhos procedentes do Friuli e do Alto Adige, no Nordeste da Itália, assim como de alguns países do Novo Mundo onde a casta deu bons resultados. O exemplo mais conhecido é a Nova Zelândia, que não só produz excelentes Sauvignons como, devido a isso, conquistou respeito no mercado internacional como país vinícola. Chile e África do Sul têm conseguido melhorar seus vinhos com o uso de novas técnicas e em regiões específicas, posicionando-se positivamente no mercado. O mesmo deve acontecer com a Argentina, com vinhedos implantados em microclimas apropriados.

O tema Sauvignon Blanc é sempre bem-vindo quando o verão impõe comidas mais leves e produtos oriundos do mar. Além de serem vinhos com maiores chances de acompanhar os pratos da estação, são excelentes como aperitivos antes da refeição. No entanto, o destaque que a Sauvignon Blanc ganhou mostra, acima de tudo, que os consumidores querem alternativas à Chardonnay, em particular àquelas que têm mais gosto de madeira do que da casta.

Pomerol e Saint Emilion garantem o prestígio da Merlot

Pinot Noir em alta, Merlot em baixa. Essa foi a reação imediata do consumidor, em especial o americano, após o lançamento de *Entre umas e outras* (*Sideways*), produção de 2004 com várias indicações ao Oscar, em que o personagem principal exalta as qualidades da "caprichosa e inteligente" uva tinta da Borgonha, enquanto abomina a segunda, uma variedade "fácil" que resulta em vinhos "comuns e desinteressantes". O filme, diga-se de passagem, é um dos poucos que abordam o universo do vinho com propriedade, informações corretas e sem pieguices, além de ter a virtude de bombardear padrões locais de consumo, focado em potentes Cabernets Sauvignons (e também em óbvios Merlots). Ainda que não haja necessidade, nem caiba grandes explicações, a meu ver o vilão era o Merlot americano, não se estendendo aos de outros países, onde a casta desfruta de reconhecido prestígio.

Essa tese, inclusive, esclarece o eventual contrassenso de o personagem central, Miles, ao mesmo tempo que expressa desprezo pela Merlot, ter o Cheval Blanc 61 — cerca de 60% de Cabernet Franc e 40% de Merlot — como o maior troféu de sua adega. A propósito, cabe também observar outro fato que pode ter causado estranheza no filme: ao contrário do que possa parecer, abrir um Cheval Blanc 61 com um hambúrguer à beira da estrada não foi um ato de desperdício. No contexto da história, aquele momento era especialmente significativo para Miles. Como já havia insinuado a sensível garçonete Maya, o vinho faz o momento, e a garrafa contribuiu para reforçar a importância da ocasião.

Considerações cinéfilas à parte, o fato é que a Merlot não se dá bem em qualquer lugar, como, aliás, acontece com qualquer variedade de uva. Sem precisar ir muito longe, é o que ocorre com a própria Pinot Noir, que tem mais dificuldades de se adaptar do que a Merlot. No caso americano, o perigo é generalizar, usando como referência sua região mais renomada, o Napa Valley. O clima reconhecidamente quente dessa zona enseja vinhos com notas de fruta cozida e geleia, até pela necessidade de as uvas serem colhidas mais tarde, para dar tempo de os taninos amadurecerem. Assim, tem-se Merlots estereotipados, como há tantos pelo mundo, a ponto de ser difícil determinar sua origem.

Há quem goste. Um bom exemplo é o Pahlmeyer, vinho altamente considerado por publicações americanas como a *Wine advocate*, de Robert Parker, ou a *The wine spectator* — nesta, sabe lá por que critérios, é frequentador assíduo da lista dos cem melhores do ano. Não deixa de ser injusto com rótulos de regiões menos badaladas e com mais vocação para produzir bons Merlots, caso de Washington State. Quem quiser provar um bom varietal dela, americano, deve ir atrás do Leonetti (não é fácil) ou do Saint Michelle.

A queda de prestígio da Merlot, no entanto, não foi suficiente para atingir os vinhos provenientes da margem direita de Bordeaux, notadamente Pomerol e Saint-Émilion, região de origem. Com condições climáticas favoráveis e solo apropriado, é lá que essa casta atinge seu grau de excelência. Embora não se possa falar de um tipo único de solo, com algumas variações — mais ou menos calcário, pedregoso ou com graus diferentes de areia —, há sempre a presença de argila. Quando há só argila é a perfeição. E é aí que o Petrus se encontra, um dos poucos vinhos de primeira grandeza que fazem a Merlot comandar sozinha o espetáculo — uma parcela de 5% do vinhedo é composta de Cabernet Franc, mas ela raramente é utilizada; quando o é, não se divulga. Caprichos da natureza? Questão de delimitação: embora a topografia da região seja bastante suave, dando a impressão de ser plana, o Petrus fica na parte mais alta, uma espécie de calota; seus vizinhos Lafleur, Vieux Château Certan, Lafleur Petrus e uma parte do Le Gay vão descendo gradualmente e experimentando porcentagens variadas de argila.

Solos argilosos têm a propriedade de reter água, o que impede a planta de sofrer em demasia nos anos de seca. Em contrapartida, nos períodos mais chuvosos, a tendência é a argila inchar, esmagar pequenas raízes que nela se aprofundaram, formando um colchão impenetrável para o sistema radicular da parreira, atrofiando as raízes e com isso dificultando a busca de nutrientes.

Pomerol e Saint-Émilion são regiões de dimensões e solo bem distintos. A primeira é bem menor, cerca de seiscentos hectares, contra os 5400 de Saint-Émilion. Geologicamente, de certa forma, Pomerol é mais homogênea, com predomínio de argila em porcentagens variáveis de propriedade para propriedade. A região é beneficiada em anos em que a chuva chega mais cedo, e em geral suas colheitas são mais precoces. Saint-Émilion, por sua vez, apresenta uma diversidade importante de *terroirs*, tanto por seu tamanho como por sua geologia bastante acidentada. Na área mais baixa, próxima ao rio Dordogne, o terreno é mais arenoso, muito pobre, o que em anos chuvosos pode ser vantajoso, por causa da boa drenagem.

Mesmo com diferenças e semelhanças, é possível identificar sutis características comuns aos grupos de vinhos de Saint-Émilion e Pomerol: enquanto os primeiros são, num todo, mais aristocráticos e até sofisticados, os últimos se apresentam sedutores, com textura macia e dão a sensação de estar mais prontos para ser consumidos — são, por isso, chamados de "bordeaux borgonheses".

Cabe ressaltar, antes de mais nada, que quando se fala de uma uva internacional — Merlot é uma delas, como são, por exemplo, Cabernet Sauvignon, Syrah, Chardonnay e Sauvignon Blanc —, não se está falando de vinhos iguais. Na elaboração de um vinho, a variedade é apenas um dos tantos fatores que influenciam o resultado. As condições climáticas, o clone da planta, o solo, a inclinação do terreno, sua posição em relação ao sol, a forma de conduzir a vinha, os tratamentos são fatores que condicionam o resultado final. Não se pode plantar qualquer uva em qualquer lugar, com o argumento que ela se adaptará ao local e encontrará sua identidade.

A Merlot, por exemplo, é uma casta de ciclo curto que amadurece antes da maioria das uvas tintas. Se plantada em clima quente, tende a ganhar rapidamente açúcar e ver despencar seus índices de acidez, e deve ser colhida antes que os taninos amadureçam. Como consequência, seus vinhos resultam enjoativos — com gosto de geleia —, alcoólicos e com certa adstringência.

Em condições adequadas e quando preservadas as características específicas que ela ganha (ou perde) em função da mão do produtor e de onde está plantada, a Merlot tem taninos macios e bom corpo. Com esses atributos, é uma variedade de uva que tanto pode brilhar atuando sozinha/majoritariamente quanto ser uma boa coadjuvante, conciliando-se bem com outras castas. Não se pode esquecer sua utilização na margem esquerda de Bordeaux ou na região do Chianti, na Toscana, dando apoio à Cabernet Sauvignon e à Sangiovese, respectivamente.

VISITANDO PAÍSES PRODUTORES

Novo e Velho Mundo sugerem uma saudável infidelidade

Está cada vez mais acirrada a disputa entre o que se convencionou chamar de vinhos do Velho Mundo e do Novo Mundo. O duelo começou no início dos anos 1990 e se intensificou no final da década. A exemplo do que ocorre em outros setores, a competição no mercado gera benefícios ao consumidor. Se no caso dos vinhos excepcionais os ganhos não foram no preço — muito pelo contrário —, há atualmente um número cada vez maior de rótulos, provenientes de todos os países, incorporando-se a essa elite. Nas outras categorias, a oferta de novas opções também é grande, permitindo ao interessado exercer com mais liberdade sua preferência, variar na escolha do vinho de acordo com o momento e a sua vontade. Mais do que admitida, a infidelidade deve ser incentivada no mundo do vinho.

As armas de que o Velho Mundo e o Novo Mundo dispõem para atrair o consumidor são absolutamente diferentes. O conceito dos vinhos europeus desenvolveu-se ao longo de séculos e fica bem caracterizado na frase da baronesa Philippine de Rothschild, sucessora de seu pai no comando do célebre Château Mouton

Rothschild: "Produzir vinho é relativamente simples, só os primeiros duzentos anos é que são difíceis". O toque irônico de sua declaração, dirigida aos jovens países concorrentes, ressalta que na Europa os vinhos carregam história e um fator climático peculiar, o que levou à seleção natural das uvas utilizadas por cada produtor, bem como a seu estilo. Ainda que quisesse, o produtor não poderia se desviar muito, porque as Denominações de Origem, outra característica dos países do Velho Mundo, impõem regras que devem ser obedecidas. Outro grande limitador são as normas da Organização Econômica Europeia. Entre outras decisões, merece ser citada a que foi tomada quando Portugal e Espanha entraram no Mercado Comum em 1986. Na ocasião, a área voltada para o cultivo de vinhedos foi congelada, impedindo novas plantações; cada novo plantio deve ter, em contrapartida, a mesma metragem arrancada. Criou-se com isso o Certificado de Plantação, pelo qual não basta ter a terra; é necessário comprar o direito de plantar de outro produtor que se desfez de suas parreiras. Além da dificuldade de renovação do vinhedo europeu, há reflexos nos preços dos vinhos. O Velho Mundo tem tradição e posição no mercado, com nomes de visibilidade e reconhecimento, mas tem pouca flexibilidade devido aos padrões que é obrigado a seguir.

Quem chegou depois, caso dos produtores da Austrália, Estados Unidos, Argentina, Chile e África do Sul, principais membros da brigada do Novo Mundo (deixo honrosamente a Nova Zelândia de fora por seguir um estilo próprio), teve que definir uma estratégia para entrar na briga. Como dizia o técnico do time de futebol onde, nos bons tempos, eu jogava, se o adversário é forte não adianta tentar jogar igual; é preciso buscar seu ponto fraco. Assim, com base em pesquisa que indicou que muitos entrevistados não tomavam vinho por ser difícil de entender as informações sobre ele, os produtores partiram para descomplicar:

no rótulo, em vez de destacar a região, que obriga a memorização de tantos nomes, focaram na uva, e para enfrentar a eterna questão de "quando o vinho chegará ao seu apogeu e poderá ser aberto", adotaram novas técnicas para permitir o consumo imediato. As principais uvas escolhidas para fisgar os apreciadores foram a Chardonnay para os brancos e a Cabernet Sauvignon para os tintos, que, bem a propósito, provêm das regiões de maior prestígio no mercado, Bordeaux e Borgonha, e se adaptam com relativa facilidade a diferentes climas e solos. Não havendo restrições ao plantio — é possível plantar quanto, quando, como e aonde quiserem — nem a necessidade de se limitar a uma região demarcada, os produtores do Novo Mundo propuseram vinhos mais acessíveis, previsíveis e fáceis de ser bebidos. A todas essas vantagens, pode-se acrescentar mais uma, que diz respeito à comercialização: ao contrário da fragmentação existente na Europa — só Bordeaux tem perto de 15 mil produtores —, no bloco jovem o mercado está concentrado nas mãos de poucos, o que permite políticas mais consistentes e agressivas de promoção e marketing, com mais verbas. É o caso da Austrália, onde quatro grupos respondem por 80% do mercado, e do Chile, em que os cinco maiores dominam quase 90%.

Como esse contexto é favorável aos vinhos do Novo Mundo, não é de admirar que os países tradicionais estejam perdendo mercado, pelo menos no nicho dos vinhos baratos e de grandes volumes, justamente o foco dos novos produtores.

O que preocupa é que a estratégia calcada em vinhos fáceis, sem defeitos mas também sem qualidades, leva necessariamente a uma padronização, antítese de tudo que o vinho prega e oferece. São todos iguais, elaborados com a mesma variedade de uva, maquiados com carvalho (não são usadas as caras barricas, mas lascas de madeira para dar o gosto), e tendo a natural falta de acidez corrigida pela adição de ácido tartárico. Na verdade é um retrocesso. Lembra trinta ou quarenta anos atrás, quando na Europa, França e Itália, principalmente, o consumo *per capita* era de 120 litros de vinho por habitante por ano, composto em sua maioria de medíocres *vins de table*, uma descaracterizada mistura de várias procedências. Com a tendência de queda desse índice — hoje é a metade —, gradualmente as zurrapas foram perdendo terreno, sendo trocadas por vinhos de identidade.

Enfim, enquanto os europeus foram apurando seu paladar, bebendo menos e melhor, não se sabe se o mesmo irá acontecer com os novos consumidores. A expectativa é de que se confirme a propensão do vinho de aguçar a curiosidade do apreciador, estimulando-o a se aprofundar, adquirir mais cultura vinícola e reconhecer a importância da diversidade. Esse é o grande trunfo dos países do Velho Mundo — mas não só deles — que está sendo depreciado na conjuntura atual. Tinha total razão o prestigiado escritor inglês Hugh Johnson, especialista em vinhos: "Por que o vinho é tão fascinante? Porque existem muitos tipos diferentes, cada um distinto do outro".

Sopa de letrinhas e o avanço da Pinot Noir

Algumas semanas antes da Prowein, feira internacional de vinho realizada anualmente em Dusseldorf, uma estudante da Universidade de Geisenheim me contatou por e-mail, solicitando informações sobre o mercado brasileiro e seu potencial para rótulos alemães, tema de sua tese de final de curso. Na conversa que tivemos depois, durante o evento, não pude deixar de apontar alguns obstáculos: a especialidade vinícola da Alemanha são vinhos brancos, gênero (incompreensivelmente) de pouco apelo no Brasil, e também por estarem associados a um sabor adocicado. Além disso, os rótulos dos vinhos alemães são difíceis de decifrar e memorizar e, de quebra, há a imagem negativa deixada pelas malfadadas garrafas azuis.

Nada disso, no fundo, é segredo. Os próprios alemães sabem desses entraves e procuraram, nos últimos tempos, mudar e introduzir uma série de conceitos para tornar seus vinhos mais atraentes aos consumidores não só do Brasil como de todo o mundo. Contudo, o idioma não ajuda; além disso, interesses e pontos de vista divergentes entre o governo e membros da cadeia produtiva dificultam sua implementação. No entanto, já se começa a perceber no Brasil um crescente interesse pelos notáveis brancos da Alemanha, e um dos reflexos disso foi a presença de importadores brasileiros na Prowein de 2010. Quem sabe a tese da aluna alemã não sensibilize os organismos oficiais de seu país a divulgar mais as virtudes de seus vinhos e descomplicá-los?

Os interessados devem seguir um princípio básico, que divide os vinhos alemães em quatro categorias: DeutscherTafelwein, a mais baixa delas (*tafelwein* significa vinho de mesa, o mesmo que *vin de table* na França), é uma mistura de vinhos de diversas regiões elaborados com uvas de terceira categoria; Landwein, um pouco acima do *tafelwein*, tem indicação de procedência (*land* é área, zona), o que equivale a vinho regional; Qualitätswein, que procede de uma das treze regiões demarcadas — as dez principais são: Ahr, Mosel-Saar-Ruwer, Mittelrhein, Rheingau, Rheinhessen, Nahe, Pfalz (ou Palatinato), Franken (ou Francônia), Baden, Württemberg —, está sujeito a algumas regras e passa por um comitê que lhe concede um número de aprovação, o AP, e pode ser considerado um vinho sem pretensões, para o dia a dia; e, por fim, Qualitätswein mit Prädikat, onde estão necessariamente os melhores vinhos do país, que também têm um número de aprovação, embora isso não signifique que todos são ótimos.

Os vinhos enquadrados na categoria mais elevada, a Qualitätswein mit Prädikat, dividem-se em seis níveis, segundo o grau de maturação em que as uvas são colhidas. Em princípio, quanto mais maduras, mais doce é o vinho. Em escala crescente de maturação, há o Kabinett, com uvas colhidas em condições normais; o Spätlese, que significa vindima tardia; o Auslese, fruto de uma colheita selecionada; o Beerenauslese, bem adocicado e elaborado com uma seleção de uvas *auslese*; o Eiswein, literalmente "vinho do gelo", em que a colheita se dá mais tarde, quando a neve já caiu; e o Trockenbeerenauslese, o mais doce de todos, produzido com uvas que amadureceram no pé até virarem passas, ou secas (tradução de *trocken*), majoritariamente atacadas pelo fungo nobre, o *Botrytis cinerea.*

Em 2000, o órgão governamental responsável pelo setor introduziu a primeira tentativa de simplificação, criando as designações Classic e Selection, que, mencionadas no rótulo, eliminaram outros termos e facilitaram a identificação da característica do vinho. A primeira dá a entender que se trata de um vinho seco (ou quase seco), elaborado com castas tradicionais permitidas e uvas colhidas em regiões demarcadas, dentro de um determinado padrão confiável de qualidade. Já para fazer parte da categoria Selection, as exigências são maiores, com reflexos na qualidade da uva e em seu manejo. Assim, a produção por parreira deve ser menor, o vinhedo de onde provieram os cachos tem que ser declarado, a colheita deve ser manual e o grau de açúcar residual mais baixo, o que determina que o vinho é (mais) seco.

A rigor, essas duas classificações não resolvem o problema, particularmente porque não garantem que se trata de um vinho de fato seco, dúvida que invariavelmente ocorre nos Kabinett e nos Spätlese. Para tanto, é melhor encarar aquele monte de consoantes e ver se em algum canto do rótulo se encontra a palavra "*trocken*" (seco), e não se deixar enganar por "*halbtrocken*", que significa "meio seco".

Há mais de 100 mil viticultores na Alemanha e 75% deles não vinificam, mas vendem suas uvas por quilo. Os melhores vinhos se originam, sem dúvida, das vinícolas com vinhedo; eles contam com a melhor matéria-prima, atingindo um bom padrão de qualidade. Para identificá-los, é preciso enfrentar de novo uma sucessão de consoantes e, com o auxílio de uma lupa, procurar no rótulo o termo "Gutsabfüllung", que indica que as uvas são da propriedade e que o produtor as colheu, vinificou e engarrafou; é o correspondente ao "*mis en bouteille au domaine*" da França. Outra menção, "Erzeugerabfüllung", é empregada mais para vinhos de cooperativas. Negociantes de uvas e engarrafadores, uma categoria em tese inferior, são identificados com a palavra "Abfüller".

Um caminho bem mais fácil para entrar no maravilhoso universo dos vinhos alemães — desculpem, eu poderia ter encurtado a história e entrado direto no assunto — é procurar no lacre da garrafa ou, de forma mais discreta, no rótulo do vinho, o símbolo de uma águia carregando um cacho de uva e as iniciais VDP, que designa a Verband Deutscher Prädikats — und Qualitätsweingüter, associação que impõe regras bastante rígidas a seus membros.

Embora comemore em 2010 seu centésimo aniversário —, a mais antiga associação de vinícolas com vinhedos próprios —, só em meados da década de 1980 a VDP começou a estabelecer critérios de hierarquização de vinhas e normas que resgatassem a identidade dos vinhos e de suas regiões. Todavia, a dificuldade de conciliar opiniões e interesses internos mais a discordância sobre a legislação oficial fazem com que ainda haja um bom caminho a percorrer até que o consumidor esteja bem informado sobre o que está comprando.

No que diz respeito aos produtores, no VDP está reunida grande parte dos melhores rótulos do país, sendo, portanto, menor a possibilidade de erro com relação à categoria e característica dos vinhos. É o que oferece a classificação Grosses Gewächs (ou simplesmente GG), status semelhante a Grand Cru de Bordeaux e cuja menção indica se tratar de vinho seco. Também existe a Erste Gewächs, literalmente premier cru, que designa um vinhedo de potencial elevado, mas não determina se o vinho é ou não adocicado. O logotipo, o número 1 com um cacho de uvas ao lado, pode aparecer no rótulo, no contrarrótulo ou mesmo impresso na garrafa, em particular para vinhos da região do Rheingau.

Sabendo que as importadoras brasileiras, para não repetir erros, estão trazendo das melhores vinícolas alemãs vinhos brancos secos, sobretudo Rieslings, dos empecilhos para os quais chamei a atenção na tese da estudante, restaria apenas um item para que a Alemanha ganhasse de vez mercado no Brasil: a introdução de vinhos tintos. Esse problema também foi superado e, até certo ponto, de forma surpreendente. Desde a década de 1980, a Alemanha vem plantando cada vez mais uvas tintas, em particular a Pinot Noir, uma casta hoje com muitos adeptos e que, sabidamente, tem raríssimos casos de sucesso fora de sua região de origem, a Borgonha. Dados oficiais apontam que a área ocupada por uvas brancas representava cerca de 89% dos vinhedos germânicos em 1980, caindo para 63% em 2005. Nesse mesmo ano, a Pinot Noir tornou-se a terceira uva mais cultivada, com 11,4% do total, logo depois da Riesling (20%) e da Müller-Thurgau (14,1%).

Há tempos venho tentando me aprofundar no tema "Pinot Noir alemão". O alsaciano Serge Dubs, presidente da associação francesa de sommeliers, já havia comentado comigo favoravelmente a respeito, e uma garrafa que ganhei de um sommelier francês mais do que nunca me fez acreditar na procedência da indicação — aliás, seria difícil imaginar que Dubs estivesse enganado. Tratava-se do Spätburgunder (nome da variedade borgonhesa na Alemanha) August Kesseler 2002, uma prestigiada vinícola familiar do Rheingau, região que, apesar de reconhecida por seus belos Rieslings — é, para mim, ao lado do Mosel, a zona de onde saem os melhores brancos dessa variedade —, tem mostrado vocação para a Pinot Noir. No caso de Kesseler, é uma paixão antiga dele e de seus antecessores. Essa uva ocupa metade dos vinte hectares de vinhas da propriedade, com algumas parcelas beirando os setenta anos de idade. Outra boa experiência veio pouco tempo depois com rótulos de Markus Molitor, dessa vez do Mosel.

A amostragem, entretanto, era pequena. A oportunidade para ter uma noção mais ampla do comportamento da Pinot Noir na Alemanha surgiu na ida à Prowein e no programa de visitas a algumas vinícolas antes da feira. Meu foco era, em particular, a região de Ahr, que, a despeito de ser a mais setentrional entre as Denominações de Origens importantes da Alemanha, tem como especialidade a produção de vinhos tintos — quanto mais ao norte, mais o clima é desfavorável à cultura de uvas tintas. A explicação está nos vinhedos de encosta com exposição sul, que recebem melhor insolação, e ao solo xistoso, que armazena o calor do dia e protege a planta do frio da noite.

Esse tipo de solo, associado à paisagem, com as parreiras plantadas em terraços, lembra a região do Douro, em Portugal. Aqui, porém, a inclinação é ainda maior e o aproveitamento chega a ser milimétrico, com patamares pequenos e desordenados, refletindo o empenho em ocupar cada espaço para não desperdiçar nada do que o sol pode oferecer.

Entre visitas e vinhos degustados, destacou-se especialmente o produzido por Werner Näkel, da Weingut ("vinícola" em alemão) Meyer-Näkel. A propósito, aqui a associação com o Douro fica mais reforçada: Näkel, e dois outros produtores alemães amigos, são proprietários da Quinta da Carvalhosa, que elabora os premiados tintos Campo Ardosa, vinícola situada naquela renomada região portuguesa. O bem-humorado e atencioso Werner Näkel oferece uma gama de Pinots Noirs bem homogênea, que chama a atenção, em especial, pela fidelidade com que os vinhos expressam o caráter dessa casta tão caprichosa. É uma virtude, vale ressaltar, rara de se encontrar em qualquer parte do mundo.

A impressão foi tão boa que resolvi testar se não havia um pouco de exagero. Como programado, segui até a Borgonha e levei algumas garrafas da Cuvée S safra 2007, para provar com quem domina o assunto. Em meio aos vários Chambolle Musigny degustados na visita a Christophe Roumier, meu produtor de referência na região, junto com dois sommeliers franceses e um dono de restaurante, o Pinot Noir alemão passou no exame. Vá lá que não conseguiu se impor à nata do gênero, mas não fez feio; falta-lhe a elegância e o refinamento que a casta atinge em sua região natal nas mãos de um produtor de primeira linha. A opinião geral foi que numa degustação às cegas ele passaria fácil por um borgonha. Um grande elogio.

Em termos de preço, dadas as difíceis condições de cultivo, aproxima-se de um vinho da Borgonha da categoria "*villages*" de boa procedência: Gevrey Chambertin, Nuits St. Georges, Chambolle Musigny. É uma boa opção e uma porta de entrada — ou de reentrada, e pela porta da frente — para os vinhos alemães no Brasil. A ousada escolha do tema da tese da aluna da Universidade Geisenheim faz sentido e pode não ter sido em vão.

Os segredos de uma campeã de audiência

A exportação de vinhos australianos tem batido recordes sucessivos a cada ano. Essa evolução, que vem acontecendo de forma consistente desde o início da década de 1990, desbancou a França de sua tranquila e histórica posição de maior exportadora de vinhos para a Inglaterra. Embora esse rápido sucesso possa sugerir que o tema vinho seja recente para os australianos, alguns dados desfazem categoricamente essa impressão. A Austrália é o país de língua inglesa com maior consumo de vinhos *per capita* — cerca de vinte litros por habitante anualmente —, o que tem mais guias e publicações sobre o assunto e onde se concentra a maior quantidade de parreiras centenárias do planeta. Além disso, dispõe de uma das mais avançadas técnicas vitivinícolas do mundo, servindo de modelo e exportando seus enólogos para países já com tradição e muito tempo de estrada nessa área.

A entrada relativamente tardia da Austrália para o primeiro time dos produtores deveu-se a conjunturas de mercado, que canalizaram a produção para vinhos ordinários ou fortificados, gênero vinho do Porto sem a mesma qualidade. As velhas parreiras da casta Shiraz plantadas em 1860 só puderam começar a mostrar seu imenso potencial quase cem anos depois, quando, pelas mãos e pela visão de alguns pioneiros, passaram a produzir vinhos de mesa de qualidade. Foi na década de 1950 que surgiram o Penfolds Grange e o Henschke Hill of Grace, dois vinhos australianos muito cultuados. O primeiro é composto de uma seleção de uvas provenientes de vários vinhedos antigos da região de Barossa, e o Hill of Grace, de um único pedaço de terra na vizinha Eden Valley, defronte a uma igreja luterana que preserva vinhas com 140 anos de idade, ainda em produção.

Além de seu porte — o tronco é uma verdadeira árvore baixinha — e do fruto precioso, essas parreiras ainda carregam história e responsabilidade: são matrizes originais vindas da França antes de os vinhedos europeus terem sido destruídos pela filoxera, uma praga que dá no solo e ataca as raízes da planta e que obrigou, a partir do início do século xx, que todas as plantas fossem enxertadas com espécies não viníferas. Boa parte das áreas vinícolas da Austrália, inclusive, continuam livres desse mal, o que permite o plantio sem nenhum tipo de enxertia, o chamado "pé franco". Os órgãos responsáveis e os competentes profissionais australianos exercem rígido controle para manter as regiões "*Phylloxera Free*", e os novos vinhedos continuam a ser implantados sem cruzamento. Embora conscientes de que não estão totalmente imunes à praga, preferem correr o risco.

Como ocorre em outros países, a Austrália vinícola tem uma série de particularidades que só é possível perceber *in loco*. A primeira e talvez principal constatação é que, ao contrário do que parece, o país não é uma imensa planície quente e seca, repleta de cangurus e coalas. Há uma multiplicidade de sub-regiões e microclimas que resultam em possibilidades ilimitadas para o plantio das melhores e mais refinadas castas de uva existentes em qualquer parte do planeta. É um erro associar a Austrália apenas a Shiraz, Cabernet, Sauvignon e Chardonnay. É exemplar o caso da Riesling, uma variedade sensível e típica de climas frios, provenientes de Clare Valley, o que de melhor já provei fora da Alsácia, sua pátria. O mesmo vale para a Sauvignon Blanc de Margaret River, a Semillon do Hunter Valley e a Pinot Noir de Yarra Valley.

As sensíveis diferenças climáticas entre as regiões induzem, como não poderia deixar de ser, também a vinhos de características distintas, embora sejam elaborados com a mesma variedade de uva. A tão badalada e versátil Shiraz cultivada na quente Barossa é conhecida pela volúpia e exuberância de fruta, enquanto em regiões como Coonawarra, McLaren Vale ou mesmo o Hunter Valley, predominam especiarias. A Cabernet Sauvignon explode em sabores e complexidade em Coonawarra e Margaret River, tendendo a aspectos vegetais quando o vinho vem do Hunter Valley. A Chardonnay de Adelaide Hills e Yarra Valley está mais próxima da Borgonha, contrastando com o estilo "Novo Mundo" presente no Hunter Valley ou em Barossa.

Essas sutilezas importantíssimas, típicas de vinho "de autor" (produtores de pequeno porte que colocam sua personalidade e se limitam a apenas a cuidar de vinhedos de sua propriedade), dificilmente são percebidas no exterior: as exportações — metade do que é produzido no país — são dominadas pelos quatro grandes grupos que respondem sozinhos por 80% do mercado australiano. Ainda que esses conglomerados sejam formados por uma série de empresas independentes, incorporadas com ênfase na década de 1990 e que mantêm suas especialidades, o grosso do volume exportado é composto de vinhos mais comerciais, que não refletem o *terroir* diferenciado da Austrália.

A noção de *terroir* está mais presente do que nunca na Austrália. Embora não tenham o toque pessoal do pequeno produtor, as grandes empresas não economizam esforços nem recursos para adquirir as uvas de onde acharem interessante para compor seu portfólio. É frequente a compra de lotes de cachos produzidos em locais específicos e distantes, que rodam milhares de quilômetros pelas estradas do extenso território australiano, para serem processadas nas principais cantinas centralizadas. Assim, produtores de peso sediados no Hunter Valley, perto de Sydney, no lado leste da Austrália, mandam buscar uvas das regiões próximas a Adelaide, percorrendo 2 mil quilômetros, ou até mesmo de Margaret River, no canto oeste e distante mais de 5 mil quilômetros.

A matéria-prima transportada das diferentes regiões pode originar vinhos individualizados ou ser utilizada para compor *blends*. A legislação, no entanto, impõe que para incluir qualquer menção de uva ou região no rótulo é necessário haver ao menos 85% do indicado.

A "nova" mentalidade dos produtores australianos também pode ser verificada pela utilização mais racional dos barris de carvalho e pelo equilíbrio dos vinhos. Como alguns já o faziam havia tempos, atualmente há grande quantidade de vinhos elegantes, sem aqueles excessos que, se a primeira vista impressionavam, acabavam por mascarar o produto. Perderam "os *overs*": o *over oak*, o *over extracted* e o *over ripe*, o que significa menos madeira, menos extração e sem a sensação de uva supermadura que deixavam os vinhos pesados, enjoativos e deselegantes.

Não é mera coincidência que os cinco polos vitivinícolas mais importantes da Austrália situem-se ao sul da latitude 30. É onde as videiras, beneficiando-se do clima temperado com estações bem definidas e verões secos, encontram as melhores condições para seus cachos amadurecerem e ensejar vinhos de qualidade. No restante do país, imperam condições climáticas adversas, como a árida extensão central, ou regiões tropicais semelhantes ao que temos no Brasil.

Do ponto de vista "vinho", o estado mais importante é South Australia, responsável por 50% da produção nacional e por mais de 70% das exportações. A construção do Nacional Wine Center of Australia em Adelaide, a capital do estado, reflete essa importância. Inaugurado em outubro de 2001, a um custo aproximado de 17 milhões de dólares, o complexo é dedicado ao vinho e promove todas as regiões produtoras australianas. Com recursos sofisticados e riqueza de detalhes, mostra tudo o que diz respeito à bebida, desde as mais diversas uvas, plantio, processo de elaboração e as fases que se seguem até o engarrafamento, para em seguida abordar serviço e degustação. Oferece cursos permanentes, biblioteca, *wine bar* e ainda um bom restaurante com 36 mil garrafas estocadas. Dando um sentido ainda mais real ao conjunto, foram plantadas no meio do grande jardim externo quinhentas parreiras com as variedades mais utilizadas na Austrália.

A principal razão da forte presença de South Australia no cenário vinícola do país pode ser creditada à diversidade de suas sub-regiões, com solos e microclimas distintos, de alto potencial. Coonawarra, distante quatrocentos quilômetros ao sul de Adelaide, é reconhecida por fornecer alguns dos melhores Cabernets Sauvignons australianos. Isso se deve a seu clima relativamente ameno com influência marítima e, acima de tudo, à "terra rossa", uma camada de terra vermelha assentada sobre calcário poroso endurecido, o *limestone*. Vários produtores de outras áreas compram ali suas uvas, ou têm vinhedos, e as levam de caminhão para serem vinificadas em suas cantinas. Um bom exemplo é a Pepper Tree, sediada no Hunter Valley, perto de Sydney, a mais de 2 mil quilômetros de distância. A qualidade não fica comprometida, pelo que mostraram os excelentes Pepper Tree Reserve Coonawarra Cabernet Sauvignon 98 e 2000.

O alto conceito que os Cabernets Sauvignons de Coonawarra atingiram nesses últimos anos elevaram sobremaneira o preço da terra e das uvas vindas de lá. Não é, portanto, de estranhar que a delimitação geográfica de Coonawarra tenha gerado tanta polêmica, até ser finalmente definida em outubro de 2002. Alguns vinhedos acabaram ficando fora dos limites, dando margem ao crescimento de regiões próximas que, embora sem o mesmo potencial — e sem a "terra rossa" —, começam a ficar conhecidas. Os nomes são mais complicados de guardar, mas vale prestar atenção no futuro de Wrattonbully e Koppamurra, ao norte de Coonawarra.

No meio do caminho entre Coonawarra e Padthaway, outra importante região vinícola, mas com vocação para brancos, Wrattonbully e Koppamurra oferecem bons Chardonnays e Rieslings, na maioria produzidos por grupos fortes como Lindemans, Hardy's, Seppelt e Orlando.

As outras regiões vinícolas que compõem a força de South Australia estão localizadas próximas a Adelaide, que assim pode servir de centro para quem quiser conhecer todas. Uma das mais conhecidas, sobretudo pela fama e exuberância de seus vinhos com base na uva Shiraz, é Barossa, a não mais de uma hora de carro. É sede da Penfolds e de seu ícone, o Grange, um dos mais celebrados vinhos australianos e que contribuiu para projetar a Austrália internacionalmente.

Com mais de 150 anos de tradição em vitivicultura, Barossa abriga, junto com o vizinho Eden Valley, mais de mil produtores que fornecem uvas para aproximadamente cinquenta *wineries* de todos os tamanhos. Além da Penfolds (que ali molda também seu conhecido Bin 707 com uvas Cabernet Sauvignon de Barossa e Coonawarra), estão presentes diversos grandes produtores, como Orlando, Wolf Blass, Yaldara e Yalumba, outros de porte médio como Peter Lehmann e pequenos com a qualidade de Elderton ou Grant Burge. O clima quente determina o estilo encorpado dos vinhos e privilegia a Shiraz. Ainda que eu tenha provado alguns Chardonnays, Cabernets e Merlots interessantes, a impressão que fica é que nesses casos o mérito é mais do produtor, que soube trabalhar sua matéria-prima, do que do lugar.

Em Eden Valley, por outro lado, maior altitude e topografia possibilitam maior amplitude térmica e, por consequência, o cultivo bem-sucedido de outras variedades. O grande nome local é, sem dúvida, Henschke, produtor do Hill of Grace. Por sua elegância e consistência, sempre foi um dos meus vinhos australianos preferidos. Conhecendo os vinhedos, as instalações e, principalmente, Stephen Henschke, o enólogo e proprietário, fica mais claro entender as razões. A empresa iniciou suas atividades em meados de 1860 e desde então permanece nas mãos da família. Stephen assumiu a responsabilidade da casa após a morte prematura do pai, Cyril, em 1979, e implantou certas inovações sem no entanto descaracterizar o que vinha sendo perseguido havia tanto tempo. Foram introduzidos com parcimônia os barris novos de carvalho, e Stephen também soube manter as fermentações nos velhos tanques de concreto. Sua mulher, Prue, com especialização em viticultura, recuperou e deu novas forças aos antigos vinhedos, com um trabalho de precisão cirúrgica. Assim chegamos ao Hill of Grace revigorado, mas não só a ele. Há ainda os reputados Cyril Henschke Cabernet Sauvignon e o Mount Edelstone — um Shiraz com parreiras de oitenta anos — e outros vinhos provenientes dos vinhedos de Henschke, cultivados nas proximidades.

Stephen Henschke tem também a noção europeia de *terroir* e costuma buscar, fora de sua sede, condições geográficas e climáticas diferentes para produzir vinhos de personalidades distintas. Desenvolveu então, a partir de 1981, um vinhedo de dezesseis hectares em Lenswood, uma região fria e montanhosa, distante cinquenta quilômetros ao sul de Eden Valley. São vinhos finos, que podem perfeitamente ser confundidos com os do Velho Mundo. As uvas Chardonnay, Riesling, Pinot Noir e Pinot Gris sentem-se em casa.

Lenswood, uma das sub-regiões de Adelaide Hills, deveria servir de exemplo para apagar a imagem, se alguém a tiver, da

Austrália como uma grande planície árida e quente, ou terra de surfista. O lugar mais parece Petrópolis, no Rio de Janeiro, Campos do Jordão, em São Paulo, ou Domingos Martins, no Espírito Santo. Sem chuva no verão.

Essas peculiaridades, além da bela paisagem, atraíram Tim Knappstein, um produtor bem-sucedido de Clare Valley, região mais ao norte de Barossa. Ele vendeu sua propriedade e topou o desafio de produzir vinhos em Lenswood, com características bem diferentes do que estava acostumado. No meu modo de entender, Tim Knappstein ganhou a parada com méritos: seus vinhos são bem definidos, requintados e refletem com esmero o caráter varietal das uvas com que são elaborados.

Partindo de Adelaide Hills em direção ao sul, a não mais do que meia hora de carro, chega-se a McLaren Vale, famosa por seus tintos estruturados calcados em Cabernet Sauvignon, Shiraz, Merlot e Grenache. Suas uvas também rodam as estradas australianas para compor, sozinhas ou em conjunto com cachos de outras áreas, vinhos do portfólio de empresas maiores. Os produtores locais se especializaram e podem mostrar com fidelidade o padrão dos vinhos da região. Alguns que provei da Wirra Wirra merecem menção, caso do R. S. W. Shiraz 99. Mais consistente é a gama da D'Aremberg, com vinhos típicos e bem representativos. Eles se permitiram arriscar, desenvolvendo novas uvas com bom resultado, exemplo da Viognier e Marsanne do Rhône na França.

No meio de tantos vinhos é, no entanto, difícil não se deixar impressionar com Clarendon Hills, uma vinícola-butique que se especializou em vinhos de alto padrão. Roman Bratasiuk iniciou as atividades em 1990 com as instalações e algumas boas parcelas de vinhas. Determinado a produzir só o melhor, ele estabeleceu contratos de longo prazo com proprietários de alguns dos mais antigos vinhedos das imediações para fornecimento das uvas, que ele elabora individualmente, os chamados vinhos de "*single vi-*

neyard". Assim, todos os seus vinhos portam o nome do vinhedo que lhe dá origem, somando cada um, em média, apenas 12 mil garrafas. A série com alguns rótulos por variedade de uva começa com Grenache (a Hickinbotham tem mais de oitenta anos), seguida de Shiraz, surpreendentes Merlots e vários Cabernets Sauvignons. Todos os vinhos são densos, encorpados e preservam com incrível nitidez a identidade de cada vinhedo. O xodó, endeusado pelo crítico Robert Parker, é o Astralis, um Shiraz exótico e potente, que mexe até com a mais impassível das criaturas.

Entre as que formam o conjunto rico e diferenciado de South Australia, deixei por último, de propósito, a região de Clare Valley. Se a geografia prevalecesse, ela deveria ser citada depois de Barossa e Eden Valley — é o roteiro que recomendo seguir para quem sai de Adelaide. A razão para ser deixada para o fim é que Clare Valley reúne aspectos que revelam a diversidade dos vinhos australianos e também alguns (aparentes) paradoxos que só enaltecem a bebida.

As grandes diferenças de temperatura entre o dia e a noite permitem que Clare Valley forneça tanto brancos quanto tintos de alta qualidade. Shiraz e Riesling, duas variedades que, teoricamente, adaptam-se melhor a climas opostos — Shiraz dá melhores resultados no calor e Riesling no frio —, convivem harmoniosamente e produzem alguns dos melhores vinhos australianos do gênero.

Em que pese a importância dos números e a fama que muitos rótulos do estado de South Australia justificadamente desfrutam, a região não detém o título de produtora dos melhores vinhos australianos. Outras áreas também contribuem para garantir a alta reputação que o país alcançou internacionalmente.

Bom exemplo é Western Australia, ou WA como é conhecida a região no extremo oeste do território australiano, estado que detém menos de 3% da produção nacional, mas que, proporcionalmente, conta com a maior quantidade de vinhos premium do país. A significativa presença dos vinhos desse canto distante e com pouca história entre os melhores da Austrália tem explicação: além de contar, evidentemente, com clima e solo adequados, na região, ao contrário do restante da Austrália, não existem gigantes, apenas casas pequenas e muito bem montadas, que trabalham com uma mentalidade mais próxima da europeia. Não é surpresa, portanto, que seus vinhos lembrem os congêneres franceses, com Chardonnays ao estilo da Borgonha, além de Semillons e Cabernets com padrão bordalês.

A entrada triunfante de WA no contexto vinícola da Austrália deveu-se aos vinhos procedentes de Margaret River, uma área próxima da costa, distante três horas ao sul de Perth, a capital do estado e cidade mais importante da metade ocidental do país. A colheita mecanizada, bastante utilizada na Austrália, beneficia particularmente Margaret River: além de favorável a vinhos, a região é também o paraíso dos surfistas, que, exatamente na mesma época da colheita, quando mais mão de obra é necessária, preferem aproveitar a melhor estação de ondas.

Os primeiros vinhedos de Margaret River foram plantados por volta de 1970, e alguns dos pioneiros respondem pelos melhores vinhos lançados no mercado, como o Moss Wood Cabernet Sauvignon, que num teste às cegas passa fácil por um Grand Cru Classe de Bordeaux. Quando o degustei pela primeira vez, ao lado de um amigo, sob recomendação do dono do Friends, um restaurante de Perth com carta de vinhos premiada, ele passou por uma prova de fogo, pois estava lado a lado com um Hill of Grace, pelo qual já expressei minha preferência dentro da Austrália, e de outras três boas garrafas. As longas referências dadas pelo dono do Friends sobre o Moss Wood eram convincentes e aceitamos a indicação, embora sua aproximação parecesse uma nítida tentativa de descobrir quem eram os dois excêntricos que pretendiam engolir, sozinhos, cinco garrafas daquele porte. Sinto que ao dizer, com indisfarçável prazer, que estávamos trabalhando, não contribuímos para diminuir sua curiosidade.

A vinícola Moss Wood é uma das menores implantadas na área e nem oferece, a exemplo da maioria, esquema de recepção com degustação, lojinha e outros atrativos para os turistas. A pequena produção está comprometida e não permite a comercialização de garrafas na propriedade, um hábito saudável e rentável bastante incentivado na Austrália. Para ter alguma chance de se conseguir uma garrafa é preciso tentar entrar no *mailing list* da casa ou procurá-la em bons restaurantes e em algumas casas especializadas, que recebem pequenas cotas por ano.

Outra casa precursora na região que continua pequena, mas com vinhos de primeira linha, é a Cullen. A filha dos fundadores e enóloga responsável, Vanya Cullen, tem mão leve e paladar afiado para produzir, entre outros, um dos melhores Chardonnays da Austrália e um elogiável tinto, corte de Cabernet e Merlot. Vanya ganhou em 2000 o prestigiado prêmio Winemaker of the Year, concedido anualmente pela empresa de aviação australiana Qantas em conjunto com a revista *Wine Magazine*, também da Austrália.

Um pouco maiores, mas ainda assim nada perto do padrão australiano, Vasse Felix, Cap Mentelle e Leeuwin são respeitadas por fazerem parte do time pioneiro que se instalou em Margaret River e por trabalharem em um patamar de qualidade elevado.

Renovação bem-sucedida fica expressa claramente nos vinhos da Voyager, uma vinícola que se estabeleceu em Margaret River em 1978 e que foi comprada por um grande empresário do ramo de mineração. Desta vez a beleza do lugar — a entrada, ladeada por vinhedos impecáveis, conduz a um jardim com 1600 roseiras — não ofusca os vinhos. Uma política que denota preciosismo busca produzir somente linhas superiores, fazendo com que apenas as melhores uvas sejam utilizadas. O resto é vendido para terceiros. O estilo dos vinhos é mais do Novo Mundo, com a evidência de madeira nova, impressionando pela intensidade e equilíbrio.

Em Margaret River há ainda vinhedos importantes de propriedade de empresas sediadas fora dali. É o caso da Sandalford, uma das vinícolas mais antigas de Western Australia, fundada em 1840 e instalada em Swan Valley, a menos de uma hora ao norte de Perth. Em meados da década de 1990, ela passou por uma mudança societária e administrativa que a revigorou. A entrada de um novo enólogo em 2001, o dinâmico e competente Paul Boulden, fecha a série de mudanças que a Sandalford necessitava para se impor ao mercado.

Conhecedor da região e profissional objetivo, Boulden logo tomou a iniciativa de priorizar a individualidade das uvas provenientes das quatro zonas vinícolas de WA, onde a Sandalford as colhe e leva para serem vinificadas na central. Cada uma delas tem suas características e especialidades: Swan Valley, mais quente e úmida, faz os vinhos correntes; Margaret River beneficia Cabernet Sauvignon, Chardonnay, Sauvignon Blanc e Semillon; enquanto Mount Barker e Frankland River, duas áreas bem mais ao sul, fornecem os melhores Shiraz e Rieslings do estado.

O Hunter Valley, última escala do meu roteiro vinícola de dezessete dias na Austrália, não foi um *gran finale* no que diz respeito a deixar para o fim a visita do que de melhor se produz no país, mas foi significativo para que eu concluísse minhas impressões. A constatação, que as evidências expunham e os números comprovavam, foi de que a região teve papel importante na história dos vinhos australianos e perdeu espaço na fase próspera e reluzente que eles atingiram. Outras áreas surgiram, com condições climáticas mais adequadas e interessantes para a cultura da vinha, e proporcionaram vinhos de melhor qualidade. São exatamente esses os responsáveis pela posição de destaque que a Austrália conquistou. Visitar primeiro as outras zonas de produção, portanto, me permitiu entender com clareza o passado e o presente.

O Hunter Valley é, a bem da verdade, o Lower (Baixo) Hunter Valley, uma região quente e úmida, distante duas horas ao norte de Sydney. O clima não é o ideal, mas a oportuna proximidade com a cidade mais populosa e importante da Austrália deu-lhe uma situação privilegiada em termos de política na área de vinhos e interesse como centro turístico. A bem montada rede de restaurantes, hotéis e resorts é sinal de que a atividade é próspera, e as vinícolas aproveitam preparando-se para receber grandes grupos, principalmente nos fins de semana. Na sexta-feira a agitação era sensível, com extensas mesas sendo preparadas. Os vinhos, por outro lado, não encantam. Diante dos endiabrados Shirazes, Cabernets Sauvignons, Chardonnays e Rieslings da etapa anterior da viagem, os do Hunter, com raras exceções e salvo os Semillons, saem perdendo.

É uma pena que a Semillon, a grande especialidade local, não tenha maior apelo comercial e seja sempre ofuscada pela Chardonnay. São vinhos diferenciados, com personalidade, que apresentam bom corpo, interessantes aromas minerais e capacidade para envelhecer por décadas. Não é surpresa também que essa uva — da mesma forma que em Sauternes na França — colabore para que o Hunter Valley seja conhecido por seus vinhos doces. Devido à umidade, ela tende a desenvolver a nobre *Botrytis cinerea*, responsável pela excelência dos melhores vinhos doces existentes no planeta.

A uma hora mais ao norte fica o Upper (Alto) Hunter, com um clima menos úmido, que vem crescendo em área plantada e qualidade. É de lá que saem alguns dos melhores Chardonnays da região, como demonstra a Rosemount ali instalada e seu Roxburgh.

O estado de New South Wales, onde o Hunter se situa, sustenta a segunda posição em volume produzido no mapa vinícola australiano. Ele mantém o prestígio devido à importância histórica do Hunter e, principalmente, pela qualidade apresentada por outras sub-regiões que já se faziam presentes com vinhos de renome ou que vêm despontando com força crescente. No primeiro caso está Riverina, no centro do estado, onde a De Bortoli produz o Noble One Botrytis Semillon, a maior referência em vinhos doces australianos. Entre as áreas que merecem cada vez mais destaque estão Mudgee e Camberra District. É nesta última que a Clonakilla, uma pequena casa fundada há trinta anos e uma das preferidas da inglesa Jancis Robinson, renomada autora de livros sobre vinho, produz preciosidades pouco comuns fora do Rhône na França. Uma amostra é o ótimo Shiraz Viognier, combinação inusitada das duas variedades, uma tinta e outra branca, responsáveis pelo charme dos Côte Roties.

Seguindo de perto New South Wales vem o estado de Victoria, o terceiro na hierarquia australiana no volume de produção de vinhos, mas com dimensões territoriais bem menores. A região ressurgiu nos últimos trinta anos, depois de ter boa parte terrivelmente atingida pela praga filoxera. Ainda hoje existem focos no estado, fazendo com que nesses locais as videiras sejam enxertadas, única forma de conviver com a praga. É o que acontece em áreas ao sul de Melbourne, a capital de Victoria, como Geelong e a Península de Mornington, e a parte leste do estado.

A diversidade de microclimas com tendência a serem mais frios faz com que o leque de uvas seja bastante variado e com um estilo próprio e diferenciado. A produção fragmentada, com domínio de pequenos produtores, enfatiza esse perfil e garante qualidade adicional. Os Shirazes da Mount Langi Ghiran, em Grampians mais a oeste, e da Craiglee, em Subury, mais próximo de Melbourne, foram exemplares excepcionais, mostrando o que essa casta pode apresentar em clima fresco, se bem trabalhada. Merece também particular destaque vários Rieslings, aqui representados pelo Crawford River em Sunbury, no extremo oeste.

A sub-região mais conhecida de Victoria é Yarra Valley, a uma hora de Melbourne, de onde partem, junto com os da ilha da Tasmânia, os melhores Pinots Noirs e espumantes da Austrália. Não é, pois, por acaso que a Chandon tenha escolhido o lugar para implantar seus vinhedos e construir suas chiquérrimas instalações. Sobressaem os espumantes e o restaurante com uma enorme área envidraçada, com vista para o vinhedo tratado como um jardim.

Por mais que eu acompanhasse, ou tentasse acompanhar, o que se passa com os vinhos australianos, o que encontrei nesse roteiro superou minhas melhores expectativas. Tanto pelos vinhos, cuja diversidade e riqueza são pouco conhecidas fora da Austrália, quanto pela civilidade e simpatia de seu povo. São bons profissionais e não são chatos. São responsáveis pela ótima qualidade de vida que desfrutam, e a merecem.

A evolução e o reconhecimento do vinho nacional

Chamar de "A fantástica evolução do vinho nacional" a palestra da Expovinis de 2008 (maior feira de vinho da América Latina, realizada anualmente em São Paulo) pode até parecer ufanismo, mas não é. Depois que os espumantes brasileiros ganharam a confiança do consumidor, tirando espaço de Proseccos e outros rótulos do gênero de qualidade questionável, que aqui deitam e rolam, está chegando a vez de os nossos tintos e brancos serem reconhecidos. E não vai ser pelas medalhas que porventura possam conquistar nem pelo aumento na quantidade de garrafas exportadas. São proezas que ajudam do ponto de vista mercadológico, mas que na realidade, em particular no que diz respeito às menções obtidas na maioria dos concursos espalhados mundo afora, têm pouca valia. O que interessa mesmo é o trabalho realizado nos últimos anos para se obter uvas de melhor qualidade, que reflitam vinhos de padrão mais elevado.

Sendo isso verdade, a primeira questão é como posicioná-los em relação aos chilenos e argentinos (antes, seria o caso de se perguntar que chilenos e que argentinos). Mesmo entre eles, vizinhos separados apenas por uma "paredinha" de 6 mil metros de altura, a Cordilheira dos Andes, a comparação não tem sentido. São *terroirs* diferentes que dão, em consequência, vinhos diferentes. O importante é guardar identidade. Escolher um em vez de outro tem a ver com preferência. Os nacionais têm como característica maior frescor, o que evidencia um paladar frutado, componentes que são mais bem apreciados enquanto o vinho é jovem. Não são, portanto, para ser guardados por muito tempo — brancos, três anos; tintos, cinco anos.

As (antigas) dúvidas sobre a qualidade do vinho brasileiro vêm da dificuldade que o nosso aclamado clima tropical impõe ao desenvolvimento vegetativo das parreiras viníferas. Sem precisar ir muito longe, as mais importantes áreas vinícolas do Chile e da Argentina estão sob clima temperado, do mesmo modo que outras famosas regiões produtoras do mundo. A grande diferença entre os efeitos que os dois climas, tropical e temperado, provocam nos vinhos está nas chuvas: aqui no Brasil ocorrem no verão, época de maturação das uvas, exatamente quando elas precisam de sol e tempo seco.

A evolução qualitativa dos vinhos nacionais foi, sobretudo, consequência da implantação de técnicas adequadas nos vinhedos, abandonando tradições e culturas que vinham desde o tempo da imigração italiana para o Sul do país. Além da maneira de conduzir as parreiras, passando do condenado sistema de pergolado, que induz a grandes quantidades, pouca insolação e má ventilação, para o de espaldeira, foi dada ênfase a castas e clones mais adaptados às nossas condições. É um trabalho que demanda coragem — arrancar vinhas que sempre foram o sustento da família — e tempo. Um procedimento desses demora cerca de cinco anos para dar resultado.

A propósito, se o clima é um sério obstáculo para a elaboração de tintos e brancos, o mesmo não se aplica aos espumantes, o que o Brasil produz de melhor na área de vinhos. Eles não necessitam de uvas tão maduras para exprimir suas características de frescor com equilíbrio. É a vantagem que levamos sobre nossos *hermanos*.

Quando se fala de clima difícil, subtende-se que estamos falando do Sul do país. Porém a situação muda quando o assunto é o Vale do São Francisco, fronteira vitivinícola que, embora tenha mais de duas décadas de cultivo, só ganhou destaque nos últimos tempos com os projetos Rio Sol, parceria entre a Expand e o grupo português Dão Sul, e Terranova, da Miolo. De fato, as condições no Vale do São Francisco são diferentes. A região não tem estações definidas e permite duas colheitas por ano. Os vinhos, contudo, a despeito de toda a promoção e das notícias sobre grandes volumes exportados para países europeus, não me convencem. A meu ver são "bem-feitinhos", mas óbvios — falta-lhes a necessária identidade. Até aí nada de mais, afinal são vinhos bons para beber todos os dias. O que me incomoda é a tentativa de elitizá-los. Pela capacidade de serem produzidos em grandes quantidades de forma homogênea, seriam bem-vindos para atrair novos consumidores. Posicioná-los como "o melhor vinho brasileiro", entretanto, não ajuda.

Por certo, os brancos e tintos brasileiros sofrem muita concorrência, principalmente de nossos vizinhos na América do Sul. E não é por uma questão de qualidade *versus* preço. Boa parte dos rótulos provenientes do Chile e da Argentina, dois países que dominam o mercado brasileiro com 60% de garrafas importadas, é de padrão inferior e comercializada a preços competitivos. Se o preço é um bom atrativo para consumidores pouco exigentes, é difícil crer que, na hora de provar, o conteúdo passe despercebido. São intragáveis. Não há como compará-los a um Salton Classic, só para citar um exemplo.

Nem todos os produtores, entretanto, têm condições de oferecer um produto semelhante ao Salton e ao de outras empresas de porte, como Miolo e Aurora. De mãos atadas, eles enxugam custos e interrompem projetos. É nessa situação delicada que se encontra a Marson, vinícola familiar fundada em 1939. Tocada por seis irmãos e dois sobrinhos, seus rótulos sempre estiveram posicionados entre os melhores nacionais. Na visita que fiz à Marson em 2008, acompanhado do enólogo Heitor Marson e do agrônomo João Marson, provei um ótimo vinho produzido em 2004 — safra excelente —, que ainda estava nas cubas. Era o Gran Reserva, top de linha da casa, que só não havia sido engarrafado por receio de se investir sem a certeza de que se conseguiria comercializá-lo. O vinho acabou sendo um dos vencedores da categoria Top Ten na Expovinis de 2008.

Há espaço para mudanças nesse quadro, até porque as transformações socioeconômicas que o país está vivendo têm apontado alterações no panorama do consumo, com a perspectiva de expansão consistente em diversos segmentos, o do vinho entre eles. Nada indica que esse crescimento do consumo será canalizado para os vinhos finos nacionais, porém há um campo a ser explorado.

A propósito, quando se fala em aumento considerável do consumo de vinhos no Brasil, sobretudo dos importados, é de se perguntar por que o consumo *per capita*, número que anda por volta do 1,8 litro por habitante por ano, não sai desse patamar. A verdade é que, concomitantemente ao aumento do número de consumidores de vinho, há o crescimento da população, além de fatais diferenças socioculturais que fazem com que apenas uma pequena porcentagem da população tenha ou possa vir a ter acesso ao produto. De qualquer forma, a extensão real do mercado consumidor brasileiro é certamente maior que a população inteira de países considerados mercados importantes, como Bélgica, Suíça e países escandinavos.

Outro fator que mantém inalterado o índice *per capita* é que nele está embutida toda a produção dos chamados vinhos de mesa, elaborados com uvas não viníferas, notadamente a Isabel, que representa cerca de 90% do total. Embora isso signifique que no que diz respeito a vinhos finos estamos piores do que se imagina, queiram ou não, para todos os efeitos vinho de uvas híbridas também é vinho.

Não foi por acaso que o espumante nacional caiu nas graças do consumidor brasileiro, e esse reconhecimento ocorreu em virtude da consistência da oferta. Com efeito, o que dá segurança a quem está comprando é a qualidade média do que é produzido, patamar que o segmento de tintos e brancos ainda não atingiu. A despeito da "fantástica evolução do vinho nacional", comentada no início deste texto, a qualidade é ainda bastante heterogênea. Na realidade, há uma defasagem enorme entre os produtores. Enquanto uns estão com um pé no século XXI, muitos permanecem no mesmo estágio de seus antepassados, os humildes imigrantes italianos que plantaram as primeiras parreiras na Serra Gaúcha com o propósito de garantir seu vinho de todo dia, ao qual estavam habituados. No entanto, na medida em que o vinho passou a ser um negócio, a atual geração não tem mais direito a amadorismos.

Da pioneira Serra Gaúcha à descoberta de novos *terroirs*

Desde a imigração italiana na segunda metade do século XIX, a região de referência do vinho nacional sempre foi a Serra Gaúcha, onde teve início e gradualmente se desenvolveu a história da vitivinicultura brasileira. Videiras de castas viníferas foram tomando o lugar das híbridas, notadamente da Isabel, matéria-prima do famoso Sangue de Boi, e condutas enológicas adequadas foram sendo introduzidas na busca de vinhos sempre melhores. Olhando para trás, fica claro que os avanços foram significativos. Há ainda, porém, um sem-número de pequenos detalhes a ser aprimorados, e esse é um processo, de certa forma, semelhante ao desenvolvimento de um carro de Fórmula 1. Ele não nasce vencedor. Parte de um bom projeto e segue por uma sequência de testes que, aos poucos, com sucessivos acertos e pequenas regulagens, vão deixando-o cada vez mais competitivo. A diferença é que, no vinho, a medida de tempo é bem mais extensa. Cada passo demanda anos para obter alguma resposta e programar o próximo teste.

Houve na Serra Gaúcha vários experimentos, entre eles a condução das parreiras (cordão duplo ou simples), a altura do primeiro ramo (de um metro a sessenta centímetros), diversos tipos de porta-enxerto e, ainda sem unanimidade, a casta que melhor se adapta à região. Na realidade, nesse caso, a questão parece ser mais comercial do que técnica, ao menos para alguns produtores. Embora tudo aponte para a Merlot como a variedade mais indicada — ela tem ciclo vegetativo mais curto, amadurecendo mais cedo, o que, em média, permite que seja colhida antes do período das chuvas —, muitos vinhateiros continuam apostando na Cabernet Sauvignon, que tem um período de maturação mais longo — vale para corte, se atingir madurez de taninos —, o mesmo acontecendo com a Tannat e, pior, com a Alicante Bouschet e até com a chilena Carmenère. Cabe citar também a atenção dada à Ancellotta, variedade que entra na composição dos pouco prestigiados Lambruscos. É cedo para saber se é uma tentativa de retorno às raízes italianas, de diferenciação, ou alguma desconhecida virtude da casta. O futuro dirá.

Sem deixar de prosseguir com seus projetos na úmida Serra Gaúcha, mas, ao contrário, levando na bagagem o aprendizado e os bons resultados obtidos lá, várias vinícolas estão buscando novas áreas de expansão, em zonas que reúnem uma conjunção de fatores geográficos mais favoráveis. Não é de agora, por exemplo, que se fala da região da Campanha, faixa fronteiriça com o Uruguai. Na verdade, a primeira a se instalar por lá, mais especificamente em Santana do Livramento, no final os anos 1970, foi a Almadén, hoje pertencente à Pernod-Ricard, que depois de tantos erros tem dificuldade de apagar a imagem negativa que deixou. É lá que está instalada a Cordilheira de Santana, projeto pessoal dos enólogos Rosana Wagner e Gladistão Omizzolo, que trabalhou muitos anos na Forrestier.

Um pouco mais a leste, nos arredores de Bagé e Candiota, estão dois empreendimentos vitivinícolas arrojados da Salton (originam o Volpi Pinot Noir) e da Miolo, este com 150 hectares plantados e cantina de vinificação em funcionamento. A região está localizada em torno do paralelo 31°, a mesma latitude de regiões produtoras do Chile, da Argentina, da África do Sul e da Austrália, países com prestígio na vinicultura. A topografia é suave, e o solo, menos argiloso com formações de arenito, assegura uma boa drenagem. O diferencial maior está no clima, temperado subtropical, de umidade mais baixa e menor índice pluviométrico, com verões quentes de alta insolação, abrindo um leque maior de castas passíveis de ser cultivadas. Da Miolo, em particular, destacam-se hoje entre os brancos a Pinot Grigio e a Sauvignon Blanc, e, nas tintas, a Tempranillo e a Touriga Nacional, que, junto com Alfrocheiro, compõem o (bom) vinho Castas Portuguesas.

Bem menos divulgada, mas onde existem ótimas expectativas, é Encruzilhada do Sul, situada entre Campanha e Porto Alegre e que faz parte da chamada Serra do Sudeste. O precursor na região foi o saudoso Dante Calatayud, diretor técnico da antiga Heublein, que implantou em Pinheiro Machado as primeiras parreiras e muitas experiências bem-sucedidas. Diferentemente da Serra Gaúcha, Encruzilhada do Sul tem uma altitude menor — cerca de quatrocentos metros contra os setecentos metros da Serra —, menos chuvas no período de maturação e solo mais arenoso, o que confere melhor drenagem.

Embora nenhum centro de vinificação esteja construído — as uvas são levadas para a Serra Gaúcha —, há vinícolas importantes focando em qualidade e apostando ali suas fichas: Lídio Carraro, com 33 hectares, tem um excelente Nebbiolo, além de belos Cabernets Sauvignon e Franc; Angheben tem seus 22 hectares ali concentrados, de onde, inclusive, sai seu tinto mais consagrado, o ótimo Teroldego (uva do Trentino, Norte da Itália); Valduga, com forte posição (120 hectares) em Pinot Noir e Chardonnay para seus espumantes — mesma política da Chandon, embora Philippe Mével acredite que a complexidade de seu Excellence, o melhor espumante nacional, venha da perfeita combinação que inclui uvas da Serra Gaúcha.

Um novo polo vitivinícola no norte do Rio Grande do Sul também tem chamado a atenção, fruto da feliz incursão do empresário Raul Anselmo Randon pelo mundo do vinho. Na realidade, tudo começou quase como um capricho: proprietário de extensas áreas em Campos de Cima da Serra, perto da divisa com Santa Catarina, onde cultiva maçãs, Randon teve a ideia de servir um vinho próprio na comemoração de suas bodas de ouro em 2004. Em 2000, resolveu então plantar três hectares de vinhas e chamou o enólogo Adriano Miolo para tocar em frente sua ideia. Deu certo, Randon tomou gosto pela coisa e pretende chegar a cem hectares plantados. As condições locais ajudam, a altitude de mil metros e uma topografia amena propiciam boa amplitude térmica, estendendo o ciclo vegetativo. A evolução é patente — o RAR progride ano após ano desde sua primeira safra.

Os vinhateiros cujas vinhas direcionam-se para espumantes — castas Riesling Itálico, Chardonnay e Pinot Noir — tendem, assim, a permanecer onde estão. Bem ou mal, o mercado desse gênero está em expansão e eles não foram tão atingidos pela crise que aflige seriamente os produtores de uvas para vinhos tintos — nessa área os estoques estão altíssimos, o que implica queda significativa de preço.

Vale destacar, em especial, a atuação da Salton e da Miolo, as duas maiores empresas brasileiras do setor, que contam com uma competente equipe de agrônomos para acompanhar e orientar os colonos, fornecendo-lhes, inclusive, mudas certificadas para a implantação de seus vinhedos. Os responsáveis por esse monitoramento, Ciro Pavan, pela Miolo, e Agliberto Bianchi, da Salton, têm grande experiência no assunto, tendo trabalhado na Cooperativa Aurora por volta dos anos 1970, nos bons tempos em que ela investia em pesquisa e incentivava seus associados.

As uvas compradas são pagas segundo critérios estabelecidos com base em estudos desenvolvidos em conjunto com a Uvibra, União Nacional de Vitivinicultura, que as classificam de AA, A, B e C. Essas categorias, que levam em conta desde condições e rendimento do vinhedo — as duas últimas, B e C, são para latada — até a qualidade intrínseca da uva colhida, norteiam o preço pago por quilo. O projeto prevê total reconversão para espaldeira até 2012. Com todo esse apoio, só não adere quem é cego e quer continuar acreditando que deu certo do jeito que sempre procedeu.

A mentalidade tacanha, lamentavelmente ainda típica de muito de nossos produtores, é um entrave ao desenvolvimento da vitivinicultura nacional. Os produtores insistem em permanecer fechados em si mesmos, achando seus vinhos melhores que os do vizinho, e com isso não há troca de experiências, e sem ela não há como evoluir. E isso não só no que diz respeito à reconversão dos vinhedos, mas a todo o processo, inclusive à vinificação. Exemplo disso é uma vinícola familiar bastante conhecida, situada no Vale dos Vinhedos. Seus vinhos até têm padrão e os proprietários são bem-intencionados, mas sua gama de tintos tem traços marcantes de *Brettanomyces*, uma levedura que se alastra facilmente pela cantina. Embora não seja tóxica, ela domina de tal forma os vinhos, que todos se assemelham, apresentando aromas pesados, animais. Se houvesse abertura, alguém próximo poderia chamar a atenção para o problema, oferecendo, quem sabe, condições de resolvê-lo.

No norte do Rio Grande do Sul, bem como no sul de Santa Catarina, há vinícolas que, embora relativamente recentes, já demonstram o potencial da região. São os chamados vinhos de altitude, produzidos a mais de mil metros acima do nível do mar, condição que lhes permite usufruir de uma maior amplitude térmica no período de maturação das uvas (dias relativamente quentes e noites frescas). É lá que estão o RAR, do empresário Raul

Randon, em Campos de Cima da Serra, e o ousado Villa Francioni, em São Joaquim. As condições favoráveis têm atraído novas vinícolas. A Acavitis, Associação Catarinense dos Produtores de Vinhos Finos de Altitude, criada em 2005, já conta com 35 empreendimentos e cerca de 160 produtores das regiões de São Joaquim, Caçador e Campos Novos, representando mais de trezentos hectares de uvas viníferas em produção no estado.

A crença de que é possível produzir vinhos de qualidade no Brasil fez com que o cenário vinícola brasileiro se modificasse em pouco mais de dez anos. O mercado deixou de ser dominado por multinacionais (Almadén, Forestier, Bacardi-Martini etc.) e cooperativas, e passou a reunir um bom número de produtores independentes que antes eram, inclusive, meros fornecedores de uvas. Dessa leva surgiu Miolo, Marson, Dal Pizzol, Boscato, Perini, Cave de Amadeu e Don Laurindo, entre tantos outros que formam hoje o grupo de frente.

Merecem menção particular a Pizzato e a Lídio Carraro, duas vinícolas cujos proprietários tiveram visão e deram carta branca para que a nova geração assumisse a direção. No caso da Pizzato, até que o trabalho foi facilitado pelo progressismo que sempre caracterizou Plínio Pizzato desde que ele era associado da Cooperativa Aurora. Isso não diminui, de maneira nenhuma, o que seus filhos empreenderam. Difícil esquecer o Merlot 99, um dos melhores tintos até então produzidos aqui. A Lídio Carraro não fica atrás. Os dois irmãos, Juliano e Giovanni, e a irmã, Patrícia, são obstinados. Seus vinhedos são um primor — no vale dos Vinhedos, onde começaram, e em Encruzilhada do Sul, o xodó atual —, e a atenção aos detalhes é extrema — daí o nome vinícola-butique. A segurança no trabalho que realizam faz com que não se cansem de arregaçar as mangas e difundi-lo.

Caras novas estão surgindo. E o Tormentas, do ex-fotógrafo Marco Danielle, um apaixonado por vinho, é um bom exemplo.

Danielle começou em 2004, com uvas escolhidas de terceiros, provenientes de Encruzilhada do Sul, e, com dois parceiros, implantou suas vinhas em Campos de Cima da Serra. Regiões novas e mentalidade nova.

A séria crise enfrentada pelos brancos e tintos nacionais vem se aprofundando. Ela está diretamente associada à enxurrada de rótulos estrangeiros que infesta (sobretudo) as prateleiras dos supermercados. E a questão não está na valorização do real, o que supostamente abriria espaço para garrafas de fora. Afinal, o Chile, que lidera o *ranking* de vinhos importados, também está com sua moeda fortalecida, e os produtores argentinos, por sua vez, estão buscando reajustar seus preços, pressionados por uma inflação acentuada. A concorrência se dá principalmente nos vinhos de maior volume, que representam quase 90% das garrafas comercializadas. A pergunta é: o que esperar de vinhos importados vendidos aqui a menos de dez reais? A resposta vem depois de feita uma continha fácil: eles devem ser comprados na origem a, no máximo, dois reais, aí incluídos garrafa, rolha, rótulo, o líquido (?) propriamente dito e a margem do produtor. Impossível que sejam confiáveis.

Uma garrafa de vinho nacional traz embutida uma carga tributária de cerca de 50%, e pela sabida resistência do governo em abaixar a arrecadação é improvável que nesse campo haja, tão já, qualquer melhora. O que resta, então é penalizar os que vêm de fora. O mais absurdo é que a medida, costurada pela União Brasileira de Vitivinicultura (Uvibra) e pelo Instituto Brasileiro do Vinho (Ibravin), sediados no Rio Grande do Sul, é absolutamente inócua, pois não incide sobre vinhos chilenos e argentinos, protegidos por acordos entre países e que são os verdadeiros concorrentes do produto nacional. De tão incoerente, talvez a proposta não passe, pelo menos no valor sugerido. De qualquer forma, não será na marra que o consumidor vai migrar para o vinho nacional.

A propósito, chilenos e argentinos, e em menor escala vinhos de outras procedências, têm no contrabando uma via até mais fácil, com passe livre pelas fronteiras do Paraguai e Uruguai, abastecendo boa parte das adegas do Sul do país.

A magia da terra produtiva entre o Pacífico e os Andes

Depois de percorrer quase duas dezenas de produtores das mais representativas regiões vinícolas do Chile, é possível entender melhor a flagrante melhoria da qualidade dos vinhos chilenos e o consistente crescimento de suas exportações. O roteiro, eclético, incluiu vinícolas antigas e tradicionais, como Concha y Toro, Tarapacá e Canepa, novíssimas e imponentes, caso de Altair, Ventisquero e Matetic, ou ainda jovens e já consagradas, situação em que se encontra Montes, por exemplo. Muito mais do que reluzentes cubas de inox ou vinhedos vistosos, o que existe de comum entre as que têm tido sucesso e refletido essa boa fase dos vinhos chilenos é a nova mentalidade que vem se impondo no país. Há, sem dúvida, produtores em transição buscando seu caminho, outros na direção errada e ainda vários cujo discurso está distante da prática. Tudo isso, porém, não é "privilégio" dos chilenos, mas comum a todas as regiões produtoras, e não abala a certeza de que o Chile tem uma terra abençoada em termos de potencial para produzir vinhos.

O problema é justamente esse. Como disse um grande consultor internacional, que assessora também produtores locais, "no Chile você planta uma muda hoje e amanhã tem uma árvore". Em vinho, não pode ser assim. Se o objetivo é obter qualidade, é imprescindível controlar a produção. Essa não era a cultura vigente no início da década de 1990, quando, aproveitando as facilidades que a natureza pródiga lhes propiciava, os produtores chilenos abusavam da quantidade, produzindo vinhos baratos, sem personalidade. No competitivo mercado internacional de hoje, do qual o Chile é muito dependente devido à alta produção e ao relativamente baixo consumo *per capita* (ao redor de quinze litros por ano), foi relevante mudar esse hábito; aí entra a nova geração de enólogos, que ocupa postos-chave no cenário vinícola chileno. Ao lado de alguns pioneiros sempre à frente de sua época, como Ignacio Recabarren e Pablo Morandé, e de uma segunda leva que se consagrou, caso de Cecilia Torres e de Alvaro Espinoza, há atualmente chilenos formados no país e que foram buscar experiência fora, além de australianos, neozelandeses, franceses e americanos, todos com idade média de 35 anos.

Vale ressaltar também a importância que teve para a mudança de mentalidade a entrada de vinícolas e investimentos estrangeiros, que levaram para o Chile técnicos e *expertise* no assunto. Dois dos melhores vinhos chilenos — talvez mesmo os dois melhores —, Almaviva e Clos Apalta, pertencem a esse grupo. O primeiro com todo o *know-how* da Maison Baron Philippe de Rothschild (produtor do Château Mouton Rothschild) e o segundo com a consultoria, exclusiva no Chile, de Michel Rolland, o mais badalado consultor internacional. A propósito, Pascal Marty, responsável pelo Almaviva desde o início, recusou uma vantajosa transferência de volta à matriz francesa, preferindo permanecer no Chile e trabalhar como assessor independente para diversos produtores. Marty e outros enólogos estrangeiros, os chamados *flying winemakers*, estão dando consultoria e suporte às vinícolas chilenas na busca por melhores resultados.

Num primeiro momento, o trabalho foi adequar os vinhedos existentes mudando as práticas tradicionais, em particular as relativas ao rendimento das parreiras, ao controle da água de irrigação e à condução das vinhas. Em seguida, novas plantações ocupando as encostas, terrenos anteriormente desprezados por sua baixa produtividade e mão de obra intensiva. São eles, no entanto, que oferecem condições para se obter vinhos de padrão superior. Alguns desses vinhedos, embora jovens, estão em produção, já indicando o caminho a seguir. Outro avanço apreciável é o conceito de adequar cada variedade de uva a seu melhor microclima, benefícios obtidos com conhecimentos ambientais mais aprofundados e consciência das necessidades de cada uva.

ROTEIRO BÁSICO PARA ENTENDER MELHOR O CHILE VITIVINÍCOLA

Situação geográfica

Embora extenso, com seus 4300 quilômetros de norte a sul, o Chile reúne suas regiões vinícolas numa área central situada entre os paralelos 30 e 38, tendo a capital Santiago, na latitude 33,5°, quase como ponto médio. A bem da verdade, o cultivo nesses extremos são bastante recentes. A vitivinicultura chilena começou a se desenvolver em meados do século XIX na região de Maipo, logo abaixo da capital, e foi se estendendo em direção ao sul até os vales seguintes, de Rapel e Maule. A descoberta de Casablanca ao norte de Santiago, no início dos anos 1990, abriu a possibilidade de explorar outras regiões.

Influências climáticas

Estreito e comprido, o Chile é influenciado decisivamente pelo oceano Pacífico de um lado e pela cordilheira dos Andes de outro. A grande particularidade é que as águas do Pacífico são frias. Se isso tem como inconveniente tornar desagradável qualquer banho de mar, o fenômeno tem efeitos altamente positivos para a cultura da vinha, ao criar uma diversidade de microclimas, dependendo da distância do oceano e da cordilheira. Além disso, diferenças de pressão provocam brisas vindas de ambos os lados, com ótimos resultados na prevenção de pragas e doenças, na manutenção de temperaturas em níveis convenientes e, principalmente, no fato de acarretar uma grande amplitude térmica, possibilitando longos períodos de maturação das uvas. Enquanto em outros lugares a média entre floração e colheita é de cem dias, no Chile esse período pode chegar a 150. Uma melhor compreensão desses fenômenos e dos microclimas tem levado produtores chilenos a plantarem as castas mais adequadas de uva.

Uvas

As primeiras castas levadas para o Chile vieram principalmente da região de Bordeaux e tiveram ótima adaptação. Dessas, a Cabernet Sauvignon destacou-se desde o princípio e sempre foi considerada a grande especialidade chilena, vindo em seguida a Merlot. Em meados da década de 1990, um especialista francês conseguiu explicar por que nas parreiras de Merlot algumas uvas amadureciam antes e outras tardiamente. Na verdade, tratava-se de duas variedades distintas que, na leva trazida da França, foram confundidas e plantadas juntas. Nascia assim a Carmenère, que se tornou a uva emblemática do Chile (praticamente extinta em Bordeaux, de onde proveio com o nome de Grande Vidure). A Carmenère produz tintos de personalidade, intensos e sedutores, desde que as condições e o trabalho do produtor permitam que os cachos amadureçam completamente. Quando isso não acontece, o vinho apresenta taninos agressivos e paladar rústico. Das outras uvas tintas, a que tem obtido mais sucesso é a Syrah, com bons vinhos como o Folly, da Montes, e o EQ, da Matetic, e expectativas bastante otimistas sobre o futuro. Entre as uvas brancas, a descoberta da já consagrada região de Casablanca e de outras que surgiram depois, caso de Traiguén, de onde vem o melhor Chardonnay do país, o Sol de Sol, e de San Antonio, por exemplo, tirou do Chile a imagem de produtor de tintos. Hoje há belos Chardonnays e Sauvignons competindo em condições de igualdade no mercado internacional.

Filoxera

A praga que dizimou os vinhedos europeus na segunda metade do século XIX e depois se alastrou pelo mundo não conseguiu fazer nenhum estrago nos vinhedos chilenos. De fato, o Chile é um dos raríssimos países onde não há registro da filoxera, um inseto que se propaga pelo solo e ataca as raízes das parreiras vitiviníferas. Com isso os vinhedos chilenos, ao contrário do que ocorre em outras regiões, são plantados sem que haja a necessidade de enxertá-los sobre pés da espécie americana — leia-se uvas de mesa —, resistentes à praga. Descendem diretamente, portanto, das uvas francesas. Há várias explicações para o não aparecimento da filoxera no Chile, nenhuma delas conclusiva: alta porcentagem de areia no solo, irrigação dos vinhedos e também uma certa concentração de cobre no solo, um componente usado como prevenção contra pragas e que, sabe-se, é muito abundante no país.

* * *

Ainda é preciso ressaltar a qualidade média das safras chilenas, sempre um dado a mais a se levar em conta na hora de escolher uma garrafa. Embora as condições climáticas no Chile não sejam tão irregulares quanto na Europa, onde de ano para ano ocorrem variações sensíveis, mesmo assim algumas instabilidades interferem diretamente nos vinhos produzidos no Chile. É o caso, por exemplo, da safra de 1998, considerada uma das piores das duas décadas anteriores por causa do fenômeno El Niño, uma alteração nas correntes frias das águas do oceano Pacífico que causou chuvas intensas. A propósito, a malquista 1998 dá a senha para memorizar as colheitas com qualidade superior: os melhores vinhos chilenos vêm das safras ímpares. Não existe explicação lógica para o fato, mas desde 1995 isso vem ocorrendo sucessiva e claramente, atingindo seu ponto máximo em 1999 e 2003. É curioso notar que a situação não se repete do outro lado da cordilheira, na Argentina, onde, por exemplo, 2002 foi excepcional.

Novos espanhóis entram na briga com o Vega-Sicilia

Por trabalhar formas e conteúdo magistralmente, criando um conjunto harmônico e exuberante, o arquiteto catalão Gaudí serve de inspiração para entender a revolução que os espanhóis estão promovendo em sua vinicultura. Para ter uma ideia de como é amplo esse movimento de qualidade, vale tomar como parâmetro o Vega-Sicilia, um vinho mítico dentro e fora da Espanha. Ainda que seja discutível e perigoso eleger "os melhores" do setor, sempre houve certa unanimidade quando se tratava de eleger o melhor vinho ibérico. O Vega continua mantendo um alto nível de qualidade e um incrível charme, mas a quantidade de novos rótulos excepcionais que a cada ano é lançada na Espanha tornou impossível apontar uma liderança. O Vega-Sicilia não decaiu; foram os outros que melhoraram. A dinâmica do processo vinícola espanhol desatualiza rapidamente a publicação de seus guias. São novas regiões sobressaindo, bodegas aparecendo ou se repaginando, rótulos inéditos todos os anos.

O início da transformação se deu nos anos 1990, particularmente na segunda metade da década. Até então, os vinhos espanhóis seguiam um padrão próprio, dando pouca atenção à qualidade intrínseca da uva, à vinificação, e utilizando-se ainda dos velhos barris de carvalho americano. Nos auspiciosos novos tempos, os bodegueiros passaram a ter maior controle da matéria-prima, em sua maioria ou totalidade provenientes de vinhedos próprios, estendendo a colheita até atingir um alto nível de maturação. Com graduação mais elevada e alto extrato, as uvas são vinificadas com macerações longas, de duas a três semanas, a temperaturas controladas e reduzidas entre 28 e 30 graus centígrados, propiciando vinhos estruturados e intensos em fruta. Os antigos barris foram aposentados e trocados por novos. Sem abandonar a tradicional madeira de procedência americana, passou a haver maior incidência de carvalho europeu, francês particularmente. O estágio em barris foi encurtado para preservar o caráter essencialmente frutado do novo modelo espanhol, mais adequado ao gosto internacional.

Para o bem e para o mal, a produção de vinhos na Espanha é rigidamente controlada pelos Consejos Reguladores, órgãos formados por representantes do governo, negociantes e viticultores. Cada região tem o seu. Se por um lado os Conselhos garantem a procedência e os padrões mínimos da uva a ser vinificada, qualquer mudança é demorada, e não é fácil conseguir sua homologação em virtude de conflitos de interesses entre seus membros. Durante uma de minhas visitas a regiões vinícolas da Espanha, em plena época de colheita, era visível e ostensiva em todas as bodegas a presença de um "vedor" ("quem vê"), como são oficialmente chamados os inspetores dos Conselhos Reguladores, anotando os dados das uvas que chegavam, desde o vinhedo de procedência e peso do lote até índices de laboratório e seu estado sanitário. Nenhuma uva entra na cantina sem esse controle, que prossegue até o engarrafamento e a comercialização. Ao final da etapa, cada bodega recebe séries de selos emitidos pelos Conselhos, holografados para evitar falsificação e numerados de acordo com a quantidade de uva recebida. Os selos, de cores diferentes, identificam também a categoria em que o vinho se enquadra, uma classificação instituída de forma independente pelos Conselhos Reguladores de cada região e motivo de conflito com os produtores da nova geração.

A discussão gira em torno de temas hoje bastante discutíveis quando se trata de alcançar uma hipotética hierarquia superior, presumidamente a condição de Reservas e Gran Reservas. O primeiro, segundo o critério vigente, necessita de, no mínimo, doze meses em carvalho e mais dois anos em garrafa para obter o mérito, enquanto no segundo os prazos aumentam para dois anos de barril e três de vasilhame. São conceitos ultrapassados, válidos em outras épocas e distantes da nova realidade. Há vinhos que não devem permanecer tanto tempo em casco. Diante do impasse, é comum aparecerem grandes vinhos sem identificação de classificação. Melhor isso do que, na ânsia de obtê-la, o vinho perder qualidade.

Apostar na qualidade, acima de qualquer convenção, tem dado bons resultados. O aparecimento constante de novos vinhos espanhóis com altas pontuações em guias estrangeiros influentes tem aberto caminho para que bons produtores, de regiões ainda sem grande reputação, disputem mercado e consolidem sua marca. Um bom exemplo disso é Somontano, uma Denominação de Origem relativamente desconhecida, localizada na província de Aragão, Nordeste da Espanha e vizinha da Catalunha. A união do governo autônomo local com bancos e investidores privados criou novas bodegas com o objetivo de elaborar vinhos modernos. Basearam-se na potencialmente benéfica conjunção do clima continental com a proximidade dos Pirineus para oferecer uma gama bem interessante de vinhos, desde aqueles com uma boa relação qualidade/preço até os da linha superior, muito comentados pelos prêmios conquistados. Fui particularmente atraído pelo Gran Vos Reserva 96, da Viñas Del Vero, uma vinícola de porte que retrata bem o perfil do local. Além da linha base e do Gran Vos, eu já tinha ouvido falar de um vinho-butique da mesma bodega, o Blecua.

O tema "preço" é a grande questão quando se aborda a nova fase dos vinhos espanhóis. Não há dúvida de que qualidade custa e que para obtê-la são necessários investimentos pesados e de retorno lento. Além da imprescindível diminuição de rendimento de uvas por hectare, há a renovação e readequação dos vinhedos, a modernização dos equipamentos de vinificação e a aquisição de um parque de barricas de boa procedência. Com a demanda crescente, principalmente as uvas de qualidade superior tiveram aumentos significativos, chegando a picos de três euros por quilo em 1999, em certas regiões importantes como Rioja e Ribera del Duero. Mesmo tendo ocorrido algumas oscilações para baixo, há reflexos diretos no preço final da garrafa.

No entanto, há muita especulação e posicionamento mercadológico por trás dos preços altos. A não ser em casos particulares de vinhos célebres, com muita história para contar, preços abusivos me parecem mais resquícios do *boom* do mercado dos anos 1990, quando foram criados os vinhos de garagem, como são conhecidos os de pequeníssima produção, que não precisam de grandes espaços para acomodar as poucas cubas e barricas. A propósito, se esse conceito não tivesse sido criado artificialmente e fosse tão desprovido de charme, eu diria que o Romanée-Conti foi o primeiro vinho de garagem do planeta. No caso da Espanha, o vilão é o Pingus, criação de Peter Sisseck, dinamarquês de origem e bordalês de formação. Antes de montar sua propriedade, Sisseck teve o mérito de conseguir reerguer a Bodegas Monasterio, tirando-a de uma séria crise e colocando-a como mais uma estrela da região. Segundo ele, em bodegas grandes — ele não produz nem 5 mil garrafas (o mesmo que o Romanée-Conti) — pode-se produzir grandes vinhos, mas não excepcionais. O Pingus, originário de rigorosa seleção de uvas de parcela de cinco hectares, deve boa parte de sua fama por ostentar, com folga, o recorde de preço de uma garrafa de vinho espanhol.

Grande parte das bodegas que nasceram ou se modernizaram durante o atual período vinícola da Espanha adota a política de criar um vinho de exceção, um *top* de linha, com qualidade e preço elevados. A opção, para o consumidor, é se manter na linha intermediária ou partir para regiões ainda não inflacionadas. A verdade é que os vinhos espanhóis estão mudando de estilo e melhorando assustadoramente. Na média, eles ainda são quase desconhecidos no Brasil, inclusive os Cavas, como são denominados os bons espumantes espanhóis, que perderam espaço para Proseccos medíocres. É preciso ir à Espanha para conhecer as obras fantásticas de Gaudí, assim como para mergulhar na criativa e sofisticada culinária espanhola, já que ambas não podem ser exportadas. Os vinhos, por outro lado, podem e devem ser apreciados em qualquer lugar. Mesmo que o que esteja disponível no mercado brasileiro seja apenas uma pequena amostra do que se produz na Espanha.

Em um evento realizado certa vez em São Paulo, reunindo vinícolas espanholas já representadas ou em busca de importador no Brasil, chamou a atenção a mesa de um produtor riojano com duas gamas de vinhos bem distintas. A diferença era perceptível entre as duas, mesmo visualmente: de um lado, rótulos que obedeciam a um estilo clássico, para não dizer antiquado e, do outro, garrafas com um design moderno, sem excessos, de bom gosto. Nesse caso, quem vê cara vê coração. Quando servidos, os primeiros exibiam aquele padrão característico dos velhos riojas, sem cor, oxidados, com aromas de couro (são notas de redução) e madeira velha, enquanto os últimos eram vivos, com frutado exuberante, evidenciando bom uso dos barris de carvalho. A região de Rioja de fato evoluiu muito desde o início da década de 1990, abandonando aos poucos um modelo arcaico, nada condizente com o que o mercado demanda atualmente. O curioso é uma vinícola propor ao mesmo tempo os dois estilos.

A explicação foi dada pelo próprio produtor: ainda há consumidores, sobretudo os tradicionais da região, que não se acostumam com os novos vinhos, encorpados e cheios de fruta, por isso, para agradar aos dois grupos, ele mantém ambas as linhas. Embora esse tipo de posição não seja bom para a identidade da casa, o fato é que o mercado espanhol está mudando bastante, e é preciso escolher a melhor direção. Como essa direção ainda está dividida, a prudência recomenda seguir os dois caminhos, pelo menos por um certo tempo.

O mercado interno sempre teve uma participação importante no escoamento da produção vinícola do país, a terceira maior do planeta, mas por força de leis restringindo o consumo em restaurantes — um canal tradicionalmente muito forte na Espanha — e incitando mudanças de hábito mesmo dentro de casa no dia a dia, não há saída senão dar mais ênfase à exportação. Desde 1980 o consumo *per capita* de vinho entre os espanhóis vem caindo drasticamente. Boa parte dessa queda foi compensada pelo aumento nas exportações, que em 2005 superaram pela primeira vez as vendas internas.

Na verdade, a causadora dessas transformações, a Ley del Vino, ainda que com certo exagero — tanto que em parte foi reformada —, levou os espanhóis a beberem menos mas melhor, forçando a indústria vinícola do país a produzir vinhos de qualidade superior. A legislação alcançou o objetivo de reduzir o consumo de vinho, sem considerá-lo bebida alcoólica sujeita a limitações e alertas intimidadores. Ao contrário, vinho na Espanha passou a ser considerado um produto alimentar.

No fim das contas, foi uma medida saneadora. O país ibérico, terceiro maior em produção e primeiro em superfície de vinhedos — as vinhas são mais espaçadas —, promoveu uma extinção de áreas inapropriadas para a elaboração de vinhos de qualidade, passando de quase 1,7 milhão de hectares plantados, no fim da década de 1970, para cerca de 1,2 milhão de hectares em 2000. Nessa onda, muitos vinhos de mesa medíocres desapareceram, e regiões que no passado eram inexistentes ou inexpressivas foram surgindo e se transformaram em Denominações de Origem festejadas. É o caso de Monsant, Jumilla, Yecla, Cigales, Bierzo e Conca de Barberà, só para citar algumas.

O sucesso que os rótulos espanhóis têm alcançado internacionalmente, os tintos em particular, está relacionado com um padrão moderno que no entanto não cai no modelo proposto pelos países do Novo Mundo, que em geral oferecem vinhos que impressionam pela potência e fartura de fruta, pecando, todavia, pelo excesso. A Espanha, com sabedoria, soube se valer das virtudes que suas castas principais — a Tempranillo, a Garnacha, a Monastrell e a Cariñena, entre outras — proporcionam em seus domínios, para moldar tintos concentrados e ao mesmo tempo elegantes, que agradam ao consumidor. Na realidade, os ibéricos conseguiram achar um meio-termo entre os clássicos, mas por vezes austeros, vinhos do Velho Mundo e os prazerosos, porém pouco sofisticados, do Novo Mundo.

Quanto a descomplicar a vida do consumidor, outra postura dos países emergentes, os espanhóis levam vantagem, se comparados a seus semelhantes europeus mais importantes, franceses e italianos. É que a Espanha tem menos Denominações de Origem, em torno de sessenta, enquanto França e Itália comportam ao redor de quatrocentas cada uma.

Só isso, entretanto, é pouco para fazer frente à ascensão dos países do Novo Mundo e conseguir mais espaço no mercado internacional. Em termos de volume, há a questão do preço, aspecto no qual os espanhóis levam desvantagem — com exceção dos grandes vinhos; nessa faixa, embora (muito) caros, eles têm fãs e consumidores fiéis. É, no entanto, um segmento limitado, devido à baixa produção; dá status, contudo não dá volume. Para tanto, e com o objetivo claro de melhorar sua competitividade, foi criada recentemente a categoria Viñedos de España, à qual comunidades autônomas espanholas podem aderir e oferecer vinhos com a menção do país e a indicação da variedade e da safra.

A Espanha tem um aliado importante nessa cruzada. É o americano Robert Parker, o mais influente crítico especializado e admirador confesso desses vinhos. De uma forma ou de outra, é Parker quem ajuda a empurrar para cima seu valor.

Por mais que os preços dos bons vinhos espanhóis sejam elevados, não há dúvida que são tentadores. Nesse cenário tão expressivo quanto quase inacessível, as estrelas são os tintos de Ribera del Duero e do Priorato. Rótulos como Pingus e Vega-Sicilia, de Ribera del Duero, e L'Ermita e Clos Martinet são apenas alguns nomes com lugar certo na seleta galeria dos grandes vinhos do mundo. E Rioja, a maior fonte exportadora de vinhos da Espanha?

A região da Rioja já teve seu brilho, só que parou no tempo com vinhos arcaicos, oxidados, envelhecidos por longo período em velhos barris de carvalho americano. A sempre boa e saudável concorrência, em especial de Ribera del Duero e Priorato, obrigou as vinícolas locais a mudarem de estilo.

Um apelo histórico antigo associava o barril de carvalho a símbolo de prestígio entre os espanhóis. Os vinhos destinados à elite venciam as grandes e complicadas distâncias entre as regiões produtoras e os centros de consumo bem armazenados em barricas, enquanto a bebida das tabernas ou dos menos favorecidos chegava em recipientes de couro. Eram os odres, que conferiam ao vinho um sabor desagradável. Assim, junto com os benefícios que os barris de carvalho traziam à bebida, seu odor e gosto se identificaram com o prazer dos ricos. De tal sorte que a classificação dos tintos e brancos da Espanha foi elaborada levando em conta o tempo em que o líquido permanece nesses recipientes, como se fosse a única relação com qualidade.

Até hoje se considera hierarquicamente superior aqueles que passam um período maior em casco: mínimo de seis meses (ou doze, dependendo da Denominação de Origem) para o Crianza, doze para o Reserva e ao menos dois anos para os Gran Reservas. Vale lembrar que o termo "Crianza" significa "criado" (educado, amadurecido em barricas) e não "para ser bebido jovem". Prolongar o estágio em madeira para ter direito à classificação faz com que o vinho se oxide e mascare todos os potenciais atributos da Tempranillo. Para piorar, utilizavam-se, e isto ainda ocorre, velhos barris de carvalho americano.

Em 1996 o cenário começou a mudar por iniciativa de alguns novos produtores, antenados com o que se passava fora da província e seguros de que Rioja tinha potencial para produzir grandes vinhos. Artadi e Allende são dois desses pioneiros, e na trilha aberta por eles vieram, por exemplo, o Contador, de Benjamin Romeo (que havia sido o enólogo responsável pelo Artadi), e o Cirsion, da Bodegas Roda. Para chegar lá, eles atacaram em várias frentes. Foram primeiro em busca de um maior controle sobre a matéria-prima, proveniente, quase sempre e preferencialmente, de vinhedos próprios. Manejando-os nos detalhes, estenderam a colheita até atingir um alto nível de maturação. Com graduação mais elevada e alto extrato, as uvas passaram a ser vinificadas com macerações longas e controle total do processo, propiciando vinhos estruturados e intensos em fruta. Para preservar esse caráter, foram utilizados barris novos, na grande maioria de procedência francesa, e o estágio neles foi encurtado, pouco importando a classificação oficial. Assim, nos novos Riojas não se deve procurar a menção Reserva ou Gran Reserva. O período em carvalho é definido pela necessidade de cada vinho, e nem é preciso especificar a classificação.

Outra região espanhola em evidência é Toro, quase na divisa com Portugal e, assim como Ribera del Duero, cortada pelo rio Duero. Vinícolas de prestígio em outras áreas estão investindo na região, comprando, inclusive, velhos vinhedos e produzindo vinhos de categoria elevada, caso do Numanthia e Termanthia e do Pintia, que pertence ao Vega-Sicilia.

Com um time desses, é inacreditável que a Espanha tenha tão pouca participação no *ranking* de vinhos importados pelo Brasil. Ainda que seu preço elevado restrinja o número de interessados, eles deveriam servir de alavanca para uma série interminável de rótulos espanhóis atraentes e acessíveis. O que falta, talvez, seja informação.

Prestígio que desafia todos os conceitos e previsões

A posição conquistada pela Nova Zelândia no mapa da vinicultura mundial desafia todos os conceitos e previsões: é o país mais meridional do hemisfério sul — portanto com tendência a um clima frio —, não tem cultura e tradição na área, conseguiu projeção em razão de vinhos brancos numa época em que só se vendiam tintos e oferece produtos elaborados com uvas e estilos fora do padrão batido da Chardonnay e da Cabernet Sauvignon, tudo carregado com muito carvalho. O sucesso me dá uma sensação de alegria e esperança de que o mercado jamais terá um gosto padronizado nem simplificado, e que sempre haverá lugar para vinhos elegantes e diferenciados.

Embora existam fatores aparentemente adversos, há algumas "coincidências" positivas que podem explicar a boa aceitação dos vinhos da Nova Zelândia. Os educados e gentis neozelandeses não tinham muita simpatia por vinhos até 1970, quando começaram a plantar indiscriminadamente Muller-Thurgau, uma uva originária da Alemanha, por indicação de um professor de enologia daquele país. A euforia resultou em excesso de produção, toda ela voltada para o consumo local, obrigando o governo a implantar, em 1985, um programa de redução de vinhedos. Iniciou-se então uma nova fase, com o plantio de variedades nobres através de técnicas de cultivo apropriadas, visando vinhos de qualidade tanto para o mercado interno quanto externo. Uma boa aclimatação de mudas selecionadas na Borgonha e no Vale do Loire, das castas Sauvignon Blanc, Chardonnay e Pinot Noir, afinadas ao clima fresco da Ilha Sul, deu ótimos resultados, raramente encontrados fora de suas regiões de origem.

Este me parece um dos segredos do sucesso: seus Sauvignons Blancs têm frescor e sabor bastante limpos e equilibrados, sem ser excessivamente herbáceos ou terem o frutado enjoativo que adquirem em regiões quentes; os Chardonnays não precisam da adição suplementar de ácido tartárico para ganhar vivacidade e têm suficiente grau de açúcar para manter a graduação alcoólica; os vinhos provenientes de Pinot Noir — uva sensível e de difícil adaptação — conquistam elegância, sua grande característica, com uma ampla diferença de temperatura entre o dia e a noite. São de fato condições muito próximas dos vinhos originais, para os quais, no começo, os produtores do Novo Mundo não deram a devida importância, mas que agora estão buscando. É o caso do Chile, com os vinhos do Vale de Casablanca, do Tupungato na Argentina ou de alguns microclimas na Califórnia, como Russian River Valley.

Foi na região de Marlborough, no canto norte da Ilha Sul, que tudo começou. Nem era uma região vinícola, quando a Montana Wines plantou os primeiros pés de Sauvignon Blanc em 1973. Cerca de cinco anos depois chegou a Cloudy Bay, abrindo as portas do mercado internacional e ganhando, inclusive, reputação entre os melhores do mundo. Hoje a Montana, maior produtora do país com quase 40% da produção, pertence à multinacional Allied Domecq, e a Cloudy Bay ao grupo da Champagne Veuve

Clicquot. Muitos outros se instalaram, cresceram e hoje rivalizam com os pioneiros, e talvez os superem. Além de Sauvignon Blanc, ainda a grande especialidade e que continua crescendo em área, há resultados interessantes com outra uva geniosa, a Riesling, que colhe tantos fracassos fora da Alsácia. Boas surpresas têm surgido com a Pinot Noir, antes utilizada quase integralmente para produzir, junto com a Chardonnay, ótimos espumantes, outra especial particularidade local.

Outras regiões se destacam na Ilha Sul, sempre demonstrando alguma habilidade maior para determinadas uvas. Pelos resultados, Nelson, vizinha a oeste de Marlborough, é a que aparentemente privilegia Chardonnays, e Otago, pelo que tem apresentado a Rippon Vineyard, se distingue pela Pinot Noir. Vários autores consideram Rippon o vinhedo mais bonito do mundo, com sua suave queda em direção ao lago Wanaka e os Alpes neozelandeses ao fundo. A educação e o respeito à paisagem devem pesar na sábia decisão de cultivá-lo organicamente, sem nenhum uso de defensivos agrícolas e ingredientes químicos.

Na Ilha Norte, o clima é relativamente mais quente, e o calor se acentua quanto mais ao norte, oferecendo condições mais apropriadas a uvas tintas e Chardonnay. Começando pelo sul da ilha, em Wairarapa — que tem o clima ainda fresco e seco —, estão alguns dos Pinots Noirs mais famosos da Nova Zelândia e belos brancos. É onde se situam, por exemplo, os produtores Ata Rangi, Martinborough Vineyard e Dry River. Em direção ao norte, aparecem Hawkes Bay, a segunda maior área vinícola do país, e Gisborne e Auckland, onde sobressaem vinhos tintos com estilo bordalês, baseados na Cabernet Sauvignon combinados com Merlot e Cabernet Franc. E sem abusar dos barris de carvalho.

Antes dessa fase dourada dos vinhos da Nova Zelândia, Gisborne chegou a ser a mais importante região vinícola do país, com seus terrenos planos e férteis, apropriados para grandes quantidades e produtos despretensiosos. Ainda que tenha recuperado prestígio com bons Chardonnays, hoje Gisborne perde de longe para Hawkes Bay em tamanho e importância, e para Auckland em qualidade. É desta última, particularmente da ilha de Waiheke, que saem ótimos tintos que lembram bons Bordeaux como Stonyridge, Goldwater e Fenton. Há boas expectativas com Shiraz, que merece ser acompanhada dada a rapidez com que o setor vinícola neozelandês tem evoluído; em Hawkes Bay concentram-se dois terços dessas plantações.

Achar que tudo acontece por acaso é desprezar o mérito dos neozelandeses. Embora o frio, supostamente provocado pela latitude sul do país, seja atenuado pelas influências marítimas, a umidade é elevada, causando sérias preocupações com fungos e doenças para as parreiras. O problema, na medida do possível, é bem contornado com um bom trabalho com a folhagem das plantas, técnica custosa conhecida como *canopy*, que eles mesmo aprimoraram.

A habilidade e o discernimento dos produtores da Nova Zelândia contam com um aliado que na maioria dos países costuma atrapalhar: o governo. Quando foi necessário apoio, os órgãos responsáveis agiram de maneira positiva. Como exemplo, houve o incentivo à extinção de vinhedos, que trouxe como consequência, de um lado, a melhora da qualidade do vinho e, de outro, o consumo saudável. Nesse aspecto, vale ressaltar um abrandamento do controle da bebida nos restaurantes, com a licença BYO — Bring Your Own, ou traga o seu próprio —, que permite ao cliente levar suas próprias garrafas a esses estabelecimentos, e da possibilidade de supermercados venderem o produto, o que não é liberado para cervejas e outros destilados. Além do bom-senso de não confundir vinho com bebida alcoólica e penalizá-lo com impostos, como acontece no Brasil, o governo da Nova Zelândia tem um órgão regulador competente, o Wine Institute of New Zealand, que atua para melhorar a imagem e a qualidade do vinho local, e com isso o bem-estar de seus habitantes. Um merece o outro.

Portugal deixou de ser apenas Vinho Verde, Dão e Porto

A entrada de Portugal no Mercado Comum Europeu em 1986 redundou mais do que em progresso (visível) e estradas; os "novos" vinhos portugueses refletem também, inequivocamente, uma nova mentalidade. O processo de modernização trouxe uma geração de vinhos que ao mesmo tempo preserva a identidade do país e mostra de forma transparente o enorme potencial vinícola português. Essa identidade é garantida pela utilização de suas castas de uvas originais, transformando Portugal numa das raras regiões do mundo a obter sucesso sem apelar para Cabernet e Chardonnay.

Em dez anos, Portugal deixou de "ser" apenas Vinho Verde, Dão e Porto. Embora algumas regiões tenham despontado, exemplo da Bairrada, as grandes estrelas dessa nova fase vêm do Douro e do Alentejo, as duas com histórias bem diferentes. A primeira viveu durante séculos do prestígio do Porto, um vinho fortificado e seu principal produto. Os vinhos de mesa eram secundários, embora o Barca Velha, lançado em 1952 e considerado o rei dos vinhos portugueses, atestasse que era possível moldar grandes vinhos no Douro. Sem que o Barca Velha perdesse a majestade, surgiram, com muito atraso, ótimos vinhos no caminho aberto pelo pioneiro, nele se espelhando na tentativa de conquistar a mesma notoriedade. O sucesso foi compartilhado por produtores dedicados especificamente a vinhos de mesa, e hoje atraem as casas de vinho do Porto, que no início ignoraram essa tendência mas pouco a pouco aderiram a ela. Já em 1976, a casa Ramos Pinto contratou João, filho de Fernando Nicolau de Almeida, o mentor do Barca Velha, para desenvolver o Duas Quintas; em seguida foram lançados o belo Quinta de Roriz, da Noval, e o Redoma, da Niepoort. No início de 2001, após 120 anos, a poderosa Symington, proprietária de algumas das melhores marcas de Porto — Warre, Dows e Grahams —, estreou com grande expectativa seu vinho, fruto de uma sociedade com Bruno Prats, que vendeu seu Château Cos D'Estournel, famoso Grand Cru Classé de Bordeaux, e acreditou no potencial da região.

Outros exemplos dessa tendência são a reestruturação e o tratamento de rejuvenescimento sofrido por outras casas, como a Real Companhia Velha, que, além de produzir seus Portos, já atuava no segmento de vinhos de mesa, mas com produtos de menor expressão. A nova filosofia pode ser avaliada em suas marcas de base Evel e Porca de Murça, e em suas versões Grande Escolha e Reserva, respectivamente. Pedro Silva Reis, um dos responsáveis por essa remodelação, observou certa vez a ironia de o empurrão que o Douro precisava ter vindo justamente do Alentejo, região sem o mesmo passado.

O "fenômeno" Alentejo começou efetivamente na década de 1980, embora a região tivesse bons antecedentes. O potencial como zona produtora de vinhos era conhecido desde o século XIX, mas a política econômica forçava o Alentejo a ser o celeiro de Portugal. O despertar para o vinho começou após alguma abertura econômica e política; anteriormente, era quase proibido produzir vinho na região. Para recuperar o atraso, o Alentejo se valeu de suas variedades de uvas e excelentes condições naturais (solo, clima, topografia), que viabilizavam a produção de ótimos vinhos. Desenvolver com sucesso esse potencial e se impor no mercado com respeitabilidade só foi possível graças a força, união e espírito moderno. O curioso é que, embora os alentejanos sejam conhecidos por seu jeito vagaroso, nesse caso eles andaram mais rápido que as outras regiões.

O trabalho no Alentejo é feito em equipe, pela Associação Técnica dos Viticultores do Alentejo (Ateva), que reúne produtores e enólogos consultores e desenvolve projetos de pesquisa científica cujos resultados são, depois, aplicados no campo. Em 1988, foi criada a Comissão Vitivinícola Regional Alentejana, que tem como principal objetivo a certificação dos vinhos, exercendo sobre eles um rigoroso controle de qualidade. O relevante é que a evolução sentida nos vinhos não decorreu da adoção de técnicas de vinificação que romperam com o passado; ao contrário, alguns grandes vinhos, como o Mouchão, continuam, e não abrem mão dos lagares onde a fermentação se desenvolve com uvas amassadas com os pés. Inclusive o mais arrojado e badalado dos enólogos do Alentejo, João Portugal Ramos, adota essa prática em vários vinhos, mesmo com suas modernas e impecáveis instalações. O modelo adotado mescla tradição e equipamentos modernos, extraindo o melhor, com tipicidade.

As castas de uvas portuguesas — Touriga, Trincadeira, Tinto Cão, Arinto, Roupeiro ou Antão Vaz, entre tantas — podem ter nomes curiosos, mas provaram que, bem tratadas, produzem vinhos belíssimos e devem fazer parte do dicionário de qualquer enófilo bem informado. Passados mais de quinhentos anos da descoberta do Brasil por Portugal, chegou a hora de inverter o sentido e o Brasil, assim como outros mercados, descobrir o Portugal dos vinhos, principalmente o dos novos vinhos. Portugal vive uma fase propícia à conquista de mercados externos. Ao contrário de Austrália, Chile e Argentina, que precisam exportar, os produtores portugueses sempre se preocuparam mais com o mercado interno, aquecido com os bons ventos trazidos pelo crescimento econômico do país após sua entrada na Comunidade Econômica Europeia.

O mercado mundial de vinho está saturado, e para enfrentar as dificuldades de aumentar as exportações e competir com os países do Novo Mundo, imagino que a estratégia de Portugal deva ser se posicionar como quem tem condições de oferecer um produto bom e diferenciado, fugindo da faixa de vinhos Cabernet Sauvignon bem-feitinhos, previsíveis e baratos, conquistando espaço com os gurus que influenciam o paladar de consumidores pelo mundo. Há um movimento nessa direção, e não me refiro a *lobby*: os produtores portugueses estão perdendo, no bom sentido, a inocência e buscando oferecer também vinhos de padrão superior junto com sua linha normal. A exemplo do que já fizeram tantos países, por exemplo a Espanha, trata-se daqueles vinhos mais caros, que ganham degustações, têm produção limitada e viram objeto de desejo. Projetam a vinícola e abrem caminho para seus outros vinhos.

Dirk Niepoort, que assumiu a tradicional empresa de vinhos do Porto da família e conseguiu mudar sua imagem e lhe dar grande projeção, usa essa estratégia com maestria. Depois de lançar o Redoma, um belo tinto de mesa, lançou o Batuta 99 e outros rótulos ao longo dos anos.

Além desses vinhos, há o de Bruno Prats. Nome de grande expressão no setor, Prats lançou na região do Douro o Chryseia, em parceria com o importante grupo português Symington.

O Alentejo, região distante 180 quilômetros a leste de Lisboa e que praticamente iniciou a modernização vinícola portuguesa, continua seu processo de renovação. Com exceção do Esporão, que faz parte do Grupo dos Sete e sempre voltou os olhos para o mercado externo, a grande maioria dos produtores não se preocupava com o assunto, fazendo com que apenas 12% dos vinhos alentejanos fossem exportados. Aderindo à nova realidade, várias vinícolas esforçam-se em divulgar seus produtos no exterior, como demonstra a Cortes de Cima, do dinamarquês Hans Kristian Jorgensen. Ele impõe uma nova cultura, apostando nas castas nativas, dentro de um estilo moderno. Sem, porém, se restringir a elas, Jorgensen abriu espaço para a Shiraz, uma variedade de grande aceitação internacional que serve para abrir as portas para seus vinhos nas feiras em que insistentemente se apresenta. Fiquei impressionado quando degustei no local cinco amostras diferentes, retiradas diretamente das cubas recém-fermentadas. Eu já havia gostado do seu Incógnito — nome dado porque a casta até então não era reconhecida oficialmente —, e percebe-se que ele continua se aprimorando. Atenta ao mercado, a Cortes de Cima lança também um potente Reserva, a partir de Aragonês, uma das uvas de melhor adaptação na propriedade.

Na munição preparada para atacar a concorrência e impressionar a imprensa influente — que gosta de vinhos intensos e encorpados —, o Alentejo vai incorporando a Alicante Bouchet, uma casta abandonada na França, mas que já provou que em terras alentejanas renasce exuberante. Um vinho que há tempos demonstrou seu valor foi o Mouchão, um dos primeiros alentejanos importantes, que utiliza a Alicante majoritariamente. Para reforçar sua afinidade com a região e esse produtor, vale acrescentar que aqui a Alicante é vinificada em lagares, com pisa a pé, mas sem deixar de exibir um perfil moderno. Paulo Laureano, um dos mais requisitados enólogos e consultores locais, responsável pelo Mouchão desde 1997, conta não ter se atrevido a mudar nada no processo, quando assumiu, tão adequado e coerente ele era.

Outro exemplo da excelente aclimatação da Alicante Bouchet é o vinho do Esporão, que ganhou em 1998 e no ano 2000 o primeiro prêmio do Concurso da Confraria dos Enófilos do Alentejo, o mais sério e importante concurso local (repetiu a façanha em 2007 com outro enólogo). Luís Duarte, seu mentor e também integrante da linha de frente dos melhores enólogos portugueses, me confidenciou certa vez que seu vinho tem aproximadamente 80% dessa uva, trabalhada dentro de conceitos atuais, com barril de carvalho novo. Duarte, aliás, é tricampeão desse concurso, tendo ganho antes com outro Esporão e, em 2001 e 2002, com o Herdade Grande. A Alicante Bouchet se tornou um símbolo do Alentejo, sem contudo tirar o lugar da Aragonês e da Trincadeira.

Quem vai ao Alentejo, cujo povo tem como características a calma e a sobriedade, talvez não perceba a agitação que há por lá. Francisco Pimenta, até 2004 enólogo dos famosos Cartuxa e Pêra Manca, brincava com as próprias origens ao dizer que devagar, devagarinho e parado são as três velocidades de seus habitantes. Lembra a Bahia, mas tenho mais a impressão de que eles se assemelham aos mineiros: quietinho, quietinho, conseguem tudo.

Vantagem dos uruguaios começa no embalo da feijoada

Os vinhos uruguaios dispõem de atributos para atrair o consumidor brasileiro. Além de preços relativamente competitivos, por conta do Mercosul, sua especialidade é a uva Tannat, que tem particular afinidade com um dos pratos mais típicos do Brasil: a feijoada. Embora não seja comum acompanhar feijoada com vinho, pode-se afirmar que um bom tinto reúne características que o credenciam como a bebida mais adequada para se compatibilizar com a comida emblemática das nossas quartas-feiras e sábados. Entre eles, principalmente um Tannat.

Essa combinação, na verdade, não é nem surpreendente nem tão original. Há razões de sobra para legitimar esse casamento, e são elas que consagraram o Tannat em sua origem, o Madiran, no Sudoeste da França, como vinho de excelência para escoltar o *cassoulet*, um prato clássico da cozinha francesa. De fato, a feijoada e o *cassoulet* têm grandes semelhanças. Se existem diferenças no preparo e nos ingredientes — a principal é que os franceses utilizam feijão-branco ao invés do nosso feijão-preto tradicional —, tanto o prato de lá quanto o daqui são consistentes e gordurosos, o que pede um vinho com bons taninos e destacado frescor (características dos Tannats) para dar o justo contraponto. Mesmo respeitando sempre preferências pessoais, é preciso concordar que a habitual companheira da feijoada, a cerveja, ilude com uma suposta noção de leveza e sensação de saciar a sede. Na realidade, o gás estufa, torna a digestão mais difícil e contribui decisivamente para sustentar uma frase famosa do saudoso Stanislaw Ponte Preta: "Para uma feijoada ser completa só falta a ambulância". Com um vinho apropriado, isso não seria tão verdade.

Os Tannats também se afinam com outro hábito alimentar brasileiro, este também típico dos uruguaios: o churrasco. Com efeito, seus tintos encorpados e ricos em taninos casam-se perfeitamente com as, em geral, fibrosas e vigorosas carnes vermelhas assadas na brasa.

As vinícolas uruguaias contam com o apelo enogastronômico de seus Tannats para cativar os brasileiros, mas nossos vizinhos têm ainda outros vinhos interessantes para oferecer. No geral, o clima do Uruguai beneficia também a Merlot, que nos últimos tempos tem moldado sozinha belos tintos ou entrado como coadjuvante para amaciar e dar um toque mais moderno a vinhos produzidos majoritariamente com a tradicional Tannat. Talvez se possa dizer que o mesmo não ocorre com a internacional Cabernet Sauvignon. Por ser uma variedade mais tardia, no Uruguai seus taninos têm certa dificuldade para amadurecer por completo, tendendo a deixar na boca alguma sensação de aspereza no final. Ela pode, no entanto, ser bem útil em vinhos de corte, entrando na composição com outras castas para dar mais estrutura ao conjunto. Há outras uvas tintas cultivadas em menor escala, como a sempre difícil e caprichosa Pinot Noir e as ecléticas Syrah e Tempranillo. Ainda assim, os melhores resultados são obtidos com Tannat e Merlot.

No campo dos brancos, há igualmente bons exemplos, o que não surpreende, já que a natureza beneficiou o país com condições bastante favoráveis para que seus vinhos guardem índices atraentes de acidez. Isso se traduz em Sauvignons Blancs e Chardonnays com frescor, assim como em bons resultados com Sauvignon Gris e Viognier.

Mas a mamãe Natureza também tem seus caprichos, e eles se fazem presentes na instabilidade do clima. O Uruguai tem, comparado com Chile e Argentina, por exemplo, safras mais irregulares e diferenciadas, situação semelhante à que se passa na Europa.

Alguns grupos europeus de peso, ao perceberem o potencial uruguaio no mercado internacional, interessaram-se em fazer parcerias com vinícolas locais tendo a exportação como objetivo. A combinação tinha tudo para dar certo: os uruguaios entravam com as uvas, instalações e conhecimento das particularidades da região, e os estrangeiros aportavam *know-how* avançado em vinhos, credibilidade e se encarregavam da comercialização, valendo-se dos mesmos canais de venda de seus próprios produtos. Foi o caso, entre outros, da sociedade entre os irmãos Lurton, franceses, com a vinícola uruguaia Carrau (produziram o Casa Luntro), do grupo borgonhês Boisset com a Pisano (Viña Progreso) e do aristocrático bordalês Bernard Magrez (proprietário do Château Pape Clément) com a Juanicó (linha Familia Magrez). Por algum erro estratégico, porém, essas iniciativas não deram o resultado esperado. Pode ter havido excesso de pretensão ao se estabelecer de saída preços demasiado altos, ou talvez o insucesso tenha ocorrido devido a um momento pouco favorável da conjuntura internacional, em especial para os franceses. Decerto isso faz parte do processo de aprendizado, e talvez uma reavaliação de preços e adequação de produto recoloquem o barco no rumo. Em todo caso, aparentemente, as vinícolas uruguaias dependem apenas de suas forças e criatividade para vender seus vinhos no exterior.

Uma das primeiras vinícolas uruguaias a introduzir seus produtos no Brasil foi a Carrau, a cuja família pertenceu o Château Lacave, na Serra Gaúcha. Instalada na prestigiada região de Canelones, a vinícola produz desde a linha Castel Pujol, com varietais corretos e reservas interessantes, até o Amat, top de linha feito com uma seleção de uvas Tannats provenientes de vinhedos próprios situados no extremo norte do país, em Rivera, fronteira com o Brasil. É, a rigor, o único rótulo de padrão superior produzido no Norte. Moldado com um estilo moderno, o Amat tem taninos macios e corpo adequado, fazendo parte da elite dos tintos uruguaios.

A Pisano é outra vinícola de expressão no Uruguai. Depois da arrancada inicial conduzida na década de 1990 por César Pisano, que ainda segue olhando tudo discretamente, a bodega passou a ser dirigida por seus três filhos, um em cada setor. A linha, sólida e consistente, começa no bom e barato Cisplatino, cresce com os varietais da RPF (Reserva Personal de la Familia) e fecha com o ótimo Arretxea (sobrenome basco da mãe dos três), um corte de Tannat com Cabernet Sauvignon e Merlot. Outro rótulo acessível que vale a pena é o Rio de los Pajaros, na versão Merlot com Tannat ou Tannat puro.

Completando a lista das vinícolas uruguaias mais conhecidas no Brasil, e talvez no exterior, está a Juanicó, um projeto ambicioso da família Deicas desde que assumiu o controle dessa antiga bodega em 1979. Foram feitos grandes investimentos nos vinhedos, com a importação de mudas selecionadas, trabalhos de restauração dos velhos edifícios e adequação das instalações. Igual atenção foi dada à área comercial, tanto interna como externamente, com ênfase na marca Don Pascual. O nome da vinícola ganhou impulso, com méritos, depois da cobiçada Grande Medalha de Ouro conseguida por seu vinho premium, o Prelúdio, da safra 1992, no concurso da Vinitaly em 1997. É um tinto com aproximadamente 50% de Tannat, complementado com castas bordalesas (Cabernet Sauvignon, Cabernet Franc, Merlot e Petit Verdot); estagia mais de 24 meses em barris de carvalho e, produzido apenas em anos bons, só é lançado após permanecer repousando mais dois anos em garrafa. Cabe destacar ainda, dos vários degustados, o Don Pascual Viognier Reserva 2004 e, principalmente, um super-reserva de baixíssima produção, o Familia Deicas 1er Cru Garage Tannat 2000. Como diz o nome, é um verdadeiro vinho de garagem, padrão lançado por alguns americanos e bordaleses na década de 1990.

Salvo a Castillo Viejo, de maior porte e que produz os vinhos Catamayor, de perfil mais comercial, uma série de bodegas menores e mais artesanais, presentes no mercado brasileiro, merece atenção. A Filgueiras, uma delas, já conquistou posição com seus belos tintos, sobretudo Merlots e Tannats, e um intrigante Sauvignon Gris, branco. A vinícola é nova — sua primeira colheita se deu em 1999, mas tem vinhedos plantados desde 1930 — e conta com a consultoria do prestigiado Patrick Valette, enólogo francês, com clientes importantes em Bordeaux e no Chile.

O nome Toscanini tem tradição na vinicultura uruguaia. Fundada em 1908, a Juan Toscanini é comandada por seus descendentes. De seus quatro diferentes vinhedos, somando oitenta hectares, sai uma gama bem montada que culmina no Adagio, tanto em branco à base de Chardonnay, quanto em tinto, uma composição de Cabernet Franc, Merlot e Tannat. Um ramo da família se desligou da vinícola original para formar, em 1979, a Montes Toscanini, e deu certo. Alguns de seus vinhos impressionaram, caso do Premium Corte Suprema Blanco 2004, um Chardonnay com 15% de Viognier, do Reserva Familiar Tannat 2004, com muita tipicidade e ótima relação qualidade/preço, e, finalmente, do Gran Tannat Premium 2002.

Pelas diversas regiões vinícolas uruguaias, nota-se, com pequenas diferenças, que se repete a história de bodegas fundadas há tempos por imigrantes europeus que foram passando o comando sucessivamente a filhos e netos. Com isso, novas ideias, energia e mais conhecimento técnico foram sendo incorporados para melhorar a qualidade dos vinhos. É o caso também da Ariano, da Marichal e da Irurtia. Variações sobre o mesmo tema, como compra ou retomada de vinícolas antigas, mas que permanecem adotando um esquema familiar, têm como exemplo a De Lucca e a Los Cerros de San Juan, e, para confirmar a tese, a promissora Pizzorno, cujo proprietário assumiu a tarefa com paixão, tendo fundamental colaboração da mulher, médica de um hospital público próximo, e até dos filhos pequenos na hora de etiquetar as garrafas.

Se tudo isso soa muito bonito, mas ainda um pouco distante da modernidade que se vê em outros cantos, é bom saber que no Uruguai o caminho do futuro vem sendo mostrado pela Bouza, uma vinícola que pode servir de modelo em qualquer lugar do planeta — desde a implantação dos vinhedos, suas experiências e acompanhamentos, até suas instalações impecáveis. Um brinco que se traduz, mesmo ainda jovem — a primeira colheita foi em 2003 —, em excelentes vinhos.

QUANDO AS PARTICULARIDADES DAS REGIÕES FAZEM TODA A DIFERENÇA

Champagne, borbulhas coroadas

Nenhuma bebida tem, nem pode aspirar a ter, a mesma imagem de refinamento e celebração do champagne. Seu sucesso e presença importante na história tanto da França quanto do resto do planeta são tão documentados que não permitem nenhuma tentativa de analogia. Nas mesas mais requintadas, nos eventos de destaque e em datas marcantes, servir champagne é quase imperativo. Champagne é champagne, o resto é espumante.

Muito antes de oferecer o famoso espumante na forma como ele é hoje conhecido, a região tinha tradição na área vinícola mais por sua importância política e posição geográfica do que pela qualidade intrínseca de seus brancos e tintos, a única bebida que produziam até então. Esses vinhos ficaram conhecidos por regarem as festas de coroação dos reis da França, realizadas a partir do ano 816 sempre na catedral de Reims, cidade distante 140 quilômetros a leste de Paris e que até hoje forma com Epernay o centro nervoso de Champagne. E as solenidades foram muitas: até 1825, 37 reis franceses coroados. Os bispos e a Igreja, grandes proprietários de vinhedos, foram os maiores beneficiados e encorajaram seu desenvolvimento. A divulgação dos Vins de Champagne também foi facilitada pelo intenso trânsito de viajantes sedentos que passavam por aquele território, próspero cruzamento de duas rotas comerciais muito ativas na época.

É provável que as diversas celebrações do reinado e a localização da região tenham projetado Champagne e seus vinhos de qualidade duvidosa (se comparados, por exemplo, com a pouco distante Borgonha, onde eram cultivadas as mesmas variedades de Chardonnay e Pinot Noir). Nada se equipara, no entanto, ao prestígio que se alcançou após a descoberta das borbulhas no fim do século XVII, atribuída ao monge beneditino dom Pérignon. A bebida foi seduzindo paladares e espalhando-se de forma progressiva e irreversível. Seu crescimento mostrou-se tímido no começo, porque não se dominava com exatidão a espumatização, o processo natural de formação do gás, produzido após uma segunda fermentação na garrafa. Por vezes a pressão era pouca e decepcionava, outras vezes o excesso fazia os vasilhames explodem. Estima-se que durante o século XVIII mais da metade das garrafas da bebida estourava. Em média, eram produzidas na região de Champagne de 2 a 3 milhões de garrafas de vinho por ano, das quais 90% eram tintos inexpressivos.

Levadas para os palácios, primeiro por Luís XIV, no início dos anos 1700, e aproveitando-se da influência que a França exercia na época, as borbulhas tomaram conta das casas reais da Europa. A literatura francesa, Voltaire inclusive, se interessou e reforçou a posição do champagne como o vinho das artes, da cultura e do refinamento. O esforço que sua elaboração exigia e as pequenas quantidades produzidas implicavam altos custos, o que fazia dos nobres efervescentes um produto para poucos. Assim, o século XVIII pode ser considerado apenas introdutório do produto. É curioso observar que a Revolução Francesa, que ocorreu nesse período, embora fosse considerada de esquerda, voltada para o povo, tinha boa parte de seus mentores vivendo bem e bebendo os requintados espumantes. Se Robespierre não era um *gourmet*, Danton adorava as iguarias finas, abastecendo-se de ostras e bebendo muito champagne.

Foi no século XIX, período de alguma paz e progresso, resultante da Revolução Industrial, que o comércio da bebida se desenvolveu. Houve não só a abertura de novos e grandes mercados como também a possibilidade de aumentar a produção com a descoberta de técnicas que desembaraçaram o processo de elaboração do champagne. Os primeiros quinze anos foram de altos e baixos, já que refletiram os sucessos e os fracassos de Napoleão. Bem a propósito, ele dizia merecer a bebida após as vitórias e precisar dela para consolá-lo nas derrotas. O imperador foi um importante veículo de introdução do espumante francês ao levá-lo consigo durante suas investidas, em particular em direção à Áustria e às frentes do Leste. Abastecia-se em Reims e Epernay, que ficavam no caminho. Napoleão era um invasor, mas pode-se dizer que deixava uma "boa recordação", principalmente quando era obrigado a se retirar, abandonando pelo caminho garrafas preciosas.

Em 1805, ou seja, ainda na fase de conquistas de Napoleão, surge a figura notável de Nicole-Barbe Clicquot-Ponsardin, conhecida como "a viúva Clicquot", que herdou a vinícola aos 27 anos. Ela foi fundamental para o sucesso comercial do champagne, por desenvolver o método da *remuage*, permitindo a criação de linhas de montagem e, com isso, a produção em escala industrial.

Resolvidos os problemas de abastecimento e com demanda aquecida pelo enriquecimento da classe média promovido pela Revolução Industrial, os negócios prosperaram. O champagne deixou de ser uma bebida exclusiva da aristocracia para se transformar em símbolo de prosperidade e celebração. De 300 mil garrafas/ano, a produção passou a 20 milhões no século XIX. A partir da década de 1820, vários negociantes foram surgindo e se instalando sobretudo em Reims e Epernay, criando as famosas *maisons* de Champagne, existentes ainda hoje. As exportações se fortaleceram, consolidando mercados tradicionais, como Alemanha e Inglaterra, mas também mercados novos e ricos, caso dos Estados Unidos. O pico dessa fase de euforia, quando 30 milhões de garrafas saíram das caves, deu-se a partir de 1880, com a Belle Époque e os acontecimentos que consagraram Paris como centro das atenções do planeta. A Exposição Universal de 1900 e a torre Eiffel comemorando os cem anos da revolução, assim como movimentos artísticos e culturais, caso do impressionismo, traziam muitos visitantes, e o champagne corria solto pela cidade.

A ressaca foi forte. Começou com a Primeira Guerra Mundial, uma catástrofe para a região, que se viu transformada em principal campo de batalha, sofrendo perdas humanas e materiais. A catedral de Reims, orgulho dos habitantes, foi bombardeada. Quase ao mesmo tempo, veio a Revolução Bolchevista, que secou por completo o maior mercado consumidor de champagne da época, superior ao da Inglaterra e demais países europeus — os dirigentes russos ao menos poderiam ter tido o mesmo espírito que norteou Danton e seus companheiros da Revolução Francesa. Afinal, abster-se do prazer não significa necessariamente eficiência, como se pode notar pelas biografias de Stálin e Churchill: durante a Segunda Guerra Mundial (que também prejudicou muito o comércio da bebida), enquanto o primeiro não bebia nada e impunha sua tirania aos subordinados, marcando reuniões às três da manhã, o segundo mantinha seu ritual, que incluía um espumante. Nem durante a guerra Churchill abriu mão de seu champagne predileto, o Pol Roger. Servia-se dele durante o jantar, às oito horas, e antes de se recolher instruía seu ajudante de ordens a só acordá-lo se "a ilha" (seu país) fosse invadida.

Algumas pérolas de sir Winston Spencer Churchill fazem dele um vencedor ainda mais admirado. Ao seu companheiro, o general Montgomery, um dos mais destacados comandantes aliados no conflito, que lhe dissera "Eu não bebo, não fumo e durmo muito; eis por que estou cem por cento em forma", Churchill retrucou: "Bebo muito, durmo pouco e fumo charuto atrás de charuto; eis por que estou duzentos por cento em forma".

Como não havia outros Churchills espalhados pelo mundo que apreciassem tanto a bebida, os produtores de Champagne amargaram tempos difíceis. Nem bem se refaziam da perda do mercado russo em 1917, veio o fechamento de outro mercado importante, os Estados Unidos, com a promulgação da Lei Seca, que dois anos depois proibia o consumo de álcool. Para completar o cenário, seguiram-se a recessão posterior à crise de Wall Street, em 1929, e a guerra.

Há perdas impossíveis de se reaver, mas a segunda metade do século XX devolveu alegria e otimismo à região de Champagne, com uma força capaz de até ajudar a esquecer as tristezas. Os vinhedos foram recuperados e reconstituídos segundo técnicas modernas; práticas de campo atualizadas melhoraram o rendimento e a qualidade, reduzindo ainda os riscos de perda devido às rotineiras geadas. Tudo para atender a um mercado que crescera de forma consistente, atingindo patamares inéditos. Os números falam por si: as expedições de champagne passaram de 30 milhões de garrafas em 1950 para 317 milhões em 1999. O mais auspicioso é constatar que esse crescimento aconteceu numa época sem grandes guerras, revoluções ou outras catástrofes produzidas pelo homem, o que reforça a imagem do champagne como símbolo de paz, alegria e bons momentos.

Com essa associação, aliada ao requinte que o champagne nunca perdeu, não faltaram adeptos famosos nem acontecimentos venturosos que se beneficiaram dele. Sempre bem noticiados, o efeito promocional para a bebida foi fantástico. Assim, muitos se lembram do Bollinger ou do Dom Pérignon que James Bond tomava, sempre bem acompanhado, em seus filmes, ou das comemorações nos eventos esportivos, como as corridas de Fórmula 1. Sem preferência de marca, personalidades do cinema, como Marylin Monroe, Hitchcock e Visconti, eram consumidores habituais. Quando não há nacionalismos exagerados, é obrigatório servir o verdadeiro champagne nos jantares oficiais de presidentes e chefes de Estado, o que Kennedy fazia regularmente e a rainha da Inglaterra continua fazendo. Algumas das melhores garrafas, portanto, não poderiam faltar no banquete de casamento do príncipe Charles e da princesa Diana em 1981. Outra figura política de destaque, o general De Gaulle consumia e pagava do próprio bolso seu Drappier, um bom champagne produzido na cidade próxima a Colombey-les-Deux-Églises, onde ele nasceu e morou. Em atenção a um vizinho e cliente tão famoso, a casa Drappier destina parte do que tem de melhor para compor a Cuvée Charles de Gaulle, item importante de sua linha e em cuja garrafa aparece estampada a fotografia do general francês. Homenagem semelhante Churchill recebeu de Pol Roger, a marca predileta do estadista britânico. O ex-primeiro-ministro da Inglaterra, herói de guerra, conhecedor das boas coisas da vida, não o dispensava. Sir Winston Churchill morreu aos 91 anos. Não me ocorre ninguém que melhor represente o verdadeiro consumidor de champagne.

Uma ofensiva etílica na poeira da máfia

Ainda que não haja nenhuma relação entre a ascensão dos vinhos sicilianos e o desmantelamento da máfia baseada na Sicília, não deixa de ser curioso os dois fatos terem ocorrido na mesma época, no início dos anos 1990. A tendência é que os vinhos continuem a chamar a atenção e a máfia sobreviva de histórias pitorescas. As marcas são fortes e não vão cair no esquecimento. Logo ao chegar à "Sichííília" — como eles gostosamente pronunciam —, o mais desavisado visitante vai notar que o aeroporto de Palermo, porto de entrada da ilha, tem o nome dos dois juízes que prenderam os últimos grandes *capos* e desmantelaram a organização. É difícil deixar de aproveitar a oportunidade para perguntar a algum habitante detalhes do que ocorreu e se há sobrevida. De passagem, me lembro de um velho amigo de faculdade, sempre em dia com os personagens e os acontecimentos da máfia siciliana, a quem ainda chamo de Meyer "Lansky", em alusão ao cérebro financeiro do sistema nos Estados Unidos. Os dois promotores, Falcone e Borsellino, foram mortos com todo seu aparato de proteção algum tempo depois das últimas prisões, lá mesmo na Sicília, com explosões comandadas à distância, vingança das raízes, depois de longa e paciente perseguição. Os peixes pequenos de hoje ainda conseguem viver de negócios escusos, acobertar imigrantes clandestinos, e de alguns *pizzos*, a velha "venda" de proteção ao comércio.

Naqueles tempos, a Sicília era conhecida pelas enormes quantidades de vinho comum que produzia, e pelo Marsala, um vinho fortificado, ao estilo de um vinho do Porto. Incentivos governamentais, fundamentados em antigos ideais socialistas, concentravam a produção em torno de cooperativas — as Cantine Sociali. Beneficiados pelo anonimato e induzidos a produzir muito, os produtores locais propunham vinhos baratos, fortes e alcoólicos, fáceis de obter por causa do clima da ilha. Havia também mercado externo quando o consumo *per capita* na Europa era alto — 120 litros por ano — e grandes quantidades eram exportadas para o Sul da França para compor os terríveis *vins de table.* Estes, mesmo com o mercado em crise, persistem, apesar da ausência dos velhos produtores sicilianos.

O antigo e o moderno convivem: num passeio pelos terrenos de vinhas sicilianos, pode-se notar os novos vinhedos, com parreiras mais baixas e de cujo tronco principal sai apenas um sarmento, sistema de condução imprescindível para se controlar a quantidade de uvas produzidas por pé e, consequentemente, a qualidade final do vinho. O sistema "*tendone*", mais produtivo, ainda que em declínio, continua bastante utilizado.

Junto a vinhedos de outrora, há empresas estagnadas, como a famosa Duca di Salaparuta, cujos Corvos fizeram tanto sucesso e, por desconhecimento de muitos, ainda fazem (tenho de admitir, no entanto, que ainda são bem melhores do que muitos Valpolicellas que existem por aí). Símbolo de uma época, a Duca di Salaparuta é uma empresa estatal em período de transição diante da perspectiva de ser privatizada, única forma de livrá-la das amarras que a impedem de acompanhar a evolução da região. Ainda assim, não se pode esquecer sua importante contribuição ao demonstrar o potencial vinícola da Sicília com seu Duca Enrico, um dos poucos a fazer parte da galeria dos grandes vinhos italianos do Sul do país.

Há consciência e segurança no potencial vinícola da ilha. Suas privilegiadas características naturais que atraem — junto com vestígios da presença de fenícios, gregos e romanos — tantos turistas são ótimas para a produção de grandes vinhos. A topografia da região, formada por suaves colinas, permite boa insolação e boa drenagem. O solo pobre apreciado pelas parreiras pode ser notado pelos inúmeros blocos de pedra e algumas formações rochosas que interrompem a paisagem de vegetação rasteira, a qual, dependendo da época, fica coberta por margaridas amarelas indígenas. Muito sol e pouca chuva complementam o cenário. Para amenizar o calor, durante o ano todo sopra alternadamente um dos dois ventos que caracterizam a estação: o scirocco, vindo da Tunísia, ao sul; e o tramontana, que vem do norte. O scirocco chega a deixar os carros cobertos por uma fina camada de areia amarela que carrega das praias, provavelmente o mesmo fenômeno que inspirou Caetano Veloso na música que fala das areias do deserto do Saara nos automóveis de Roma. Os vinhedos mais expostos são protegidos do excesso de vento por finas telas plásticas estendidas ao longo das fileiras de vinhas. Esse conjunto de fatores naturais permite fácil controle sanitário das plantas, dando à Sicília a primazia de ter a maior produção de vinhos biológicos da Itália, não utilizando nenhum produto químico no vinhedo.

Para assegurar que essas condições sejam devidamente exploradas, o Instituto Siciliano da Vinha e do Vinho foi buscar a consultoria de Giacomo Tachis, o enólogo que iniciou o processo de renascimento dos vinhos italianos com os consagrados Tignanello e Sassicaia. Fiquei mais entusiasmado ao ouvi-lo numa entrevista coletiva em Verona, na Vinitaly de 2001, feira anual de vinhos italianos. Ele falava da seleção e do aperfeiçoamento da Nero d'Avola, a melhor uva tinta da região, que confere qualidade e característica a seus vinhos. Além de aspectos técnicos relacionados ao tema campo, Tachis comentou os resultados da combinação majoritária daquela uva típica com Cabernet Sauvignon e Merlot; sem tirar sua personalidade, a "mistura" aporta mais estrutura e complexidade.

Tive a oportunidade de comprovar o sucesso dessa proposta ao degustar uma partida de vinho Nero d'Avola *in purezza* safra 2000 que um pequeno produtor negociava com a Carlo Pellegrino, uma grande empresa do setor, com quatrocentos hectares de vinhedos próprios e que trabalha também com vinhos selecionados de terceiros. Na companhia de Gaspare Catalano, enólogo chefe da empresa, provei algumas amostras compostas na hora, começando com o vinho originalmente proposto, seguidas de outras com diferentes adições de um vinho especial da propriedade, só de uvas Syrah. O lote daquele produtor caprichoso tinha uma cor densa e profunda, aromas provocantes e uma bela estrutura em boca, com taninos redondos e macios, um dos melhores que já provei. Eu poderia dizer, precipitadamente, que o Nero d'Avola em sua versão original era perfeito, não fosse a mágica combinação com 15% de vinho Syrah. A fusão implicou mais complexidade aromática, mais elegância gustativa, sem perder personalidade. Outras composições com maior quantidade de Syrah não deram o mesmo resultado. Nem tinham o brilho do Nero d'Avola puro.

Essa experiência poderia ser repetida com Cabernet Sauvignon e Merlot, outras uvas muito utilizadas nos novos vinhedos na região. Depois de degustar vários dos novos vinhos sicilianos, elaborados com essas uvas em maior porcentagem, ou mesmo compostos na totalidade, continuo defendendo — agora com mais veemência — as vantagens e os atributos da Nero d'Avola: além de uma melhor textura na boca, ela tem como atrativo a tipicidade, qualidade cada vez mais rara no mercado. Outras duas uvas tintas características, Nerello Mascalese e Nerello Capuccio, têm participação nos Marsalas e ainda em outros vinhos tintos mais desenvolvidos na província de Catânia, zona oriental da ilha onde está o vulcão Etna. Escalando as encostas do vulcão e se sujeitando aos perigos de uma nova erupção, estão os vinhedos DOC Etna, ocupando diferentes patamares de altitude. No campo das uvas brancas, maioria na ilha, a Chardonnay está se intrometendo no setor dos finos, aproveitando-se da imagem antiga de vinhos comuns, então elaborados com uvas locais, Grillo e Catarratto principalmente. A Grillo, mais aromática e mais bem controlada, tem dado vinhos interessantes, alguns inclusive na companhia da Chardonnay.

A fama que os tintos sicilianos alcançaram não consegue, no entanto, fazer esquecer o Marsala, emblemático vinho fortificado da ilha. Acredito até que eles tendem a se aproveitar do momento, ganhando qualidade e posição no mercado. Embora disputem o mesmo segmento e não sejam tão conhecidos como o Porto, são produtos distintos, como ficou provado na degustação *in loco* da linha completa da Carlo Pellegrino. Cada um dos oito tem suas características e finalidades, mantendo um padrão bom e consistente. Desde o Marsala Superiore Secco, que lembra um Jerez amontillado e pode ser tomado como aperitivo para acompanhar frutas secas, até o Superiore Garibaldi Dolce e o Dom Riserva, para tortas doces ou queijos fortes, a festa é completa. Para quem vai estender com charuto, o Marsala Vergine Solera — no todo o meu preferido — é obrigatório e uma ótima alternativa para substituir destilados. Qualquer um deles vai fazer esquecer que o Marsala um dia só foi utilizado como ingrediente culinário.

Uma região instigante numa França já soberba

Meu caso de amor com a Alsácia começou em 1986, quando, num curso de vinhos na Borgonha, me sentei ao lado do sommelier de um restaurante estrelado da região. Foi ele quem me iniciou nos vinhos alsacianos, seus segredos e incríveis possibilidades de harmonização com pratos, além de ter me apresentado à nata dos produtores locais, onde até mesmo passei bons momentos colhendo uva e acompanhando o processo de vinificação.

Se a Alsácia já atrai pela alta qualidade que seus brancos podem atingir, algo que, na média, só a Borgonha consegue, aquele canto vinícola no Nordeste da França me fascina por suas particularidades, que determinam uma complexa gama de vinhos. O curioso é que, à primeira vista, parece que os vinhos alsacianos, frutados e prazerosos, são fáceis de beber e de entender. Afinal, é uma das raras regiões francesas em que a casta, normalmente utilizada sozinha e aparecendo com destaque no rótulo, define a característica principal do vinho. Isso fica mais evidente porque as uvas ali cultivadas são muito diferentes entre si: das quatro principais, consideradas nobres, a Riesling compõe brancos elegantes, mais secos e minerais; a Gewurztraminer, muito aromáticos, com mais álcool e em geral com um toque adocicado; a Pinot Gris, macios e com bom corpo; e a Muscat, bem marcados pela sensação de fruta fresca. Menos prestigiadas, existe ainda a Sylvaner, que enseja vinhos leves e com frescor, bons para aperitivo, e a Pinot Blanc, mais neutra e alcoólica, muito utilizada na elaboração de Crémant d'Alsace, um espumante bem correto bastante consumido na França e que representa cerca de 23% da produção de vinhos alsaciana.

O fato de ter uma linha de brancos diferenciada, capaz de oferecer ao consumidor um amplo leque de opções, sem que ele incorra em grandes erros, por si só já faz com que os vinhos alsacianos mereçam atenção. Quem quiser ir mais além, no entanto, encontrará um prato cheio e satisfação em dobro. A região tem uma incrível diversidade de *terroirs*, possibilitando que cada casta assuma diferentes nuances em função de onde esteja plantada, tudo sem perder identidade. Existe uma sinergia muito forte entre alguns desses *terroirs* e determinadas castas. Aprofundando-se um pouco no assunto, chega-se bem próximo do melhor que a região pode propor.

Embora o conceito de *terroir* envolva elementos distintos, como topografia do vinhedo, insolação, exposição, microclima e solo, é este último o maior responsável pela complexa trama deles na Alsácia. E isso representa milhões de anos de uma história geológica bem movimentada. Basicamente, seu quase incontável mosaico de solos e subsolos — calcário, argilo-calcário, xistoso, granítico, pedregoso, vulcânico, e com marna, gesso e argila combinados — tem origem na depressão do antigo maciço que reunia a atual cadeia montanhosa de Vosges e a Floresta Negra, que resultou na planície do rio Reno. No trecho vinícola mais interessante da região, conhecido como Alto Reno, ou Haut-Rhin, uma faixa estreita de cerca de cinquenta quilômetros de extensão, que tem a cidade de Colmar mais ou menos no centro e vai de Thann, ao sul, até as cercanias de Selestat, ao norte, todos esses componentes se intercalam.

Foi somente nos anos 1970 que esse *terroir* foi valorizado. Até então, assim como em outras regiões francesas, a Borgonha, por exemplo, havia poucos produtores conscientes de sua importância e o mercado era dominado por negociantes e cooperativas mais interessados em produzir vinhos baratos. Quando um movimento de independência ganhou força, os vinhedos adquiriram importância, na medida em que seus proprietários começaram a individualizá-los em vez de mesclar vários para lançar um rótulo *cuvée*. Não demorou para em 1975 iniciar-se um estudo com o objetivo de implantar a classificação Grand Cru, elegendo para tanto as parcelas com melhor *terroir*. Porém isso só se concretizou realmente em 1983, com uma primeira leva de 25 denominações Grand Cru, completada em seguida com outro tanto. Em abril de 2006, mais um vinhedo somou-se a esse grupo privilegiado, totalizando hoje 51.

Para essa implantação, levou-se em conta o potencial de cada vinhedo, o melhor *terroir*, composto de uma noção precisa do tipo de solo e das condições específicas do terreno e do clima. Para dar mais peso à classificação, somente vinhos provenientes das quatro castas nobres — Riesling, Gewurztraminer, Pinot Gris e Muscat — podiam ostentar no rótulo a menção Grand Cru.

Em termos de clima, vale notar que a Alsácia, sobretudo naquele trecho distante 25 quilômetros de Colmar, apresenta um dos menores índices pluviométricos da França, com perto de quinhentos milímetros de chuva por ano. Isso se deve à proteção oferecida pelo vizinho maciço de Vosges. Na sua encosta leste, aliás, entre duzentos e quatrocentos metros de altitude, ficam os melhores vinhedos. A cadeia de montanhas protege a região vinícola dos ventos fortes e úmidos que vêm do Oeste e atenua, de certa forma, os invernos muito frios, os verões muito quentes e as bruscas mudanças de temperatura. São condições climáticas que explicam por que numa latitude tão extrema — com a exceção de Champagne, é a região vinícola mais setentrional do país — as uvas alcançam índices ideais de maturação.

Na verdade, até mesmo de sobrematuração, o que permite à Alsácia ter também a reputação de produzir alguns dos melhores vinhos doces franceses, o Vendanges Tardives e o Sélection de Grains Nobles. A legislação que regulamentou esses vinhos é mais recente, de 1984. Para terem direito às suas respectivas denominações, as uvas são colhidas semanas depois do padrão, ao atingirem uma riqueza natural mínima bem elevada de açúcar. No caso dos Sélection de Grains Nobles, a colheita é feita em passagens sucessivas, nas quais as uvas só são apanhadas uma por uma, e não no cacho, e apenas aquelas atacadas pela *Botrytis cinerea*, fungo causador da podridão nobre, como nos Sauternes.

É interessante analisar como a região chegou ao estágio atual, a começar pelo destaque dado às castas, o oposto do que ocorre no resto do país. Na verdade, até a crise da filoxera, na tradição vinícola alsaciana uma centena de variedades de uvas era plantada misturada, resultando num vinho síntese. Durante a dominação alemã, os vinhedos foram arrancados, marcando a primeira quebra da cultura local; em seguida, já sob a bandeira da França, implantaram-se parreiras híbridas, de origem americana, bastante produtivas e resistentes à praga.

Após a Segunda Guerra, quando os viticultores começaram a replantar as vinhas, do enorme conjunto de castas anteriores havia sobrado apenas uma dezena. Pelo fato de esse número ser bem reduzido e, principalmente, por medo de que se plantassem híbridas para aumentar o rendimento, os órgãos de controle impuseram a individualização das variedades. No fundo, a separação se deu para facilitar a fiscalização e tinha, ainda que fosse contra as tradições, finalidade saneadora.

Não adiantou muito. Com a chegada dos prósperos anos 1960 — e com isso mais turismo e mais consumidores de vinho —, era preciso produzir mais. Para tanto, desenvolveram-se clones produtivos. A Riesling, por exemplo, uma variedade com baixo rendimento, originalmente com bagos pequenos, foi transformada em fértil, chegando a um escandaloso aproveitamento de 120 hectolitros de vinho por hectare.

A despeito de a Appellation d'Origine Contrôlée da Alsácia ainda permitir a produção da maior quantidade por hectare entre todas as AOCS francesas — para regozijo dos negociantes e cooperativas locais —, limitou-se mais o rendimento das parreiras.

A evidência do *terroir* alsaciano a partir das cinquenta parcelas contempladas com a classificação Grand Cru gerou a conscientização da importância de se preservar o meio ambiente, em especial com relação à vida microbiana do solo: os terrenos na Alsácia são profundos, permitem que algumas raízes cheguem a trinta metros, gerando nos vinhos inquestionáveis diferenciais de qualidade e complexidade. Não é de se estranhar que a região tenha um dos maiores contingentes de seguidores da cultura orgânica e da escola biodinâmica na França.

Radicalmente comprometido com o *terroir*, trabalhando segundo os conceitos biodinâmicos para exprimi-lo com o máximo de perfeição, Jean-Michel Deiss, um dos produtores mais respeitados da Alsácia, voltou às origens recuperando a antiga tradição de plantar todas as castas juntas. Segundo ele, o *terroir* é tão forte que domina qualquer outro fator, determinando por si só o estilo, a personalidade e mesmo a fisionomia do vinho. Deiss insiste que plantar apenas uma casta impede a manifestação completa do *terroir*, "da mesma forma que uma pessoa com um vocabulário demasiado pobre fica impedida de exprimir sentimentos profundos".

Enfrentando tudo e todos — a legislação Grand Cru sempre considerou obrigatória a menção da casta no rótulo —, Jean-Michel não pestanejou em ir adotando a coplantação a partir de 1994, primeiro em seu Grand Cru Altenberg de Bergheim e a seguir nos demais vinhedos, inclusive no célebre Schoenenbourg. Tanto brigou que a justiça, em sentença publicada em 2005, lhe deu ganho de causa. Seus três Grand Crus, os dois citados mais o Mambourg, passaram a contar com a classificação, sem a necessidade de mencionar a variedade. Foi com base nessa decisão que a Alsácia pôde acrescentar mais uma denominação a seus anteriores 50 Grand Crus, o Kaefferkopf, cujos viticultores haviam renunciado ao direito de ascender à categoria superior para poder conservar a possibilidade de misturar as castas, como no passado.

O preciosismo de Jean-Michel Deiss não poderia deixar de se refletir em seus vinhos. São brilhantes, ricos e de rara pureza. Todavia, é preciso um certo conhecimento antes de se adquirir uma dessas preciosidades. É que, sendo a expressão de cada *terroir* e não tendo a variedade como referência, não fica evidente qual é o estilo do vinho que se tem pela frente. Mais ou menos aromático? Mais ou menos seco? Tudo depende do solo, de o *terroir* ser mais tardio — o que dá mais açúcar residual — e da predominância de alguma uva. Schoenenbourg tem mais Riesling, por exemplo, o que, inclusive, pode dificultar a escolha da garrafa mais indicada para acompanhar determinado prato. Em todo caso, salvo o trabalho adicional de conseguir a informação correta, são vinhos que sem dúvida valem a pena.

Trilhando um caminho diferente, não adepto da coplantação, mas com a mesma dedicação extrema à busca da qualidade e apego à noção de *terroir*, está o Domaine Zind-Humbrecht, outra estrela de primeira grandeza na Alsácia. Vindo de uma geração de viticultores iniciada no século XVII, Léonard Humbrecht começou com três ou quatro hectares em 1959, vinificados na cantina construída na casa do sogro, para chegar a quarenta hectares de excelente localização e se tornando um dos nomes mais respeitados da região. Com sotaque tipicamente alsaciano, Léonard defende com paixão a importância do *terroir* e a cultura biodinâmica, implantada em 1998 por seu filho, o talentoso e competente Olivier.

Seus vinhos refinados refletem com precisão e riqueza os vinhedos de origem, o que não significa que se mantenham rígidos a preceitos antigos. Sem abrir mão da fidelidade ao *terroir*, porém atendendo aos crescentes apelos dos restaurantes e de seus clientes, que sentiam dificuldade em compatibilizar os vinhos da vinícola com pratos, devido ao toque adocicado que os caracterizava, Léonard Humbrecht e seu filho mudaram o estilo e passaram a elaborar brancos mais secos. Precisa mais? É juntar a sede com a vontade de comer.

Poucas regiões têm o privilégio de contar, ao mesmo tempo, com uma oferta tão rica e diversificada de vinhos e de comida quanto a Alsácia. A indissociável ligação entre ambos faz daquele canto da França um paraíso enogastronômico. Pratos locais típicos como *foie gras*, *tarte à l'oignon*, *choucroute à l'alsaciènne* e *Baeckeoffe* (ou *Baeckenoffe*, que ao pé da letra significa "cozido no forno"), entre outros, de características completamente diferentes entre si, encontram sempre par perfeito em algum dos brancos que compõem a variada gama vinícola alsaciana.

O fato de as AOCs da Alsácia destacarem a variedade de uva no rótulo (salvo os vinhos elaborados segundo a antiga tradição), facilita a identificação do caráter do vinho, tornando mais fácil compatibilizá-lo com um determinado prato.

A rigor, o arsenal vinícola alsaciano se compõe ainda de um vinho tinto elaborado com Pinot Noir. No entanto, mesmo que alguns (poucos) produtores consigam atingir com essa uva da Borgonha um tinto de padrão bastante razoável, ele fica bem aquém do que se alcança em sua região de origem, além de bem distante do que, proporcionalmente, as brancas locais oferecem.

Isso posto, no caso dos pratos típicos citados, significa que o *foie gras*, com sua textura pastosa, vai melhor com um Pinot Gris; a *tarte à l'oignon* pede a vivacidade de um Sylvaner ou mesmo de um Pinot Blanc; o *choucroute à l'alsaciènne* ganha dimensão com o frescor do Riesling; e o *Baeckeoffe* necessita da presença mais atuante de um bom Pinot Gris. O Gewurztraminer, de muita personalidade, fica para o final da refeição, escoltando um dos queijos mais identificados com a Alsácia, o forte Munster, de preferência coberto com grãos de cominho.

Embora as uvas tenham participação decisiva no caráter dos vinhos, o produtor sempre deixa sua marca, seu estilo, que devem ser levados em consideração na hora de escolher a garrafa que melhor se harmoniza com um prato em particular. Desde meados de 2005, boa parte das vinícolas da região passou a elaborar vinhos mais secos, mais adequados à gastronomia; é o caso de ótimos Domaines como Zind-Humbrecht e Josmeyer. Jean Mayer, o proprietário do Josmeyer, desde que passou o bastão para seu genro, o talentoso e dedicado Christophe Ehrhart, dedica boa parte de seu tempo a divulgar a aptidão de seus vinhos à gastronomia. Mesmo que não se possa generalizar, é a menção Vendange Tardive no rótulo que prenuncia vinhos doces, e Sélection de Grains Nobles, os bem doces.

A capacidade de afinamento dos brancos alsacianos com alguns pratos não se limita ao universo das receitas regionais. Ao contrário, eles têm uma incrível vocação para exaltar pratos das mais diversas procedências; um bom exemplo, é a culinária japonesa. Se até pode parece lógico que um Riesling, por seu frescor e elegância, se acomode bem com sashimis, vale a pena testar e se surpreender com a fantástica sintonia entre sushi e Pinot Gris. Pensando bem, não há nada de surpreendente. A textura do arroz associado ao toque adocicado é o grande diferencial do sushi, atributos que casam de maneira perfeita com a maciez e a sensação sutilmente doce do Pinot Gris.

Se o assunto é cozinha asiática, então, é difícil encontrar melhor acompanhamento do que os brancos da Alsácia. Em especial para pratos condimentados, como ocorre com os de origem tai e indiana. Na cozinha tai, em que se mesclam sabores picantes e agridoces, é preciso um vinho com acidez bem presente e paladar frutado, com alguma tendência adocicada; a Riesling é a pedida certa. No caso da indiana, com mais especiarias e mais intensa, encaixa-se perfeitamente um Gewurztraminer, que é potente e até já leva no nome a palavra "condimentado" — literalmente "*gewurz*" em alemão. Combinações menos rebuscadas mas não menos vitoriosas são Riesling (os mais secos e minerais) com salmão defumado, com ostras, com aspargos e com *fondue* de queijo.

As crianças cheias de personalidade do Romanée-Conti

Humildade, segundo os dicionários, é a virtude da modéstia, da simplicidade, e talvez nenhuma outra definição explique melhor a postura de monsieur Aubert de Villaine, coproprietário e há cerca de trinta anos responsável pelo cultuado Domaine de la Romanée-Conti. Mesmo quando se trata de *terroirs* excepcionais, como no caso dessa propriedade, o fator humano é fundamental para extrair todo seu potencial; monsieur De Villaine, porém, não credita a si mesmo esse mérito, mantendo sempre um jeito simples e afável, como se sua participação nesse enorme patrimônio vitícola fosse das mais irrelevantes.

Monsieur Aubert lembra outro destacado personagem do mundo do vinho, Paul Pontallier, diretor técnico do Château Margaux, celebrado 1er Grand Cru Classe de Bordeaux, que anos atrás declarou que "a personalidade de um grande vinho é muito mais forte e estável que a nossa". Ele comparou vinhos a *niños*: "O relacionamento que temos com nossos filhos lembra o que temos com os vinhos que produzimos. Primeiro, é difícil julgá-los, porque não temos necessariamente a lucidez para analisá-los; não somos tão objetivos. Em segundo lugar, a educação das crianças se parece com a maneira com que produzimos vinho. É ilusório querer impor a uma criança um esquema cultural ou um plano de educação qualquer para que assim se forme sua personalidade. Quando você tem vários filhos, a mesma receita não vale para todos. Com vinho é igual. O vinho tem uma personalidade, e nosso objetivo é antes de mais nada tentar compreender essa personalidade para poder adaptar os métodos a ele. Como a educação das crianças, é uma troca permanente entre a maneira de ela reagir e a forma de educá-la".

Aubert de Villaine tem várias "crianças" para criar, e ele, como um bom *bourguignon*, sabe da importância de respeitar a identidade — o *terroir* — de cada uma delas. A gama de tintos do Domaine de la Romanée-Conti é formada por seis rótulos, todos pertencentes à mais alta categoria da Borgonha, a Grand Cru — eles se dão ao luxo de ainda ter cerca de dois hectares de Vosne Romanée 1er cru, que não levam a assinatura DRC, sendo vendidos a negociantes tradicionais da região (com o compromisso de não citarem a procedência). Os vinhedos são praticamente colados: o mítico Romanée-Conti está cercado pelo Richebourg e pelo Romanée St. Vivant, o La Tâche está cem metros à esquerda e o Echezeaux e o Grands Echezeaux, um pouco mais distantes, um quilômetro à direita. Ainda que a elaboração dos seis vinhos obedeça basicamente aos mesmos rituais de trabalho, tanto no campo quanto na vinificação, ano após ano as características de cada um são perseguidas e resguardadas, sendo perfeitamente identificáveis qualquer que seja a safra.

Com pequenas variações — compra de parte do La Tâche em 1933, tornando-se seu único dono, e a aquisição de duas frações em Romanée St. Vivant, que já lhes eram arrendadas —, o apreciável tesouro que compõe o Domaine de la Romanée-Conti vem desde os idos de 1870, época em que Jacques-Marie Duvault-Blochet, um importante negociante de vinhos da Borgonha, adquiriu o mais famoso dos vinhedos da região, e para lhe fazer companhia juntou as parcelas já de sua propriedade. Ao DRC — Aubert de Villaine (*je m'excuse*) não gosta que se refiram assim ao Domaine, acha muito "americanizado" — faltava, a rigor, um bem precioso para completar a coleção: o Montrachet, considerado o melhor vinho branco seco do planeta. Isso foi conquistado em doses homeopáticas. A primeira parcela, com 3419 metros quadrados, foi comprada em 1963, a segunda, com 1670 metros quadrados, em 1965, e a terceira e última, contígua e com a mesma metragem da anterior, em 1980, conjunto que dá origem a menos de 3 mil garrafas por ano.

Montrachet é um vinhedo com aspecto retangular de apenas oito hectares, dividido praticamente ao meio entre as comunas de Chassagne e Puligny-Montrachet, a cerca de dez quilômetros ao sul da cidade de Beaune. A propósito, seu prestígio sempre foi tão grande — há menções sobre ele desde o século XIII — que seu nome foi incorporado pelas duas comunas. Rodeado por outros quatro Grand Crus brancos — Criots-Bâtard-Montrachet, Bienvenues-Bâtard-Montrachet, Bâtard-Montrachet e Chevalier-Montrachet —, nenhum sequer lhe faz sombra. Informalmente, considera-se que o Montrachet reúne o (muito) melhor dos dois últimos: a potência do Bâtard e a elegância do Chevalier. Caprichos da mãe Natureza.

Em todo caso, é recomendável não mergulhar às cegas. Suas 27 parcelas dos mais diferentes tamanhos são partilhadas entre dezoito proprietários, e é sempre bom lembrar que isso não é um consórcio — cada um tem suas parreiras e cuida delas com total autonomia e liberdade; uns são mais zelosos e competentes, outros nem tanto. Há também a figura do *négociant*, que arrenda vinhas ou compra uvas, mosto, ou mesmo vinho já fermentado, neste caso pagando qualquer preço para possuir duas ou três barricas por ano e poder se vangloriar de ter um Montrachet em seu portfólio. Enfim, há Montrachets excepcionais, ótimos, médios e, independentemente do poder aquisitivo de cada um, aqueles que não valem o que custam.

No ponto mais alto dessa classificação está o Montrachet do Domaine de la Romanée-Conti, e é possível que isso se deva a quatro fatores: a localização das três parcelas — duas, as de número 129 e 130, estão voltadas para o sul, e a 31, a maior, para sudeste, ensejando mais complexidade —; a idade avançada das parreiras — entre cinquenta e oitenta anos —; a cultura biodinâmica; e o extremo cuidado que a vinícola tem em todas as etapas de trabalho. Aubert de Villaine, porém, elegantemente, dá a entender que o motivo é uma conjunção de pequenos detalhes, se comparados a um fator maior, dominante e imponderável, que se chama um *terroir* abençoado.

O DOMAINE DE LA ROMANÉE-CONTI E A ERA DE VILLAINE

A primeira delimitação do vinhedo Romanée-Conti, datada de 1380, teve origem num minucioso e paciente trabalho dos monges cistercienses e beneditinos, que aos poucos foram compreendendo a complexidade de solos formados 350 milhões de anos antes. O Domaine propriamente dito, constituído pela parcela que lhe dá nome e por outros vinhedos de primeira grandeza, foi fundado na metade final do século XIX por Jacques-Marie Duvault-Blochet. A saga da família De Villaine teve início após o casamento da neta de Jacques-Marie com Edmond Gaudin de Villaine.

No meio do caminho, em 1942, após um período sombrio para a Borgonha, 50% da Sociedade Civil Domaine de la Romanée-Conti foi vendida para Henri Leroy, próspero negociante de vinhos e amigo e fiel cliente da casa, o que permitiu a retomada de inadiáveis investimentos no sentido de recompor os vinhedos e as instalações. Desde então o comando do Romanée-Conti está dividido entre as famílias De Villaine e Leroy, proprietárias de partes iguais. A primeira sucessão ocorreu em 1950, com a entrada de Henri de Villaine, filho de Edmond, e em 1974 se deu a segunda, com a entrada simultânea de Aubert e a filha de Henri Leroy, Marcelle Bize-Leroy.

Ambos foram muito importantes para o salto qualitativo verificado no DRC desde então até o início da década de 1990, quando, em função de uma série de atritos internos, a competente mas geniosa Lalou, como Bize-Leroy era conhecida, foi destituída da função de cogerente. O rompimento contou com o apoio de Pauline Roch-Leroy, sua irmã e como ela sócia do Domaine com 25%, e se deveu, na verdade, a um conflito de interesses. Hoje, no lugar de Lalou está Henry Frédéric Roch, filho de Pauline.

Lalou geria também a Maison Leroy, herdada do pai, que detinha os direitos de comercialização dos vinhos do Domaine de La Romanée-Conti para mercados importantes, Ásia inclusive. A venda de uma parcela significativa da casa Leroy para o grupo japonês Takashimaya, em 1988, capitalizou a empresa o suficiente para expandir seus negócios e ainda comprar duas vinícolas de peso na Borgonha, proprietárias de vinhedos de prestígio, entre eles uma área em Richebourg, fazendo concorrência direta à sociedade que codirigia. Além da competição resultante, levantaram-se suspeitas de que garrafas de Romanée-Conti, sempre comercializadas em caixas mistas com os demais rótulos tintos — o *assortiment* —, estavam sendo vendidas individualmente a clientes privilegiados.

As mulheres mandam no mundo galego

Não é novidade a transformação significativa do cenário vinícola internacional nos anos recentes. O mundo mudou, novas frentes se abriram, os vinhos dos chamados países do Novo Mundo ganharam espaço e os padrões de consumo se modificaram. Uns mais, outros menos, os produtores europeus vêm se moldando aos novos tempos.

A Espanha, de um modo geral, talvez seja o país que tem se saído melhor nessa fase de transição, propondo vinhos de feitio moderno sem cair na tentação de seguir a linha dos "emergentes", que tendem a impressionar pela potência e fartura de fruta, pecando muitas vezes pelo excesso. Os espanhóis conseguiram um meio-termo entre os clássicos vinhos do Velho Mundo e os modernos do Novo Mundo, tudo sem perder identidade.

Se a reconversão progressiva de vinhedos direcionados a vinhos de mesa para vinhos com denominação de origem é bem-vinda, muito mais louvada deve ser a retomada de áreas antigas, que por vezes até já tinham sua denominação, mas viviam esquecidas e desprezadas. A primeira a ser lembrada foi a do Priorato, na Catalunha, que ressurgiu por volta de 1990, após décadas de abandono. As videiras fazem parte da paisagem local desde o tempo dos romanos, começaram a ganhar corpo com os monges do monastério cartuxo de Scala Dei, construído em 1163, e atingiram o auge nos séculos XVIII e XIX, quando seus vinhos chegaram a ser exportados. Com o fechamento do convento e a expulsão dos monges em 1835, os vinhos entraram em declínio. Cada vez menos gente se interessava em trabalhar em condições tão inóspitas. Na região, toda montanhosa, os vinhedos são plantados em encostas íngremes e solo de origem vulcânica com formações rochosas, circunstâncias que dificultam enormemente o trabalho do viticultor. Essas condições não se modificaram, continuam exigindo um trabalho exaustivo; o que mudou foi a constatação da viabilidade de extrair dali vinhos de primeira grandeza, havendo sempre interessados em comprá-los, ainda que tenham de pagar mais por eles.

A receptividade e o modelo do Priorato abriu caminho para resgatar outras áreas pelas quais não havia grande interesse, entre elas Bierzo, no extremo noroeste da província de Castilla y Leon, e várias sub-regiões da vizinha Galícia, conhecida basicamente, até então, por seus frutados e prazerosos brancos elaborados com a casta Albariño. A mesma Alvarinho, aliás, cultivada do outro lado da fronteira com Portugal.

Depois de "descobrir" os tintos de Bierzo e me encantar mais recentemente com alguns brancos à base de Godello, uma variedade autóctone daquela zona da Espanha, achei que tinha chegado a hora de me aprofundar nos vinhos galegos. Faltava, porém, alguém que me ensinasse a chegar até eles e me permitisse decifrar seus segredos. Eis que essa pessoa surgiu, e estou convencido que não podia ser ninguém melhor: Xoan Canna, que comanda junto com seu irmão o restaurante Pepe Vieira, perto de Vigo e

Pontevedra. Responsável pela excelente (e acessível) carta de vinhos da casa e profundo conhecedor do assunto e dos meandros vitivinícolas de sua terra natal, Xoan me foi apresentado por um rato de restaurantes e fiel companheiro de viagens, "obrigado" a traçar um roteiro pela região e servir de guia na empreitada.

Insisto em dizer, a quem me pergunta, que para entrar em contato com o verdadeiro mundo do vinho é preciso ir aonde ele é produzido. É ver o que o papel não consegue mostrar; um vinho provado na origem alcança outra dimensão. A cultura do local, a conversa com o produtor, a peculiaridade do vinhedo e o sabor da uva colhida no pé estão sempre expressos no vinho. E quando se tem ao lado um cicerone que não deixa você perder nenhum detalhe, é o auge. Ou, como dizem os espanhóis, "*la hostia*".

As cinco regiões vitivinícolas da Galícia — Rias Baixas, Ribeiro, Ribeira Sacra, Valdeorras e Monterrei — têm histórias e características diferentes, o que leva a uma extensa variação nos vinhos e nas uvas cultivadas. Um detalhe, no entanto, as une: é uma zona onde imperam os minifúndios. As vinícolas, em geral, são formadas por uma infinidade de pequenas parcelas, algumas com meros duzentos metros quadrados de área. Só para exemplificar, os doze hectares que formam o patrimônio de um dos produtores visitados são compostos de 112 vinhedos, as chamadas fincas. Elas vieram de uma infinidade de partilhas entre herdeiros, chegando a ter parreiras de até trezentos anos, e são áreas de solos rochosos que não foram atacados pela filoxera.

Outra peculiaridade local é o caráter, até há pouco tempo, emigrante dos galegos. Instalado em uma região bastante pobre, o homem era obrigado a buscar trabalho em outros países, caso de Argentina, Venezuela, Estados Unidos e Cuba, para garantir um mínimo de sustento para a família. Muitos nem voltavam, sobretudo aqueles que não alcançavam uma boa condição social no exterior. Diante disso, a sociedade galega acabou sendo essencialmente matriarcal. As mulheres ficavam, sobreviviam com o que arrecadavam do cultivo da terra, e eventualmente com o que o marido enviava, e cuidavam dos filhos.

Terroir, caprichos da Pinot Noir e uma banana para os gurus

O inglês Michael Broadbent, ex-diretor da respeitada casa de leilões Christie's e uma das maiores autoridades em vinho do planeta, ressaltou certa vez, em sua coluna mensal na revista *Decanter*, a individualidade, o refinamento e o lado provocante dos Borgonhas, ao mesmo tempo que, confessando-se um amante de Bordeaux (ele é um grande especialista no assunto), chamava a atenção para o apelo comercial que tomou conta de sua região preferida. Broadbent aproveitava a oportunidade para alfinetar a tendência adotada por muitos Châteaux de abrirem mão do caráter e da elegância a fim de elaborar vinhos cada vez mais concentrados, visando impressionar críticos, leia-se os americanos Robert Parker e a revista *The Wine Spectator*, e conseguir deles altas pontuações.

Desse mal a Borgonha não padece, e é provável que isso se deva à noção muito forte de *terroir* defendida por seus produtores, ou ainda aos caprichos da uva Pinot Noir, responsável única pelos tintos locais e que reage mal a manipulações brutas que comprometem sua personalidade e a característica dos vinhos por ela originados. Na realidade, são os dois fatores juntos, e se o fato tem rendido elogios como os de Michael Broadbent e de tantos outros autores, não cair nas graças dos gurus do momento tem deixado a região esquecida por boa parte dos novos consumidores, ou pelo menos aqueles influenciados por Robert Parker.

Por mais que se reconheça a idoneidade e a qualidade de Parker como degustador, não há como esconder que ele tem preferências e deficiências, e elas se explicam, por um lado, por sua predileção por vinhos intensos e robustos e, por outro, pela dificuldade de Parker em analisar aspectos associados a elegância e *finesse*. Na prática, isso se traduz em evidenciar Bordeaux, californianos e australianos, entre outros, e penalizar, por exemplo, Borgonhas, que de longe, por melhor que sejam, sempre se situam num patamar de notas inferior. Por conta disso, o clima entre o americano e os borgonheses nunca foi efusivo. O caldo entornou de vez em meados dos anos 1990, quando Robert Parker sugeriu em sua publicação que François Faiveley, um honesto e conceituado produtor local, fornecia para degustação vinhos diferentes dos que comercializava. A acusação (falsa) lhe rendeu uma interpelação judicial de Faiveley, o qual contou com a solidariedade das melhores vinícolas, e que praticamente serviu como um aviso de que o crítico americano não era mais bem-vindo na Borgonha. A partir de então, Parker elegeu um assistente para percorrer a região e se encarregar de avaliar seus vinhos. O padrão de notas, no entanto, não se modificou.

É curioso notar que os Pinots Noirs plantados nos Estados Unidos obtêm altas pontuações de Robert Parker. Ao contrário do que se poderia supor, isso não se deve à extrema competência dos produtores americanos, que teriam conseguido conciliar todas as virtudes da Borgonha com a força e a concentração que agradam Parker. Na realidade, como a Pinot Noir é sensível demais e dificilmente se adapta fora de sua região de origem, os vinhos com ela produzidos nos Estados Unidos, em especial em

Sonoma e no Oregon, em geral perdem elegância e seu caráter sedutor, ficando apenas com o lado musculoso. Talvez em menor proporção, o mesmo ocorra com a Chardonnay, a uva exclusiva dos brancos da Borgonha. Por se adequar melhor a condições diferentes das que existem na região de origem, ela tolera mais impropérios, e os vinhos podem perder parte do refinamento; mas, ainda assim, são tragáveis.

Embora o efeito Parker seja de certo modo responsável pelo distanciamento entre a Borgonha e muitos apreciadores, é preciso admitir que há outros fatores. O principal, e a grande reclamação dos amantes de vinho, tem a ver com as peculiaridades da região, que exige mais atenção e conhecimento na hora de se escolher uma garrafa. De fato, é mais fácil comprar Bordeaux, só para citar um território "rival". Lá o título no rótulo costuma definir um único proprietário. Serve como exemplo o célebre Château Lafite, que não existe outro e pertence ao *baron* Eric de Rothschild, enquanto o Clos Vougeot, um famoso Grand Cru da Borgonha — aquele que causou emoção no jantar do filme *A festa de Babette* —, é dividido entre mais de setenta produtores. Ocorre que na Borgonha os vinhedos são bastante fragmentados, o que significa que a maioria das parcelas tem vários proprietários, cada um com suas parreiras. Em seus domínios, o produtor impõe sua filosofia e define seus objetivos com liberdade. Uns são zelosos e competentes, limitando o número de cachos por planta e trabalhando para extrair as melhores uvas no intuito de produzir o melhor vinho. Outros, nem tanto. Assim, dentro de um mesmo vinhedo é possível encontrar vinhos ótimos, médios e ruins. Saber quem produziu o vinho é, pois, fundamental na escolha de um Borgonha. Não é exagero concluir que é mais importante guardar o nome do produtor do que o do vinho ou do vinhedo.

A enorme fragmentação dos vinhedos da Borgonha faz com que uma vinícola se componha de uma série de pequenas áreas espalhadas pelos arredores, cada uma delas vinificando em separado. Portanto, é comum um produtor borgonhês ter diferentes vinhos, que recebem o nome e a classificação do vinhedo de onde provêm. É bem representativo o caso do ótimo Domaine Jean Grivot, localizado em Vosne-Romanée. A vinícola tem cerca de quinze hectares (área considerável para a região) dispersos em quatro comunas vizinhas e abrangendo as quatro categorias definidas pela legislação: Bourgogne, a mais básica e que pode ser elaborada com uvas de povoados diferentes; Vosne-Romanée e Nuits St. Georges, que implica vinhedos situados nas comunas de mesmo nome; dez rótulos distintos ostentando a denominação Premier Cru; e, por fim, três que pertencem ao padrão mais elevado da Borgonha, o Grand Cru.

Apenas para reforçar a tese de que aqui a noção de *terroir* é muito importante, os vinhedos Premiers Crus de Jean Grivot localizados em Vosne-Romanée não distam mais do que um quilômetro entre si e, embora sejam vinificados pela mesma pessoa e com os mesmos métodos, guardam diferenças significativas. Teoricamente, nada impede que as uvas sejam misturadas e se obtenha um único vinho Premier Cru, a não ser a mentalidade e determinação pessoal do produtor de se empenhar para preservar as características intrínsecas de cada parcela. É a isso que Michael Broadbent se referia quando mencionou a individualidade dos Borgonhas.

Tanto capricho e mão de obra têm lá seu custo — não há como negar que é difícil encontrar Borgonhas de verdade, que retratem esse trabalho e transmitam essas sutilezas, a preços de oferta. Principalmente nas categorias superiores, Premier Cru e Grand Cru. Sem querer fazer trocadilho, Borgonha não combina com barganha. É possível, contudo, se beneficiar do que a região tem a oferecer de bom dentro de faixas razoáveis. Sem nunca perder o foco de que a garantia é o produtor, há uma gama interessante de bons rótulos fora das três sub-regiões mais prestigiadas da Borgonha, ou seja, Chablis, conhecida por seus brancos, Côte de Nuits, onde estão os grandes tintos, e Côte de Beaune, que embora produz ambos é cultuada por sediar os melhores e mais completos Chardonnays do mundo. Não por coincidência é nessas três áreas que estão os 39 Grands Crus e 90% dos cerca de 560 Premiers Crus da região. O caminho rumo a Borgonhas que exibam a relação qualidade/preço é, então, a Côte Chalonnaise e o Mâconnais. Na primeira despontam tanto brancos quanto tintos, com vários Premiers Crus, das comunas de Rully, Mercurey, Givry e Montagny. Na segunda sub-região, a ponta sul da Borgonha, há uma bela concentração de brancos que, embora oficialmente não tenham classificação superior, são bastante reputados, como é o caso do Pouilly-Fuissé.

OS BORGONHAS BRANCOS

Muitos apreciadores de vinho ainda demonstram certo desprezo pelos brancos. Por trás dessa desconsideração pode estar alguma falta de hábito e também, quem sabe, o fato de nunca lhes ter sido dada a oportunidade de provar um grande branco. Se a questão é de modismo, os últimos dados sobre as exportações de vinho da Borgonha demonstram claramente que essa tendência está se revertendo: enquanto seus tintos perdem terreno no mercado internacional, os brancos não param de crescer. Além de provarem que está em curso um retorno aos vinhos brancos, as estatísticas demonstram que a concorrência que os rótulos franceses vêm enfrentando dos países do Novo Mundo está mais acirrada no campo dos tintos.

É difícil prever se no futuro os Borgonhas brancos também não vão passar pelo que os tintos estão passando. Principalmente porque a uva mais plantada nos países emergentes é a Chardonnay, a uva da Borgonha, e o modelo que todos procuram imitar é exatamente o vinho branco dessa região. Ainda que a uva seja a mesma e ela tenha boa capacidade para se adaptar a diferentes condições de solo e clima, os resultados não são os mesmos. Só na Borgonha, a Chardonnay consegue atingir o equilíbrio ideal entre textura e frescor, exatamente a característica que há séculos a tornou célebre. Para tanto é essencial uma grande amplitude térmica diária, dias relativamente quentes e noites frescas. Onde isso não ocorre, a solução é corrigir de maneira artificial os níveis de acidez do vinho, o que se consegue com a adição de ácido tartárico. Há, evidentemente, consequências na qualidade final da bebida. É indiscutível que existem alguns bons Chardonnays no Novo Mundo, mas eles são mais exceção do que regra.

Contar com condições climáticas favoráveis, que privilegiam o frescor, permitiu aos produtores borgonheses desenvolver um processo de fermentação que dá mais cremosidade ao vinho: a fermentação em barrica. Ao contrário da tradicional vinificação em inox, onde o aço, material inerte, não permite trocas, nos pequenos barris de carvalho de 228 litros o vinho fermenta em estreito contato com a madeira, interagindo com ela e recebendo, através de seus poros, uma lenta, gradual e bem dosada quantidade de oxigênio. Os resíduos de fermentação que se formam e se depositam no fundo da barrica são, por vezes, revolvidos por meio de um bastão (daí o termo francês *bâtonnage*), aportando ao vinho aromas mais ricos e textura. Se não há uvas com os requisitos básicos necessários (acidez, principalmente), adotar fermentação em barril pode ser desastroso em vez de benéfico; o vinho tende a ficar mais desequilibrado, excessivamente marcado pelo carvalho e enjoativo. Essa prática foi bastante empregada no início dos anos 1990, principalmente por californianos e australianos que até a ressaltavam nos rótulos com a expressão "*barrel fermented*". Hoje cada vez menos apreciados, esse gênero de branco vai cedendo espaço a vinhos em que o uso da barrica é mais racional e a bebida mais equilibrada.

A Borgonha não se contenta em oferecer brancos harmônicos e elegantes; ela fornece ainda uma gama bastante diversificada de características, a começar pelas diferentes sub-regiões que a compõem. Assim, Chablis, a mais meridional e, portanto, a mais fria de todas, dá vinhos mais secos com toques minerais. Para preservar esses atributos, os bons produtores pouco se utilizam da fermentação em barris. Nessa sub-região, é comum e bem-visto o hábito de vinificar parte em inox e parte em barrica — por exemplo, 80% e 20%, respectivamente —, mesclando tudo no final. Na categoria mais alta dos Chablis estão sete Grands Crus, todos brancos, como aliás são os demais vinhos ali produzidos.

No extremo oposto, mais ao sul da Borgonha, encontram-se os belos brancos da Côte Chalonnaise, em especial os oriundos de Rully e Montagny (ótima opção), e do Mâconnais, com os leves e frescos Mâcon e Mâcon Villages, e os mais imponentes Pouilly Fuissé. Nos últimos tempos, a Côte Chalonnaise e o Mâconnais atraíram renomados produtores borgonheses, que compraram terras e se instalaram com o intuito de elaborar vinhos de qualidade a preços acessíveis. É o caso dos conhecidos Domaines Lafon e Leflaive. Entretanto, é na Côte d'Or, formada pela Côte de Nuits e Côte de Beaune, que estão os grandes rótulos que garantem o prestígio da região. Para eles, qualquer que seja a conjuntura e o humor do mercado, não há crise.

Mesmo que a Côte d'Or, cuja tradução mais que apropriada é "Encosta de Ouro", reúna os melhores brancos e tintos da Borgonha, é interessante notar que eles não se espalham indiscriminadamente pela Côte de Nuits e pela Côte de Beaune. Cada uma tem sua especialidade. A primeira concentra os grandes tintos —

22 dos 23 Grands Crus existentes — e a segunda, ao contrário, se destaca pelos brancos — sete dos oito Grands Crus. As forças superiores que determinaram essa distribuição abusaram ainda do preciosismo, fazendo com que cada vilarejo e cada vinhedo tenha personalidade e características próprias. Com isso, em se tratando de vinhos brancos, os Cortons, ao norte da cidade de Beaune, são mais fechados, potentes e, até certo ponto, austeros. Contrastam com os charmosos e femininos Meursault que, até pela proximidade, se assemelham aos Pulignys-Montrachets, possivelmente os brancos mais atraentes e sedutores da região. Os Chassagnes, que fazem divisa sul com Puligny, são também bastante ricos e têm como diferencial um aspecto mais mineral que seus vizinhos.

O auge da sofisticação, o mais evidente e puro conceito de *terroir*, pode ser percebido numa comparação entre os cinco Grands Crus próximos às divisas das comunas de Puligny e Chassagne Montrachet: Criots-Bâtard-Montrachet, Bienvenues-Bâtard-Montrachet, Bâtard-Montrachet, Chevalier-Montrachet e, finalmente, o Montrachet. Embora sejam todos vizinhos, seus vinhos são bastante distintos. Comparando apenas os três últimos, considerados os reis do pedaço, o Bâtard é o mais robusto, o Chevalier o mais elegante e o Montrachet, bem, o Montrachet... é o rei dos reis. Ele reúne, não se sabe como, todas as virtudes ao mesmo tempo. Se as palavras são insuficientes para esclarecer o que isso significa, só resta prová-lo. Enquanto isso não acontece, vale sonhar. E ir se preparando com uma gama infindável de excelentes borgonhas brancos.

OS BORGONHAS TINTOS

Sabe-se da importância da uva, do *terroir* e do homem quando o tema é vinho, mas dificilmente a interdependência entre esses três fatores é tão clara e crucial quanto na Borgonha, em especial nos seus tintos. Aqui, mais do que nunca, os três G — iniciais das palavras inglesas *grape*, *ground* e *guy* — são indissociáveis. Com efeito, a uva Pinot Noir, que os compõe com exclusividade, é talvez a mais sensível e caprichosa das castas tintas superiores, refletindo cruelmente as particularidades do local onde foi plantada e o trabalho do vinhateiro. A propósito, um amigo meu elegeu os tintos da Borgonha como os vinhos mais femininos, utilizando como argumento o fato de não serem óbvios e esconderem, por trás de sua aparente delicadeza e elegância, uma força surpreendente. Para desfrutar dessas virtudes, o requisito é ter sensibilidade.

Há séculos Borgonha e Bordeaux competem em prestígio, cada qual oferecendo tintos com características bem distintas. O que mais os diferencia é, sem dúvida, o tipo de tanino, componente que depende basicamente da variedade de uva utilizada na composição do vinho — a certa sensação de aspereza que se sente mais nos Bordeaux do que nos Borgonhas deve-se à presença de Cabernet Sauvignon e Merlot, suas castas majoritárias, ao contrário da Pinot Noir, que tem taninos mais finos. Esse atributo poderia ter se constituído em vantagem na briga pela conquista dos novos consumidores no início dos anos 1980, porém isso não ocorreu; a Borgonha perdeu terreno na segunda metade do século XX. Além de terem a capacidade de suprir melhor o aumento da demanda devido à sua área cinco vezes maior, os bordaleses contaram com a preferência do crítico americano Robert Parker por vinhos mais impactantes. Na época Parker estava começando, e sua forma inovadora de avaliar vinhos cativou e influenciou esses novos consumidores.

Seria injusto colocar toda a culpa em Robert Parker por essa relativa perda de mercado. A bem da verdade, na época a região vivia uma de suas piores crises, que se arrastava desde o final da década de 1960. Até então, o comércio borgonhês era dominado por negociantes que compravam vinho dos viticultores, pagando com base na Appellation d'Origine, a AOC, e não na qualidade do produto. Passava-se por uma fase de transição, com muitos produtores tornando-se independentes, engarrafando eles mesmos o que produziam. A mentalidade, no entanto, permanecia a mesma, sem atenção com a qualidade. À incompetência para se adaptar ao novo status somou-se uma falta de conhecimento técnico para trabalhar o vinhedo, e uma série de erros foi cometida com consequências diretas nos vinhos. Em meados dos anos 1980, com a chegada da nova geração, a grande maioria formada em enologia, o panorama começou a mudar. As ótimas safras de 88, 89 e 90, esta última principalmente, foram bem aproveitadas e serviram para mostrar que a Borgonha reencontrava seu caminho. Se a situação hoje é significativamente melhor do que foi há alguns anos, isso não quer dizer que se pode generalizar e mergulhar às cegas em qualquer Borgonha. Como sabemos, a região tem vinhedos bastante fragmentados, a maioria das parcelas pertence a vários proprietários, cada um com suas próprias parreiras e um modo de trabalhar, o que dá origem a vinhos sem um padrão de qualidade, qualquer que seja sua classificação. Não há uma legislação para garantir isso. Só mesmo a consciência e o talento do responsável.

O trabalho do produtor não se restringe, evidentemente, ao vinhedo, mas se estende também à vinificação. Embora, em termos de procedimentos, haja um leque mais amplo de opções que define o estilo de cada casa, o conceito de *terroir* deve imperar. Enfim, a identidade do vinhedo é soberana, e o processo utilizado para a elaboração do vinho deve, acima de tudo, preservar o *terroir*.

As significativas diferenças existentes entre vinhedos situados tão próximos como os do Domaine de la Romanée-Conti na comuna de Vosne Romanée e seu apêndice, Flagey-Echezeaux, só prenunciam variações ainda maiores quando se fala de diferentes vilarejos. Mais do que tentar identificá-las de pronto, vale reconhecer que elas existem e que esse é apenas mais um dos inesgotáveis atrativos que os vinhos da Borgonha podem oferecer.

Chablis é um começo para os "tintófilos" aguerridos

Mesmo aqueles que não abrem mão de vinhos tintos, se já não experimentaram um Chablis, pelo menos já devem ter ouvido falar deste que é o nome mais conhecido entre os rótulos de vinhos brancos. Bem, não só não sabem o que estão perdendo como, com a retomada acelerada do consumo de vinhos brancos na Europa, mais dia menos dia esses "tintófilos" terão de se render à tendência e aos encantos de um branco, começando, muito provavelmente, pelos Chablis. Além de nome, têm qualidade (a média é boa, mas exige atenção), diferencial, facilidade para se harmonizar à mesa e, proporcionalmente, bons preços.

Ainda que (com muito orgulho) faça parte da Borgonha — junto com a Côte de Nuits, Côte de Beaune, Côte Chalonnaise e o Mâconnais — e utilize, como os demais brancos da região, unicamente a casta Chardonnay, Chablis possui um *terroir* distinto que explica o porquê de seus vinhos terem personalidade própria. A primeira razão está no fato de a região borgonhesa ser mais setentrional, o que implica um clima mais frio, marcado por grandes amplitudes térmicas. A localização no limite norte expõe regularmente seus vinhedos a sérios riscos de geadas na primavera, em particular entre março e maio, o que pode comprometer todo o trabalho de seus vinhateiros e as expectativas para o ano. Desde a década de 1960, vários métodos foram desenvolvidos para diminuir danos que no passado comprometeram a produção de tal forma que levaram ao abandono de várias áreas, chegando a meros mil hectares, número irrisório se comparado aos mais de 30 mil hectares entre os séculos XVIII e XIX.

A princípio, dois procedimentos foram utilizados para impedir que os brotos recém-nascidos fossem queimados pelas geadas: as *chaufferettes*, espécie de fogareiros a óleo, e sistemas de aspersão de água. Apesar de relativamente eficientes, ambos são onerosos e pouco práticos, além de não contarem com a simpatia dos ecologistas. A EDF, estatal francesa de eletricidade, propôs outro método, que, apesar de também não ter sido visto com bons olhos pelos ambientalistas e de seu alto investimento inicial, tem oferecido bons resultados aos poucos produtores que o adotaram. Trata-se de instalar fios elétricos paralelos aos arames que conduzem as vinhas e que, comandados automaticamente, aquecem e formam um círculo de proteção em volta dos brotos. Outra possibilidade, cuja implantação também envolve custos altos, seria cobrir o vinhedo com telas plásticas.

Além de condições climáticas particulares, Chablis é geologicamente bastante peculiar, constituindo-se, em suas melhores áreas, de sedimentos formados de maneira progressiva há 180 milhões de anos. Entremeadas a elementos argilo-calcários, há camadas profundas de pequenas conchas marítimas fossilizadas, chamadas kimmeridgianas. Com esses presentes da mãe Natureza, a Chardonnay tem um comportamento mais seco e mineral, impossível de se alcançar em outro lugar. Não se trata de ser melhor ou pior que os outros grandes brancos da Borgonha, e sim de singularidade. São características essenciais quando a proposta é vinho para combinar com ostras, outros crustáceos e frutos do mar.

Com o prestígio em alta, a região foi aumentando gradativamente sua área de vinhedos, saindo dos mil hectares do início da década de 1960, dobrando-os em vinte anos e atingindo cerca de 4900 hectares em 2007. Embora torne a qualidade dos vinhos mais heterogênea e, em consequência, seja um fator negativo para a imagem da região, cabe ressalvar que esse desmedido aumento da superfície plantada não foi generalizado. Ele se deu nas áreas de menor potencial, as que apresentam classificação mais baixa na hierarquia local, Petit Chablis e Chablis, preservando os *terroirs* históricos que ostentam as categorias Premier Cru e Grand Cru. A primeira teve sua última demarcação em 1987 e conta com 780 hectares, enquanto a segunda, a mais alta do escalão, foi regulamentada em 1938 e está limitada a cem hectares, portanto cerca de 2% do total.

É curioso notar que a categoria Grand Cru é formada por sete parcelas — Bougros, Preuses, Vaudésir, Grenouilles, Valmur, Clos e Blanchot —, todas concentradas e ocupando uma faixa logo ao norte da cidade de Chablis. São denominações diferentes porque ensejam vinhos diferentes, dentro do melhor estilo da Borgonha. É a expressão da palavra *terroir* e, no caso, sua origem está nas sutis diferenças de exposição (sul a sudoeste), altitude (130 a 215 metros) e profundidade das camadas do solo.

Em linhas gerais, Blanchot e Bougros, os dois extremos, dão origem a vinhos mais leves e delicados; Preuses, a vinhos mais precoces e charmosos com seus aromas florais; Valmur e Vaudésir estão dispostos em forma de anfiteatro, com exposições que variam de sul a sudoeste, podendo originar vinhos bem intensos ou mais minerais por causa da posição da parcela; Grenouilles produz vinhos mais austeros quando jovens e longevos; Clos é a síntese de todos e arquétipo do grande Chablis Grand Cru.

Saber interpretar e exprimir essas nuances requer sensibilidade e talento; daí, e isto não é novidade, a importância do produtor. Em se tratando de Chablis, que se expandiu sobremaneira em reduzido espaço de tempo, a atenção deve ser redobrada.

No jardim das oportunidades, o branco dos terraços parisienses

Conhecido como Jardim da França pela beleza de sua paisagem, arquitetura e suntuosidade de seus castelos, assim como pela luz proporcionada por sua rica e extensa bacia fluvial, o Vale do Loire exerce especial atração mundo afora, tendo merecido da Unesco a classificação de Patrimônio Mundial da Humanidade. É de se estranhar que seus vinhos, a despeito de suas virtudes e da sólida tradição vitivinícola* do Vale do Loire não pegaram carona na notoriedade da região, permanecendo até hoje pouco familiares aos consumidores.

Uma das causas desse relativo desinteresse, inclusive, pode ser considerada uma virtude: a grande diversidade de vinhos — existem várias castas, não muito populares, e um número extenso de denominações de origem. Se num primeiro momento isso dificulta o entendimento e o processo de escolha, depois pede ape-

* Registros indicam que os romanos plantaram as primeiras vinhas nos arredores da cidade de Nantes, às margens do Atlântico, que depois se irradiaram ao longo do rio Loire no século IV.

nas um pouquinho de esforço e atenção, para que se abra diante do apreciador uma gama ampla e diferenciada de espumantes, *rosés*, brancos secos e doces (soberbos), e tintos variados. Vinhos para todos os bolsos, gostos e situações.

Essa diversidade se explica pelo posicionamento dos vinhedos, que ocupam de forma descontínua as margens dos cerca de mil quilômetros de extensão do rio Loire, e ainda de alguns de seus afluentes, o que significa estar sob a influência de diferentes condições climáticas e diversos tipos de solo. Como consequência, foram criadas ao redor de setenta denominações de origem.

O que parece complicado de entender à primeira vista torna-se mais simples se nos ativermos ao trecho mais importante da grande região do Vale do Loire, que começa nos vilarejos de Pouilly sur Loire e Sancerre, e segue rio abaixo, terminando na cidade de Nantes, já beirando o oceano. Nesses dois extremos que formam o Alto e o Baixo Loire, respectivamente, estão alguns dos vinhos brancos mais conhecidos da região, de um lado o Pouilly Fumé e o Sancerre, com domínio absoluto da variedade Sauvignon Blanc, e, do outro, o Muscadet, elaborado com a casta Melon de Bourgogne, por lá apelidada genericamente apenas de Muscadet.

É no trecho central, composto das áreas Anjou, Saumur e Touraine, que o tema se amplia, com uma gama variada de vinhos. Ainda que as opções sejam múltiplas e, dentro da mesma categoria, reflitam o *terroir* de onde provêm, elas giram em torno de um número limitado de uvas, o que facilita muito o entendimento. Em termos de brancos — sejam eles secos, meio secos ou doces —, no Loire central reina soberana a Chenin Blanc, casta que enseja vinhos intensos, com boa acidez e grande potencial de envelhecimento. No que se refere a tintos, além da Cabernet Franc, que dá origem aos vinhos mais interessantes, têm papel secundário Cabernet Sauvignon, Pinot Noir, Gamay e Malbec, sem contar a Grolleau, base para os *rosés* locais.

Como todos os vinhedos do hemisfério norte situados no limite setentrional, capaz de possibilitar um correto amadurecimento das uvas, nas três regiões que compõem o Vale do Loire tem grande importância o comportamento climático durante o período vegetativo da parreira. Há sensíveis variações de ano para ano, o que exige atenção e informações confiáveis antes da compra.

A REGIÃO DE MUSCADET

É só o sol aparecer e a temperatura não atrapalhar, que os restaurantes parisienses abrem seus janelões, arrumam o terraço e colocam a banca com frutos do mar do lado de fora. O momento pede um vinho branco leve, com frescor, e boa relação qualidade/preço. Invariavelmente é um Muscadet.

Situada nas cercanias de Nantes, uma das principais cidades da França, distante cerca de quatrocentos quilômetros a leste de Paris e cortada pelo rio Loire, a região de Muscadet se divide em quatro AOCS: a genérica Muscadet, Muscadet Sèvre-et-Maine, Muscadet Coteaux de la Loire, as três demarcadas na década de 1930, e a mais recente Muscadet Côtes de Grandlieu, delimitada em 1994. Apesar de ser a maior em área e ter um número maior de produtores — cerca de oitocentos —, o que gera certa heterogeneidade na qualidade, Sèvre-et-Maine, com seu solo composto fundamentalmente de gnaisse (rocha laminada cristalina), é reconhecida como origem dos melhores vinhos.

Os Muscadets são vinhos para ser consumidos no curto prazo, em não mais de três anos, para que se aproveite seu caráter fresco e frutado. A despeito dessa premissa, alguns podem ser guardados por mais tempo; invariavelmente, são aqueles com a menção "*sur lie*" no rótulo, ou seja, "sobre as borras". Ela se refere a um processo de vinificação típico da região, que consiste em deixar o vinho em contato com os resíduos da fermentação por um tempo mínimo de quatro ou cinco meses dentro da cuba, sem trasfega. Pelo caráter redutor dessas borras e por liberar compostos que reagem com outras moléculas presentes, a técnica confere mais sabor e textura ao vinho, deixando-o mais prazeroso e apto a ganhar alguma complexidade com um pouco mais de tempo.

Produtores mais sérios e perfeccionistas, que possuem vinhedos privilegiados e vinhas velhas, oferecem, via de regra, *cuvées* (partidas) especiais, muitas vezes fermentadas em barril, constituindo um gênero à parte de Muscadet. São brancos com mais estrutura e que pedem alguns anos para ser desfrutados. Saem, assim, da categoria vinhos (quase) despretensiosos, como são conhecidos, para disputar espaço com rótulos de preço e categoria superior.

AS REGIÕES DE SANCERRE E POUILLY-FUMÉ

Com seu frescor e paladar frutado, a Sauvignon Blanc, embalada pelo padrão peculiar de seus vinhos, entrou na moda e vem conquistando cada vez mais a preferência dos consumidores, colocando a Nova Zelândia em destaque no cenário vinícola internacional. Reconhecidamente sedutor, o estilo desses brancos neozelandeses, e de outros tantos que neles se espelharam, peca, no entanto, pelo excesso de frutas, dando até a impressão de um certo toque adocicado. Falta-lhes a elegância que, salvo exceções, sobra nos produzidos no Alto Vale do Loire, especialmente nas AOCs Sancerre e Pouilly-Fumé.

Oriunda, ao que tudo indica, de Bordeaux, onde, combinada à Semillon, dá origem aos melhores brancos locais, a Sauvignon Blanc migrou para o centro do país, beneficiando-se de um clima continental, menos úmido, e do solo basicamente calcário, entremeado vez ou outra por fragmentos de rocha de diversos tipos — sílex, marna e outros — e de conchas fossilizadas, como acontece em Chablis, que fica relativamente próxima. A palavra-chave na região, aliás, é sílex, lascas bem duras de rocha que propiciam a mineralidade que caracteriza seus melhores vinhos. É o toque de personalidade e elegância que dificilmente se encontra em outros Sauvignons. A propósito, o propalado aroma mineral pode ser sentido roçando um pedaço de sílex no outro — dali emana um odor que lembra pedra de isqueiro.

Vizinhas e separadas pelo rio Loire, Sancerre e Pouilly-Fumé* estão recuperando nos últimos tempos um prestígio que haviam, de certa forma, perdido. A explicação é sempre a mesma: descaso com a qualidade — liga-se o piloto automático e simplesmente se vai em frente. Era preciso sangue novo, uma nova geração. E ela assumiu, capitaneada por Didier Dagueneau, no início da década de 1980.

Nascido em 1956 em St. Andelain, coração de Pouilly-Fumé, Dagueneau teve sempre um caráter meio rebelde. Após desavenças com a família, resolveu produzir um Sauvignon Blanc melhor que o deles. Depois desse primeiro passo, que não foi tão difícil de dar, ele decidiu elaborar o melhor Sauvignon Blanc do mundo. Ganhou também essa batalha. Seus vinhos são a mais pura expressão da casta, e Dagueneau soube, como ninguém, interpretar o *terroir* da região. É uma virtude tão rara quanto imprescindível, quando se trata dessa variedade de uva. Didier Dagueneau serviu de incentivo para outros produtores da região, que agora seguem seu próprio caminho, pois Didier morreu em 2009, em um acidente de ultraleve, antes de completar o que seria sua 26ª colheita.

* Não confundir com Pouilly-Fuissé, denominação de origem do sul da Borgonha e, como tal, elaborado com Chardonnay.

O Alto Vale do Loire não se resume a Sancerre e Pouilly-Fumé, ainda que elas sejam, com justiça, suas melhores denominações de origem. Menos conhecida, mas com brancos bem interessantes, está, por exemplo, Menetou-Salon, que um amigo de longa data insiste em afirmar ser a combinação ideal para salmão defumado — foi uma das muitas coisas que aprendeu no período em que foi obrigado a morar na França nos anos 1970. Embora essa não seja uma prerrogativa apenas dos Menetou-Salon, AOC vizinha a Sancerre, não enganaram meu amigo de todo. Na verdade, todos os (bons) brancos elaborados com Sauvignon Blanc fazem boa parceria com salmão defumado, assim como são os vinhos mais indicados para acompanhar queijos de cabra.

AS REGIÕES DE ANJOU, SAUMUR E TOURAINE

O trecho central do Vale do Loire, composto das áreas de Anjou, Saumur e Touraine, deve sua denominação às cidades em torno de Angers, Saumur e Tours. Se o fato de elas abrangerem quase 90% das cerca de setenta denominações de origem existentes no Loire torna mais difícil sua compreensão, o esforço compensa. É onde estão alguns dos vinhos mais intrigantes e diversificados do país.

Nem todos, é bem verdade. Para quem está em busca do melhor da região, a primeira recomendação é se concentrar em vinhos produzidos essencialmente com Chenin Blanc, se a opção for brancos secos ou doces, e Cabernet Franc para tintos. Chenin Blanc se caracteriza por um bom corpo e um interessante grau de acidez, aspectos que garantem vinhos longevos. Cabe, a propósito, ressaltar que são características bem distantes das homônimas cultivadas na África do Sul e na Argentina. A Cabernet apresenta sutis toques florais e vegetais; bem conduzida, taninos firmes e elegantes.

Vale notar que isso tem a ver com as condições de solo e clima do trecho central do Vale do Loire, diferentes, portanto, da zona de Sancerre e Pouilly-Fumé. Vinhos tintos descompromissados utilizam mesclas com castas como Gamay (a uva do Beaujolais) e Grolleau, enquanto brancos de segunda linha o fazem com Chardonnay e a própria Sauvignon. Em seguida, um roteiro das melhores AOCs e suas especialidades:

SAVENNIÈRES: área restrita que beira a margem direita do rio Loire, dá origem a vinhos brancos secos, minerais, com grande potencial de envelhecimento. Seu diferencial é o solo xistoso, em particular os dois vinhedos considerados crus: Coulée de Serrant, monopólio do carismático e grande propulsor da escola biodinâmica, Nicolas Joly, e Roche-aux-Moines.

COTEAUX DU LAYON: bem em frente a Savennières, na outra margem do Loire, cortada por um de seus afluentes, o Layon, com clima propício ao desenvolvimento da *Botrytis*, fungo nobre que ataca as uvas e concentra seu grau de açúcar, gerando excepcionais vinhos doces.

QUARTS DE CHAUME: encravado numa área nobre de Coteaux de Layon, com condições mais favoráveis à progressão da *Botrytis*, produz os melhores vinhos doces da região.

BONNEZEAUX: situação semelhante a Quarts de Chaume, ocupa também área privilegiada de Coteaux de Layon.

SAUMUR: solo mais calcário, produz belos brancos secos, mais leves que os Savennières, além de espumantes e tintos. No caso destes, ganha destaque a área vizinha, exclusiva, denominação de origem Saumur-Champigny.

VOUVRAY: a mais antiga AOC da região, delimitada em 1936, dedica-se exclusivamente à variedade Chenin Blanc, elaborada com sucesso nos três gêneros: brancos, brancos doces (e semidoces) e espumantes.

Três denominações de origem são exclusivas de vinhos tintos, assim como a citada Saumur-Champigny, todas as quatro praticamente vizinhas: Chinon, Bourgueil e, num patamar superior devido ao solo mais pedregoso, St. Nicolas de Bourgueil. Dos produtores comercializados no Brasil, merecem ser citados Thierry Germain, Yannick Amirault, Pierre Breton, Charles Joguet e Domaine Pallus.

Muito embora os vinhos doces elaborados com a Chenin Blanc alcancem padrões excepcionais de qualidade — alguns rivalizam com grandes Sauternes —, eles não encantam os consumidores, razão pela qual muitos produtores estão direcionando parte da produção para a versão branco seco, ou, por força da natureza, quase seco (além de atender o consumo cada vez maior de vinho branco na Europa). No caso dos elaborados com Chenin Blanc, tem tudo a ver, em especial pela vocação que demonstram para se harmonizar com pratos consistentes à base de peixes e crustáceos, além de fazerem ótima parceria com carnes brancas. Com a culinária brasileira, entre outras afinidades, não vejo companhia melhor para a moqueca, tanto a baiana quanto a capixaba.

Os consumidores e produtores merecem ordem na casa

Saber fazer as devidas correções de rumo é imperativo em qualquer setor; no vinho não é diferente. Seja porque as condições mudam, o consumidor pede ou espera e o mercado exige. No caso da Toscana, está mais do que na hora de repensar o momento e redefinir parâmetros que norteiam a elaboração de seus vinhos e sua identificação por quem compra.

Se a França é atenta e precisa, e até demasiado rígida na legislação que rege suas AOCS, a Itália é lenta e deixa a desejar na definição e implantação de suas DOCS e DOCGS. No caso dos franceses, são basicamente os produtores que reclamam, já que as normas impostas pelo órgão soberano, o INAO — Institut Nacional des Appellations d'Origine — os deixam muitas vezes sem flexibilidade para atender às novas tendências do mercado. Isso explica a situação complicada em que se encontra, por exemplo, boa parte dos *petits châteaux* de Bordeaux, que perdem terreno para os vinhos do Novo Mundo, com rótulos bem mais interessantes de relação qualidade/preço. Bem ou mal, no entanto, a França define claramente — há tempos e de forma imutável — região, suas características e, quase sempre, alguma classificação, utilizando termos como Grand Cru e Premier Cru.

Do lado italiano, de certa forma o consumidor é o mais prejudicado. A história começa na década de 1960, quando, até então, cada produtor fazia o que queria, resultando, invariavelmente, em produtos de baixa qualidade. Na Toscana, em particular, conviviam parreiras no meio de oliveiras e outras culturas, e nem todos plantavam o mesmo clone de Sangiovese, sua casta principal.* Era prática comum misturar vinhos de várias zonas, impossibilitando determinar com certeza a região de origem. A legislação DOC de 1964 tentou colocar ordem na casa, delimitando áreas de produção e estabelecendo regras de cultivo, entre elas as variedades que deveriam (obrigatoriamente) ser utilizadas.

Essa regra não levava em conta qualidade, mas somente o aproveitamento dos vinhedos já plantados. Assim, os Chiantis deveriam ser elaborados com cerca de 75% de Sangiovese, tendo como complemento a Tinta Canaiolo e as Brancas Malvasia e Trebbiano, uvas de segunda categoria. A composição, fórmula imaginada ainda nos idos de 1840 pelo barão Bettino Ricasoli, tinha como objetivo assegurar frescor ao vinho e deixá-lo mais prazeroso logo de início. A receita pode ter dado resultado em outros tempos, mas não mais a partir de 1960.

A saída, para quem buscava vinhos acima da média, foi abrir mão da denominação de origem (Chianti) e utilizar castas "proibidas", em especial Merlot e Cabernet Sauvignon, que permitiam atingir patamares superiores de qualidade. Nascia, então, uma nova categoria de vinhos, os "Rebeldes", que informalmente ficou conhecida como "Supertoscanos". O pioneiro foi o Sassicaia, rótulo que ganhou incrível prestígio e abriu caminho para os demais.

* Segundo a lenda, tem nome originário de "sangue de Júpiter" ou "sanguis Jovis", numa alusão à cor intensa que confere ao vinho.

O Sassicaia foi ideia do marquês Mario Incisa della Rocchetta, piemontês de origem que, em meados dos anos 1940, resolveu plantar em sua propriedade de Bolgheri, às margens do mar Tirreno, mudas trazidas do Château Latour, fruto de sua admiração por grandes Bordeaux. A região de Bolgheri, aliás, ainda que tivesse influência marítima, tal como Bordeaux, não era reconhecida como apropriada à viticultura. Incisa della Rocchetta não tinha, a princípio, o objetivo de desenvolver uma atividade vitivinícola na área. Sua vontade era continuar se dedicando a criar cavalos puro-sangue e, de "brincadeira", fazer um pouco de vinho para a família e os amigos.

Desde sua primeira safra oficial, em 1968, o Sassicaia demonstrou virtudes, e foram elas que levaram Piero Antinori, mentor da célebre casa toscana e sobrinho de Della Rocchetta, a convencer o tio a lhe vender 3 mil garrafas do vinho. Antinori, então, "emprestou-lhe" seu brilhante enólogo, na época Giacomo Tacchis, hoje aposentado, que moldou e deu estilo ao Sassicaia, influenciando a partir daí toda uma geração de produtores na Itália. Ludovico Antinori, irmão e sócio de Piero na vinícola da família, que até então preferia levar uma boa vida na Califórnia, também resolveu trabalhar no setor. Pressentindo que o negócio tinha futuro e era glamoroso, Ludovico montou em 1981 sua própria vinícola, vizinha à do irmão, a Tenuta dell'Ornellaia, alcançando semelhante sucesso.

Por muito tempo, os Supertoscanos permaneceram sem classificação oficial, sendo confundidos com meros Vino da Tavola, os vinhos de mesa, como são classificados os rótulos mais medíocres do país. A correção só viria em 1992, com a instituição da menção IGT — Indicazione Geografica Tipica —, exibida até hoje por boa parte dos rótulos italianos de primeira linha que utilizam castas não autorizadas pelas normas vigentes em suas denominações de origem. No fundo, a IGT não se prende a delimitações específicas de zonas, abrangendo áreas bem mais amplas — caso da Maremma, região costeira da Toscana —, e demonstra mais flexibilidade na condução do processo.

Nesse meio-tempo, em vez de regulamentarem práticas bem-sucedidas que elevassem o conceito da Toscana na vinicultura internacional, os organismos italianos responsáveis pela tutela do setor deram continuidade ao conceito da DOC, implantando, a partir de 1983, a DOCG, que, a rigor, se caracteriza por alguns (pouco relevantes) controles suplementares e uma demarcação mais precisa de áreas já "premiadas" com a classificação anterior, teoricamente um "*upgrade*". Uma das primeiras foi a do Chianti Classico, que ficou restrito ao vinho produzido na zona original entre Florença e Siena, com potencial reconhecidamente superior aos demais.

Outros seis Chiantis foram geograficamente delimitados, portando cada um o nome das cidades por eles circunscritas: Rufina (não confundir com o "popular" produtor), Montalbano, Colli Fiorentini, Colli Senesi, Colli Aretini e Colli Pisane.

Para evidenciar que a promoção para a categoria DOCG não é reconhecimento de produto de qualidade superior, vale citar que nela também está incluído o (simplório) Chianti propriamente dito, originado de uma área ampla e heterogênea — em época de vacas gordas, no início do século XX, a área de vinhedos havia sido ampliada de forma indiscriminada, passando a tomar conta de boa parte da Toscana.

O importante é que o consumidor saiba que a denominação DOCG, e mais ainda a DOC, ostentada em rótulos de vinhos italianos, definitivamente não é garantia de qualidade, mas de procedência. A qualidade de um vinho está associada única e exclusivamente ao potencial do vinhedo, o *terroir*, e à capacidade, talento e propósito de quem tem a responsabilidade de extrair esses recursos ofertados pela natureza. A bem da verdade, não é diferente na classificação IGT. Aqui, ao menos, o produtor pode interpretar com liberdade o potencial qualitativo oferecido por sua terra.

Os defensores das categorias DOC e DOCG argumentam que só sob suas normas e fronteiras é possível falar em origem geográfica, comportamento e preservação das castas nativas, e expressão de *terroir*. Não deixa de ser verdade. Por outro lado, atualmente o produtor impõe tanto seu estilo que acaba camuflando esses atributos. O conselho é se fixar no nome do produtor e, se ele agradar, lhe ser fiel; melhor dizendo, "nomes dos produtores", no plural. Não se deve esquecer que o que faz do vinho uma bebida mágica é justamente sua diversidade.

Na semana em que viajei pelas principais sub-regiões da Toscana, tive contato com produtores importantes da região, que, com seus comentários e o oferecimento de degustação de seus rótulos, contribuíram para que eu formasse um panorama fiel de uma das mais charmosas e significativas zonas vitivinícolas da Itália. Além dos muitos vinhos que provei durante a viagem, eu já provara outros tantos nos meses que a antecederam, numa espécie de aquecimento, para que eu pudesse extrair o melhor dessa prazerosa maratona enogastronômica.

Falar sobre os vinhos da Toscana implica abordar antes de mais nada os Chiantis, tão forte e antiga é a interligação entre ambos — documentos do século XIII fazem referência ao nome e à uva Sangiovese, e uma primeira definição da zona de produção foi feita em 1716. É, no entanto, sua história recente que interessa, ao menos para efeito de consumo, sendo fundamental, em primeiro lugar, distinguir o Chianti do Chianti Clássico. Isso só foi efetivamente delimitado e disciplinado em 1996, determinando a larga, extensa e heterogênea Chianti e sua subzona autônoma Chianti Clássico, a área vinícola original e mais antiga, que é a que tem condições naturais privilegiadas e potencial para produzir vinhos de qualidade superior.

Como ambas estão na categoria supostamente mais prestigiada da Itália, a DOCG, isso induz (incautos) a pensar que, em termos de qualidade, as duas se equivalem, o que não é verdade.

O fato é que Chianti é um estorvo para a imagem do Chianti Clássico, denominação que vem tentando unilateralmente, há um bom tempo, implementar medidas para melhorar a qualidade de seus vinhos e difundi-los. Começou em 1924, com a união de um grupo de produtores na defesa do típico vinho de Chianti e de sua marca, dando origem ao Consorzio del Marchio Storico Chianti Classico, que tem como selo de garantia o "Gallo Nero", símbolo histórico de prestígio na região, ainda do período em que Firenze e Siena disputavam ferrenhamente seu domínio.

Por décadas o Consorzio empreendeu ações para promover seus vinhos internacionalmente, obtendo sucesso mesmo com muitos acreditando que os "clássicos" com o logo do Gallo Nero eram superiores aos demais, o que não era verdade. A rigor, havia outro consórcio, oficial, instituído em 1987, quando da implantação da DOCG na região, incumbido de controlar e regulamentar a produção, podendo as vinícolas se vincular a um dos dois ou aos dois simultaneamente. Havia bons e maus produtores em ambos.

Se já não bastasse toda essa confusão para o consumidor, seis eminentes produtores, descontentes com a política interna desses organismos e com o crescimento dos IGTs, que permitem a utilização indiscriminada de uvas estrangeiras, tentaram, no início de 2003, criar uma nova categoria de vinhos, a "Super Chianti Classico", na expectativa de valorizar sua casta emblemática, a Sangiovese — com no mínimo 85% dela na composição —, e representar a tipicidade do *terroir*.

No entanto, ela também não vingou, e começaram as deserções. A que gerou mais comentários foi a da Fattoria La Massa, que produz o celebrado Giorgio Primo. O sempre irreverente

Giampaolo Motta, proprietário da vinícola, passou seus rótulos à categoria IGT no mesmo ano e, para marcar bem sua revolta, estampou no contrarrótulo de seu vinho a imagem de um galo preto depenado, girando no espeto acima de uma fogueira. Em 2005, as autoridades italianas resolveram acabar com a bagunça. Dissolveram o Consorzio del Marchio Storico e o incorporaram ao Consorzio Vino Chianti Classico, organismo oficial e único a controlar, regulamentar e representar os vinhos daquela DOCG.

O Consorzio conta com mais de seiscentos integrantes; cerca de 350 membros são engarrafadores e 250 são viticultores, o que, no todo, representa 95% dos produtores. Os 5% que não aderiram ao Consorzio, ainda assim podem rotular seus vinhos como Chianti Clássico, estando sujeitos aos parâmetros legais quanto à produção do vinho e às inspeções dos fiscais do Consorzio. Esses produtores apenas não contam com o suporte institucional de análises laboratoriais, auxílio burocrático e legal, além de não participarem das ações de marketing e comunicação. Todos os Chiantis Clássicos devem exibir o selo numerado de autenticidade no gargalo da garrafa (mesmo os 5% que estão na Zona Delimitada, mas que não fazem parte do Consorzio). O selo, que traz a imagem do Gallo Nero, está diretamente ligado ao nome Chianti Clássico, independentemente de o produtor fazer ou não parte do Consorzio.

Todas essas transformações dão esperança de que se instale um pouco de ordem e paz no conturbado cenário da zona vinícola de maior visibilidade da Toscana, e de que isso traga benefícios para o consumidor. Foi com essa expectativa que alguns bons produtores que haviam abandonado o barco retornaram ao Consorzio. Caso do Castello di Ama, integrante da seleta linha de frente dos produtores da região, que voltou a ostentar o selo Gallo Nero após doze anos. Talvez tenha sido com esse pressentimento que o artista sul-africano Kendell Geers, contratado pelos proprietários, criou uma significativa e impactante obra de arte contemporânea, exposta nas instalações da vinícola.

Ela ocupa a parede do fundo de uma das salas de barricas e se compõe da palavra "Revolution". A palavra "love", encontrada quando se lê "Revolution" da direita para a esquerda (NOITULOVER), de acordo com o artista trata da revolução que o solo das videiras passa a cada ciclo, a revolução ou a luta contra os elementos que podem prejudicar a cultura, como chuvas e pragas, e a revolução que o Castello di Ama trouxe para o Chianti. Nenhuma revolução verdadeira, no entanto, é possível sem amor pela terra, pelo vinho. E o amor necessário para se entender uma nova forma pela qual os Chiantis devem ser observados. É uma obra que faz uma referência específica ao Castello di Ama, mas também se aplica a todas as revoluções.

O termo "Supertoscano" vingou. Em particular para o Sassicaia, que havia conquistado grande projeção internacional. A região que ele ajudou a desbravar, Bolgheri, na zona costeira próxima ao mar Tirreno, foi contemplada com a DOC, e ao rótulo que teve esse mérito foi concedida uma DOC exclusiva, a Bolgheri Sassicaia, caso único de um vinho ser sua própria denominação de origem no país.

O curioso é que nessa época a qualidade do Sassicaia estava decaindo, pouco lembrando seu padrão de excelência da década de 1980, em especial o da safra 85, talvez o melhor até hoje produzido. Essa fase infeliz, que, aliás, só tenderia a se reverter a partir de 2000, 2001, deu margem a que outros vinhos sobressaíssem e o ultrapassassem, caso do Ornellaia. Vale acrescentar que o Ornellaia continua em evidência, agora nas mãos do grupo Frescobaldi, depois de uma cochilada de Ludovico.*

* Tendo aumentado a área plantada e, consequentemente, a quantidade de garrafas produzidas, Ludovico fez sociedade com Mondavi, visando o mercado

Bolgheri (e adjacências) ficou e continua sendo a zona vinícola mais badalada da Toscana. Muitos projetos novos foram implantados ali, alguns de produtores celebrados em outras regiões, caso de Angelo Gaja, que, obstinado, fez de tudo para adquirir uma área, necessariamente em local nobre, como lhe convém. Não foi fácil convencer os donos, daí o nome Ca' Marcanda, que no dialeto piemontês significa "negociação que nunca termina". Esse foi o termo que sua mulher, Lucia, usou para tachar as intermináveis conversas com os proprietários da área que Angelo cismou em comprar. E ele tinha suas razões. Como não conhecia nada do local, tanto remexeu que conseguiu achar na prefeitura um mapa, dado como perdido, com uma análise da região elaborada por um dos maiores especialistas italianos no assunto. Foi atrás de uma área cujo solo tinha a mesma cor dos vinhedos do Sassicaia e Ornellaia.

Pensando em como resumir a questão das confusas categorias de vinho em que estão enquadrados os rótulos da Toscana, veio-me a consciência de que reina efetivamente na região, e talvez não apenas no cenário vitivinícola, um sistema anárquico, espécie de movimento libertário generalizado. Não do tipo predominante nos países do Novo Mundo, onde, em linhas gerais, não há regras rígidas nem grandes limitações — planta-se onde, como e o que se quer, tal liberdade valendo também para a vinificação. A "anarquia" vinícola toscana lembra mais o significado intrínseco da palavra, que pressupõe ausência de coação, e não desordem. Igualmente anarquia não significa indiferença (cada um por si), mas vínculos e interesses comuns entre os componentes dos diferentes grupos.

---

americano; numa segunda etapa, Mondavi comprou a parte restante de Ludovico e a vendeu a Frescobaldi. Com a quebra de Mondavi, Frescobaldi exerceu o direito de transferência e ficou sozinho com o tesouro.

No caso da IGT, há maior liberdade na escolha das castas e da zona de produção, o que permite ao enólogo interpretar o *terroir* (ou seus diversos *terroirs*) com independência; ao contrário do que pregam os defensores das DOCs e DOCGs, não necessariamente falta identidade aos vinhos classificados como IGTs. Isso pode ocorrer, como aliás ocorre, mesmo no seio das DOCs e DOCGs, em rótulos de volume, despersonalizados, produzidos com fins meramente comerciais por grandes grupos vinícolas. Não com produtores conscienciosos.

Generalizar, denunciando falta de identidade aos IGTs, é também tentar esconder a existência de vinhos procedentes de um vinhedo particular, que caracteriza um *terroir* específico. Ainda que saber/querer evidenciá-lo dependa do produtor, há um sem-número de casos em que isso é explícito, em particular nos rótulos de prestígio, exatamente naqueles que deram origem à categoria e foram responsáveis por recuperar a imagem então vulgarizada dos vinhos da região.

Há, em todo caso, uma questão a ser discutida: até que ponto a utilização de castas internacionais, Cabernet Sauvignon e Merlot em especial, tão utilizadas nos Supertoscanos, renegam o *cuore* italiano? Para ser sincero, de uma forma geral, prefiro os IGTs que têm em sua mescla uma boa proporção de Sangiovese, a variedade nativa e característica da Toscana. Sem tirar o mérito de vinhos como Solaia, Masseto, Messório e Galatrona, só para citar os que classifico como de primeiro escalão, tenho nítida queda pelos demais — Fontalloro, Flaccianello, Le Pergole Torte, Camartina, Brancaia Il Blu —, que levam boa quantidade de Sangiovese.

A propósito, os três primeiros poderiam ser enquadrados na Denominação Chianti, onde, segundo as regras atuais, teriam direito à classificação DOCG. Não o são porque ganharam (merecido) reconhecimento ao longo dos anos, não necessitando agora, quando a legislação foi revista, da menção para alavancar suas vendas. Esse trio de ponta tem, não por acaso, belíssimos Chiantis. A diferença é que as vinícolas direcionam as melhores uvas para seus tops de linha. Por ideologia, são raros os produtores que se mantiveram fiéis à Denominação, caso do Castello di Ama, que tem os Chianti Classico La Casuccia e Bellavista, ambos procedentes de vinhedos individualizados, que levam seu nome. São considerados os melhores da categoria.

Anos atrás, entrevistando um dos melhores enólogos-consultores italianos, Riccardo Cotarella, perguntei-lhe sobre a internacionalização dos vinhos italianos, notadamente pelo uso de uvas Bordalesas, que, supostamente, os fazia perder seu caráter regional. Reconhecendo que ele mesmo andava refletindo sobre essa questão, argumentou com segurança: "Quando falamos de uvas internacionais, não estamos falando de vinhos iguais, pelo menos no nível em que estamos conversando. Não é verdade dizer que há uvas que dão o mesmo vinho. Na produção de um vinho, a uva é um dos mil fatores que influenciam no resultado. Dizer que a Merlot dá o mesmo resultado do Piemonte à Sicília, na Itália e na Califórnia ou Austrália, é pura fantasia. O que é uma sorte. Seria muita humilhação para o vinho. A estação, o clone da planta, o solo, a forma de conduzir a vinha, os tratamentos, são fatores que condicionam o resultado final. Por exemplo, veja o que acontece em Bordeaux, onde, estamos de acordo, é a pátria da Merlot: há vinícolas reputadas, como a Petrus, e outras, coladas a ela, sem o mesmo prestígio, que utilizam o mesmo clone de Merlot. O Château Petrus tem particularidades de solo, pequenas porcentagens na sua composição, que os demais não têm. Os franceses sustentam, e com razão, que pequenas diferenças de terreno resultam em grandes diferenças no vinho, com a mesma variedade. Ora, como pensar que da Califórnia à Austrália todos os vinhos são iguais? Para mim é uma visão simplista e ofensiva ao vinho. É falta de conhecimento daquelas que são as reais características e potenciais de um vinho". E Cotarella arrematou: "Não precisamos nos privar de ter a mesma satisfação. Estamos muito orgulhosos de mostrar um Merlot, um Cabernet que tipifica determinado território".

No campo das DOCS e DOCGS, a discussão não é de identidade, mas da rigidez da legislação. O caso mais representativo da falta de consenso é o que envolve a Denominazione di Origine Controllata e Garantita Brunello di Montalcino, uma das mais prestigiadas da Itália e que se viu implicada no escândalo que veio à tona em 2008, envolvendo produtores que utilizaram uvas não permitidas pela legislação DOCG local — o vinho tem de ser obrigatoriamente elaborado com 100% de uva Sangiovese Grosso, ali chamada de Brunello — e, supõe-se, também adicionaram vinho de mesa do Sul do país na produção da bebida. Diante da suspeita, mais de 6 milhões de litros de Brunello da safra 2003 foram confiscados e submetidos a testes de laboratório, apontando-se a partir daí culpados e inocentes.

Paradoxalmente, o principal motivo pelo qual produtores de Brunello di Montalcino teriam se valido de outras castas ou tintos de fora para moldar a bebida é que essa seria uma forma de adaptá-lo melhor, ele, caracteristicamente tânico e ácido, ao paladar do consumidor moderno. Isso foi discutido internamente no Consorzio de tutela local. Nomes de peso defenderam posições antagônicas: Gaja, o mais celebrado produtor italiano em nível internacional, se posicionou a favor de um relaxamento nas regras, o que possibilitaria a adição de outras variedades; e Franco Biondi-Santi, responsável pelo Brunello pioneiro e o rótulo mais emblemático da região, defendeu a tradição.

O fato de 96% dos associados votarem contra a mudança não significa que o caráter Brunello está preservado. Apesar de a decisão significar a continuidade da adoção da casta única, há grande diferença de estilo entre os produtores. De um lado estão os conservadores, representados particularmente por Biondi Santi e Soldera, e no lado oposto nomes como Siro Pacenti, Fanti e Castelgiocondo (Frescobaldi); no largo intervalo entre os dois extremos, transita a maioria. Isso sem falar na diferença de *terroir* existente na região: há duas metades bem distintas: a sul sofre influência do Mediterrâneo, enquanto na parte norte, nas imediações da cidade de Montalcino, a altitude é mais elevada e acidentada, e o clima é mais frio, o que enseja uma colheita mais tardia (além de um solo com galestro, pedaços de rocha em decomposição, semelhante aos terrenos na zona do Chianti); há anos em que um é beneficiado e outro não, e vice-versa.

Ainda que Brunello seja um vinho com um caráter todo particular, conquistou muitos apreciadores sem um sólido padrão qualitativo. A região cresceu rápido e sem critério — em 1990 havia 87 produtores, em 2009 mais de duzentos —, e beber Brunello passou a ser um *must*, que custa muito mais do que vale. Em boa parte dos casos, é preferível pedir um Supertoscano ou mesmo um Chianti — onde indiscutivelmente há identidade.

JUNTANDO PRAZERES ATRAVÉS DA HARMONIZAÇÃO

Arde e assopra

Pratos tropicais combinam com o crème de la crème *dos fermentados brancos*

Ainda que nosso invejável clima tropical beneficie a maioria das praias brasileiras o ano todo, é no verão, e particularmente em fevereiro, com atmosfera de Carnaval no ar, que elas ficam mais atraentes e recebem mais gente de fora. É hora, então, de aproveitar não somente o mar, mas também os pratos locais. A culinária de cada região do país reflete suas origens e hábitos, sendo resultado da troca de influências entre os vários povos que aqui se encontraram e, para se alimentar, exploraram os infindáveis recursos naturais que o Brasil oferece. A extensão da costa brasileira faz com que haja um sem-número de especialidades, concebidas com base na matéria-prima e cultura de cada região.

Se na informalidade da areia algumas bebidas são imbatíveis, na hora de acompanhar o melhor da gastronomia local à mesa nada substitui um bom vinho. No entanto, é importante lembrar que cada prato tem suas características e pede um vinho que realce suas qualidades. Atingir esse equilíbrio é tarefa delicada e requer atenção. O modo de preparar os pratos e até o tipo de molho podem ser decisivos. Para ter sucesso, é preciso se informar primeiro sobre os detalhes da receita e depois partir para a escolha de um vinho que se harmonize com ela.

A moqueca, um dos pratos brasileiros mais conhecidos na Bahia e no Espírito Santo, é um bom exemplo de como preparos diferentes dão resultados diferentes e pedem, por isso mesmo, também vinhos diferentes. Para a versão capixaba, mais delicada, um vinho branco com certa presença e frescor realçado será suficiente para equilibrar a acidez do tomate e a presença do coentro. É o caso dos elaborados com uva Sauvignon Blanc, em particular os da Nova Zelândia, os Sancerres e o Pouilly-Fumé do Vale do Loire na França, ou os que vêm do Friuli, na Itália. Certos vinhos verdes de Portugal oferecem a mesma sensação, ainda reforçada pelo leve frisante que se encontra em alguns — embora boa parte deles seja leve demais para o prato. A sugestão é optar pelos produzidos com a uva Alvarinho, a casta mais rica dos Vinhos Verdes.

A prima baiana do aromático ensopado de peixe, mais consistente devido à presença do azeite de dendê e do leite de coco — dois ingredientes de personalidade forte —, necessita de um vinho com mais corpo, até para que o prato não ofusque a bebida, sem jamais abrir mão do frescor. A sugestão clássica é buscar brancos da região central do Vale do Loire, onde reina, soberana, a uva Chenin Blanc. Essas desejadas características estão bem marcadas nos Vouvrays e Savennières. Outra opção bem-vinda são os elegantes Rieslings alsacianos, que têm a rara e suprema capacidade de se adaptar às mais diferentes situações. É a prerrogativa dos nobres.

Além da moqueca, a Bahia tem em seu rico menu outros pratos famosos que coroam, basicamente, produtos do mar, adequados à estação e aos vinhos. Um dos mais conhecidos, o acarajé — em geral provado com displicência —, ganha outro status quando acompanhado por um espumante não muito seco — não vale a pena insistir no champagne —, caso dos espanhóis e dos melhores nacionais. Não é tentativa de sofisticação, é merecimento e compatibilidade: as borbulhas confundem-se com a massa do acarajé, e o toque frutado mais o frescor do espumante combinam perfeitamente com o recheio e o indispensável tempero.

Da mesma forma, outras especialidades baianas, como o bobó de camarão e o vatapá, crescem com um vinho apropriado. Embora tenham bases bem diferentes — o bobó leva creme de aipim e o vatapá, pão — e ingredientes distintos, ambos caracterizam-se por sua textura cremosa, o que sugere vinhos semelhantes para acompanhá-los. Assim, em linhas gerais, um Chardonnay sem excesso de madeira e que mantenha acidez equilibrada dará mais vida ao prato. Embora o vinho não se incomode com a pimenta e até amenize seus exageros, alguns apreciadores do condimento tendem a reduzir um pouco a dose do incremento picante. Estão dentro desse estilo vários Chardonnays chilenos, em especial do Vale de Casablanca, e os Borgonhas. Produzidos com uvas menos conhecidas, mas com igual possibilidade de combinar com os dois pratos, há os vinhos elaborados com a Viogner francesa, certos brancos maduros portugueses e italianos como Arneis e Fiano di Avellino.

O mesmo conceito e, portanto, os mesmos vinhos valem para o prato mais tradicional de Florianópolis: o caldo de camarões da Lagoa da Conceição, que pode ser apreciado como uma sopa ou misturado com farinha de mandioca. Já não há por lá tanta oferta dessa célebre especialidade de Santa Catarina, e é difícil que seu preparo seja igualado em outros lugares, já que é forçoso os camarões serem frescos, tarrafeados na hora. O caldo acabou substituído pela sequência de camarões, um desfile desse crustáceo produzido das mais diversas maneiras, cozidos, fritos e empanados. Nessa miscelânea, vale atentar mais para a textura do camarão, em vez do sabor adquirido por ele no preparo. Não é hora de optar pelo frescor dos Sauvignons Blanc e espumantes. É inevitável que a opção seja novamente um branco na linha dos Chardonnays, vinhos com a necessária untuosidade, para harmonizar com a carne macia mas com certa consistência do camarão.

Vinhos que realçam o frescor devem ser deixados para outras especialidades de Santa Catarina, como ostras e mariscos. Aqui, o champagne é quase imbatível, principalmente com as ostras, com quem faz um casamento perfeito. Outros espumantes também não fazem feio, assim como o Muscadet, um vinho branco do Vale do Loire com frescor delicado, atrativo, interessante e de bom preço.

Dos crustáceos que povoam a costa brasileira, não se pode esquecer da lagosta, talvez o mais nobre deles. Sua área de ocorrência é nas praias situadas entre Recife e Fortaleza, região onde ela é fresquíssima e de preço bem mais acessível. A razão de a lagosta ser tão procurada é a textura e o sabor de sua carne, que resiste às mais criativas receitas. Sua consistência e sabor superam em muito os do camarão, pedindo assim vinhos com personalidade, ainda que partindo das mesmas características. Voltam, portanto, os Chardonnays, mas numa escala superior, quase como se se buscasse o mesmo vinho num patamar mais alto: em vez de um simples Borgonha, um Meursault ou um Puligny Montrachet ou, caso dos chilenos e argentinos, o Reserva ou Gran Reserva do mesmo produtor.

Diante de tantas opções aparentemente complicadas, não se deve perder de vista, então, o conceito de como se compõe o caráter final de um vinho. Tudo começa com as uvas, são elas as principais responsáveis pelas características que o vinho vai ter. Em ordem de importância, vem depois a região e a forma de trabalhar do produtor. Embora qualquer generalização seja perigosa, não se pode deixar de afirmar que vinhos com base em Sauvignon Blanc se distinguem por seu frescor e aspecto frutado, enquanto os Chardonnays são conhecidos por sua textura macia e bom corpo. Por apresentarem estilos opostos e serem as mais conhecidas, essas uvas definem duas vertentes no mercado mundial de vinhos brancos. Mas não são, de forma nenhuma, as únicas. Riesling e Tokay Pinot Gris da Alsácia; Chenin Blanc do Vale do Loire; Roussanne e Marsanne no Rhône; Alvarinho e Arinto em Portugal; Viura na Espanha; e Fiano na Itália, entre tantas outras, oferecem nuances diferentes que transitam alternadamente nas características representadas pelas duas vertentes formadas em torno daquela dupla mais conhecida.

Valendo-se dessa conceituação, é possível indicar que frutos do mar em estado natural, sem grandes molhos ou disfarces, em geral casam melhor com vinhos de frescor — a vertente liderada pela Sauvignon Blanc —, que ressaltam seu sabor. Colabora para isso o fato de esses vinhos normalmente não passarem por barril de carvalho. A madeira, além de diminuir a noção de acidez, tem propensão a acrescentar ao vinho toques tostados ou abaunilhados que mascaram as sutilezas desses petiscos.

O mesmo tipo de vinho é recomendado para pratos condimentados: é a acidez do vinho que oferece o necessário contraponto e suaviza seus efeitos, sem descaracterizá-los. Crustáceos como camarão, cavaquinha e lagosta, por outro lado, precisam de vinhos com certa untuosidade, para que não entrem em choque com sua carne mais gorda. Brancos com frescor excessivo tendem a metalizar o gosto desses crustáceos. A sugestão é aderir à linha dos macios Chardonnays, sem muito tempo de carvalho para preservar a leve acidez típica dessa uva. Pratos mais consistentes, caso dos já citados bobó e vatapá, seguem na mesma direção, pedindo vinhos de maior intensidade e que aceitem um pouco mais de barril. A propósito, vinhos com excesso de madeira, como é a tendência dos australianos e americanos, servem para impressionar, mas não combinam com prato nenhum. A ideia é procurar sempre valorizar o prato, tirando melhor proveito do vinho. Conseguir isso num dos tantos lugares privilegiados que a costa brasileira disponibiliza é o que existe de mais próximo da noção de paraíso.

Os segredos e as surpresas das combinações de vinhos e pratos de inverno

No inverno nosso corpo pede pratos mais substanciosos. E, com eles, vinhos do mesmo porte. Essa parceria realmente faz sentido.

Uma dupla bem identificada com o inverno é queijo e vinho. Ao menos é o que se conclui dos tantos festivais de queijos e vinhos promovidos durante a estação. O curioso, porém, é que queijo não é necessariamente um alimento para dias frios e, a despeito da crença de que ele e vinho são parceiros naturais, não é tão simples combiná-los. Muitos queijos são macios, caso do brie, ou têm textura carnuda, borrachenta mesmo, no bom sentido, como o ementhal, e batem de frente com os taninos que caracterizam os vinhos tintos. Enfim, o que pouca gente sabe é que a maioria dos queijos combina melhor com vinhos brancos do que com tintos, embora os últimos sejam os preferidos do inverno.

Na mesma linha, desta vez numa receita típica de clima frio, que remete a neve e lareira acesa, está o *fondue* mais tradicional, o de queijo. Aqui, além de receber em sua composição dois ingredientes suaves e até levemente adocicados, os queijos *emmenthal* e *gruyère*, que pedem vinhos brancos, há ainda a acrescentar o fato de este mesmo gênero de vinho ser utilizado em seu preparo — esse é sempre um ótimo indicador do que pedir para acompanhar uma comida. Na Suíça, país de origem do prato e onde o termômetro não se engana, ninguém hesita: o vinho para *fondue* é o Fendant, um branco local com boa acidez para se contrapor ao fundido dos queijos, e não muito frutado para se manter sóbrio, sem sobressair.

O primeiro critério para harmonizar vinho e comida, e o mais importante deles, é que prato e vinho devem ter a mesma estrutura e força (pratos leves com vinhos delicados e pratos consistentes com vinhos robustos). Em seguida, deverá haver afinidade entre a textura do prato (macia, pastosa, fibrosa) e a do vinho (macia, untuosa, áspera, efervescente). É o que está por trás da clássica combinação de *foie gras*, com sua textura pastosa, e vinhos doces, que são untuosos.

Finalmente, tem de ser amistosa a relação entre as sensações e os sabores da comida (doce, salgado, ácido, condimentado, gorduroso), e os do vinho (em especial o ácido e o doce). Se nos dois primeiros aspectos o conceito de harmonia normalmente requer que comida e vinho estejam do mesmo lado, no campo dos sabores o contraste é muitas vezes bem-vindo. Do mesmo modo, a harmonização por polos opostos explica casamentos excêntricos que se tornaram modelo, como queijos azuis, tipo gorgonzola e roquefort, com vinhos doces do gênero Sauternes e Porto, e a ótima parceria que fazem os queijos de cabra, de traços salgados, com os vinhos brancos frescos e frutados obtidos com a uva Sauvignon Blanc.

Para se alcançar o prazer supremo que uma feliz harmonização de vinho com comida pode oferecer, é preciso ousar, tentar se desvencilhar de hábitos que, no fundo, moldaram o que chamamos de "gosto pessoal". É nesse sentido que, por exemplo, vale testar algumas sopas, como a "canja da mamãe" (ou da vovó), ou um tradicional *cappeletti in brodo* italiano, com um bom vinho branco à base de Chardonnay, de preferência. É um vinho que ressalta o caldo e seus ingredientes, o que um tinto quase massacra. Se a questão é a temperatura do vinho branco, normalmente geladinho, nada impede de servi-lo dois ou três graus acima, digamos a 14 graus.

Há, por outro lado, sopas que seguem a norma e pedem tintos. São fatalmente mais polpudas, bem representadas pelo minestrone e a *bagna calda*, originários da Itália, ou pela Tourin, em particular a da região de Béard, Sudoeste da França. Numa escala intermediária, que aceita tanto brancos quanto tintos, está a preciosa e fumegante sopa de cebola gratinada.

No capítulo carnes, não há contradições; os tintos dominam. Ainda assim, o universo é vasto o suficiente para que, em função do prato, uns sejam mais apropriados que outros. No geral, para todos os efeitos, uma regra ajuda bastante: animais de couro — boi, cabrito, cordeiro — se dão bem com vinhos mais tânicos e encorpados, caso de Bordeaux, Brunello, Barolo, Douro, Priorato, Ribera del Duero, Malbec da Argentina, e Cabernet e Carmenère do Chile, para citar alguns; carnes mais delicadas, como vitela e aves em geral, demandam tintos mais elegantes, com taninos mais macios. Nessa área, reinam aqueles produzidos com uva Pinot Noir, embora, se o produtor tiver mão mais leve, não devam ser descartados os que trazem em sua composição variedades como Syrah, Merlot, Dolcetto e Tempranillo, entre outras.

Mesmo tendo seguido todos os critérios básicos, não será necessariamente na primeira tentativa que se vai alcançar uma boa harmonização entre um prato e um vinho. Aliás, o lado bom da brincadeira é ir introduzindo algumas variações nessa combinação, até se encontrar a parceria ideal. Isso vale tanto para a comida quanto para o vinho. Considerando-se que os vinhos devem ser escolhidos tal como são, enquanto os pratos podem ser modificados e adaptados, há a opção de partir de um determinado rótulo (com garrafas de reserva, caso seja necessária uma próxima tentativa) e adequar a receita. Ou, ao contrário, tomar por base a receita original e testar qual vinho se casa melhor com ela. Joguinhos interessantes!

Caso não haja tempo para experiências, é mais seguro ir direto para as combinações clássicas. Algumas mais ligadas ao inverno são infalíveis: *coq au vin* ou *bouef bourguignone* com tintos da Borgonha, ossobuco de vitela ou espaguete à carbonara com (um bom) Chianti, bolito misto com Barbera do Piemonte, guisados de carne (ou de caça) com tintos da mesma região da receita e *gigot d'agneau* com Bordeaux.

Por mais que se possa discorrer sobre o vinho e seus atributos, é inquestionável que a vocação dessa bebida mágica é mesmo à mesa. É numa refeição que o vinho tem condições de expressar plenamente suas qualidades, em especial se houver uma perfeita compatibilização entre ele e os pratos servidos. Mesmo se isso não ocorrer de forma plena, resta sua grande virtude, que é agregar, estimular o convívio entre as pessoas. Gula assim não é pecado.

Os brancos que reverenciam as sutilezas do peixe cru

Por mais que se possa enumerar as qualidades do vinho e os benefícios que traz à saúde e ao espírito, sua vocação maior é de fato à mesa. É numa refeição que ele consegue maximizar suas qualidades e objetivos, principalmente se harmonizado com o prato. Não há vinhos nem tipos de comida — a não ser os malfeitos — que impeçam, antecipadamente, uma harmonização. Discussões e posições contrárias são, na grande maioria, apenas falta de hábito.

No Brasil, o consumo de vinhos em restaurantes japoneses é bastante baixo, diferentemente do que ocorre no próprio Japão, onde a bebida ocupa lugar de destaque. O interesse por esse acompanhamento tipicamente ocidental foi aumentando no início dos anos 1990 e se consolidou com a realização do Campeonato Mundial de Sommeliers no Japão em 1995, ganho inclusive por um japonês. Não é possível afirmar se essa vitória contribuiu ou não para que o vinho passasse a ser mais apreciado no país, mas o fato é que há vários restaurantes japoneses, dentro e fora do Japão, fazendo sucesso ao propor vinho como acompanhante de sua elegante comida. O Nobu, em Nova York, é um exemplo conhecido.

Uma oportunidade de mergulhar no assunto, tão rica quanto inesquecível, surgiu na reunião do meu grupo de degustação no restaurante de Jun Sakamoto em São Paulo. Desde o supercompetente Komazushi, que comandava aquele que era considerado o melhor restaurante japonês de São Paulo nos anos 1980 e 90, não se liam nem se ouviam em São Paulo discursos unânimes de admiração pelas qualidades de um sushiman. A experiência foi ainda melhor porque, além de ser genial como o saudoso Komazushi, Jun é culto, gosta de vinho e não é ranzinza: suas explicações foram fundamentais para que pudéssemos apreciar as nuances de cada proposta. A primeira delas, uma premissa, é não deixar que o shoyu entre em contato e queime o wasabi — a picante raiz-forte ralada —, que ele usa em sua forma original, sem misturas. A partir daí, escoltados por Jun, tínhamos em mãos os bilhetes para o paraíso, munidos dos vinhos que havíamos levado.

Um dos grandes valores da cozinha japonesa, traduzida nos sashimis e sushis — e que quem a conduz tem o dever de preservar —, decorre de o produto ser servido sem molhos ou disfarces, expondo abertamente seu sabor. Parece óbvio, mas só me dei conta de que são sabores e texturas muito diferentes quando constatamos que cada um dos quatro sashimis servidos inicialmente, combinava com um vinho diferente: o robalo conservou e evidenciou sua delicadeza com um Champagne Cristal 88; a textura densa do atum se desmanchou suavemente com o Clos de La Coulée de Serrant 90; a riqueza do salmão ficou ainda mais nobre com a acidez equilibrada dos Rieslings Jon. Jos. Prüm Spatlese 90, alemão, e Trimbach Clos Saint Hune 93, alsaciano; e a carne tenra e saborosa do búzio (uma grande concha que vem do Recife), mais convivial, se relacionou bem, de formas distintas, com o Coulée de Serrant anterior, o Château Chalon 89 de J. M. Courbet e o Huet Vouvray "Le Haut-Lieu" 95.

A troca de parceiros não foi desagradável, mas não atingiu a mesma perfeição: os vinhos ofuscam o afável robalo, assim como o champagne não tem força para amansar os outros três sashimis.

Nem sempre de um grande vinho vem a melhor combinação, muito menos se espera que ele seja o mais eclético, mas vale aplaudir o Clos de la Coulée de Serrant 90: ele foi muito cordato, se adaptando e enaltecendo seus pares, o que só realça ainda mais sua grandeza. Pouco conhecido, originário de Savennières, microrregião no centro do Vale do Loire, esse vinho é considerado um dos cinco brancos *cults* da França, junto com Montrachet, Château Chalon (que também esteve presente), Château d'Yquem e Haut Brion branco. A razão de ele fazer parte de um time tão forte está na sua originalidade: reúne aspectos minerais sem ser seco, tem boa acidez e textura e, principalmente, não é óbvio. Quem conseguir encontrá-lo deve ter paciência: ele não se expressa bem enquanto jovem.

O Château Chalon é uma dessas peças que, no bom sentido, a mãe Natureza nos prega. Suas características o aproximam de um Jerez Fino, como o Tio Pepe, mas não é tão seco; tem mais cremosidade e menor teor alcoólico. A ele foi reservado lugar de destaque na fase final dos sushis, que sucederam os sashimis, mais especificamente com o de enguia, de personalidade mais forte; ao invés de uma briga de egos, presenciamos uma dócil convivência.

Nos sushis, outras obras de arte de Jun Sakamoto, o arroz atenua ligeiramente o gosto do componente do mar, conferindo textura diferente na boca. A sequência servida, que sempre depende dos melhores peixes do dia, começou com um atum discretamente complementado com uma fatia fina de *foie gras*, que teve várias boas companhias: o champagne, o Coulée de Serrant, os Rieslings e um bom e providencial Chablis, o único Chardonnay da noite. Normalmente, vinhos com muita madeira não se dão bem com a cozinha japonesa; não é o caso deste e dos Chablis em geral, que, sendo os mais secos dos Borgonhas, são uma boa opção.

Seguindo a irresistível tendência de que jantar que se preze tem que ter vinho tinto, não fugimos à "regra" e tentamos três — Château la Pointe 88, Pomerol; Corton Maréchauds 90, Borgonha; e Château Lynch Bages 88, Pauillac —, que podem ter saciado nossa vontade, mas não se harmonizaram com a comida. Na verdade, não era um teste, porque já se sabe que os taninos, presentes nos tintos, se chocam com o toque iodado de peixes e frutos do mar, resultando num gosto metálico. Em todo caso, não chegaram a arranhar nossas papilas, em estado de graça depois dessa viagem. Admito que é difícil repeti-la em uma situação normal, tanto porque não há como reunir no dia a dia tanta gente com esse propósito e com tais vinhos, como também é impraticável para um restaurante oferecer, em taça, uma gama tão vasta de vinhos. Se não dá com este preciosismo, mesmo assim vale a pena essa experiência de compatibilizar comida japonesa com vinho. Dentro do possível, com vários vinhos.

Casamento de tinto com queijo acaba em divórcio litigioso

A dupla queijo e vinho está tão associada ao inverno quanto roupa de lã. Nessa época de frio, há maior predisposição para o consumo de vinhos, e é natural que assim seja. De fato é nos meses de inverno, junto com as festas de final de ano, que o mercado mais fatura.

Compatibilizar vinho com queijo deveria ser mais fácil do que com pratos, pois queijos independem de receita ou de um modo de preparo. A questão é a diversidade, e para cada tipo de queijo há um vinho que se harmoniza melhor; o grande complicador é que dificilmente nos servimos de apenas um deles, como numa tábua de queijos. Não resta muita alternativa a não ser optar por um único vinho, combinado pela média. Da mesma forma que isso não é o ideal, também é impraticável dispor de uma garrafa de vinho para cada queijo. A melhor solução, a meu ver, é classificar os queijos em grupos afins e eleger um vinho para cada um desses grupos de queijos. Na prática, significa agrupar em cada canto da mesa queijos com algum parentesco e colocar a garrafa apropriada em frente.

Nos queijos, textura e sabor são os dois fatores determinantes para montar os grupos de queijos e o vinho adequado a eles. A textura — dura ou pastosa — sugere vinhos de aspectos similares, no caso tânicos ou macios. Em seguida, deve se considerar o sabor dominante, podendo preponderar o salgado, o picante ou uma sensação neutra, na verdade levemente adocicada. A associação desses dois fatores, textura e sabor, resulta em cinco grupos de queijos, cada um com seu respectivo vinho.

Respeitando a ordem em que devem ser provados, sugiro começar pelos queijos de cabra, em geral cremosos e com um sabor nitidamente mais ácido. A combinação clássica recai sobre os vinhos à base de Sauvignon Blanc, uma uva que confere o necessário frescor e os toques frutados, para compensar a acidez do queijo, mantendo sintonia com sua cremosidade. O resultado é fantástico, com os dois sabores se superpondo e se equilibrando. Outra possibilidade de acompanhamento para os queijos de cabra, e surpreendente, me foi indicada por Serge Dubs, do estrelado restaurante Auberge de l'Il, na Alsácia, e campeão mundial de sommelier em 1989. Trata-se do Muscat da região, que tem algo da acidez e fruta da Sauvignon, com aromas mais pronunciados.

O grupo seguinte é formado por alguns queijos de pasta mole e outros de massa mais dura, porém ambos de sabor delicado; incluem os cremosos brie e reblochon, por exemplo, e os consistentes emmenthal e gruyère. Se não há dúvidas quanto à delicadeza dos dois primeiros, o mesmo não se pode dizer dos dois últimos, muitas vezes, equivocadamente, considerados queijos fortes. *Emmenthal* e *gruyère* têm, na realidade, um traço suave e compõem a receita original do *fondue* (o tempero com noz-moscada e o vinho, que se juntam a esse prato típico do inverno, atenuam o sabor levemente adocicado dos dois queijos). Os vinhos mais indicados para esse grupo são os elaborados com Chardonnay, uma uva que proporciona maciez e baixa acidez. Essas características se acentuam se o vinho tiver passado certo tempo em barril de carvalho, e elas são bem-vindas. O *fondue*, por outro lado, pede, devido ao fundido dos queijos, mais acidez, e é a razão de os suíços preferirem o Fendant, um vinho branco local. Uma feliz e elegante alternativa para acompanhar o delicado brie é champagne.

O terceiro grupo é uma dissidência do anterior, já que é composto de queijos com texturas semelhantes mas de sabor pronunciado. É o caso do *camembert* e do *pont l'evêque*, parentes mais fortes do brie. Outros integrantes ainda mais intensos são o munster e o epoisses da França, e o taleggio italiano. É a hora, finalmente, de entrar com os tintos, mas não com qualquer um. A restrição é com relação a vinhos tânicos, que imprimem algo de aspereza ao paladar e batem de frente com a textura mole dos queijos. A direção aponta para vinhos com a uva Pinot Noir, cuja grande virtude é ter taninos macios. Pelo mesmo motivo, também podem ser vinhos com certa idade, nos quais os taninos estão domados e não molestam mais. Para quem gosta de transgredir sem medo de se arrepender, vale experimentar os três últimos citados (Munster, Epoisses e Taleggio), assim como outros semelhantes, com vinhos licorosos, gênero Sauternes ou os Vendanges Tardives alsacianos. Nesse caso, a combinação é por texturas semelhantes — os vinhos doces são untuosos — e por oposição de sabores. Para quem quer um tempero a mais numa receita alsaciana, fica a recomendação de "molhar" o Munster com kümmel, uma especiaria bastante utilizada na Alemanha e adjacências, caso da Alsácia. Os três juntos — Munster, kümmel e um Vendange Tardive — formam um trio invencível.

Queijos fortes, com sabor salgado, compõem um grupo que pede tintos encorpados. Parmigiano-reggiano, pecorino, grana padano e provolone são fibrosos e até farinhentos (despedaçam ao se tentar cortá-los). Bordeaux, Chiantis e Brunellos podem se dar bem com eles, desde que os queijos não sejam demasiadamente salgados. O sal provoca uma sensação metálica na boca quando encontra o tanino dos vinhos, e deve ser evitado.

O último grupo conta com os chamados queijos azuis, de sabor picante. A sensação intensa faz pensar em tintos potentes, mas invariavelmente o resultado não é agradável. O empecilho está na cremosidade, que afasta tintos. Atrai, em compensação, os untuosos doces, exemplo do Sauternes e do Porto. A harmonização é perfeita, com a fusão de texturas compatíveis e sabores aparentemente conflitantes. Há casos de parcerias famosas, como roquefort e Sauternes, e vinho do Porto com *stilton*, um queijo inglês divino.

Cabe aqui uma observação: da mesma forma que stilton é stilton, e não apenas mais um queijo azul, vale lembrar que vinho do Porto não é um, mas um mundo repleto de peculiaridades. Fica o reparo, em todo caso, que stilton é com Porto Vintage, o mais intenso e nobre dos Portos, que só é produzido quando a safra é excepcional, o que ocorre três vezes, em média, a cada dez anos. Coincidência ou não, os ingleses são grandes apreciadores, e entendidos, de Portos Vintages.

A mesma unanimidade com relação ao tipo de vinho do Porto não acontece com outra especialidade portuguesa: o fantástico queijo da serra, um queijo de ovelha típico do centro de Portugal, com sabor intenso e cremoso. Embora servidos juntos com frequência, acho os Vintages poderosos demais para o queijo da serra. Ainda que forte, o queijo é cheio de sutilezas que ficam ofuscadas por um Porto Vintage. Para mim, os Tawnys com alguma idade, caso daqueles de vinte anos, ressaltam melhor essas nuances.

Finalizar com Portos tem outra vantagem: se alguém participar dessa maratona por completo e ainda conseguir encarar uma sobremesa, esses vinhos permitem emendar sem descontinuidade. Frutas secas também combinam e não pesam tanto.

Companheiros para o ataque ao panetone e às nozes

Todo início de novembro começam a aparecer nas decorações de ruas e vitrines os primeiros sinais de que o fim do ano se aproxima. Em geral, seja por distração ou por gulodice mesmo, devo admitir que os panetones expostos nos supermercados são os primeiros a chamar a minha atenção. Sua textura macia e seu gosto suavemente adocicado, com o incremento das frutas cristalizadas, formam um conjunto tentador. Embora nada impeça que o panetone seja comercializado o ano todo, quando se pensa na balança, chega a ser um alívio sua comercialização se restringir a esses poucos meses. A origem italiana do panetone remete de imediato, para acompanhá-lo, a um vinho da mesma procedência; nesse caso, a melhor indicação são os delicados e perfumados frisantes elaborados com uva Moscatel, como os Astis e os Moscatos, típicos da região do Piemonte. Ainda que ambos tenham aromas e paladar semelhantes, a quantidade de borbulhas — bem maior no Asti — recomenda diferenciação na hora de optar por um ou outro, dependendo do momento em que se vai saborear o panetone; por exemplo, ao final de uma refeição é preferível o Moscato, de mais fácil digestão por conter menos gás.

Já vai longe, e em boa hora, o velho hábito de bolo com champagne ou de terminar o repasto com vinhos espumantes. A questão não é de etiqueta, mas de boa digestão, evitando inflar mais o estômago com bebidas gaseificadas. Diante dessa evidência, os Astis, assim como os refinados champagnes demi-sec, são mais apropriados para um *brunch* — são até imbatíveis — ou para um final de tarde com temperatura mais civilizada, que permite momentos especiais.

Outra opção é, sem dúvida, os espumantes nacionais, que já conquistaram merecido reconhecimento, inclusive quando a base é uva Moscatel. A despeito da minha rejeição pelos concursos "ganha-medalhas", é justo ressaltar que não é por acaso o destaque constante dos nacionais no segmento de espumantes, o que tem se repetido também com os moscatéis.

Há outros vinhos, sempre tendendo ao adocicado, que acompanham perfeitamente o panetone. A escolha, porém, deve levar em conta se ele será servido sozinho ou acompanhado por outros produtos típicos da época. Vai aí, com igual peso na consciência — leia-se na balança — outra preferência pessoal: as castanhas. Panetone e castanhas fazem um par perfeito, principalmente porque a sensação adocicada deles está em patamares semelhantes. O mesmo não ocorre com as frutas oleaginosas, como nozes e avelãs, secas e crocantes, e as demais frutas secas, como os figos, ameixas-pretas e tâmaras, que tendem para o doce. Lado a lado e sem estranhos no meio, panetone e castanha vão bem com vinhos sutis e elegantes, caso do Vin Santo (os mais doces, elaborados segundo os métodos tradicionais, hoje raridade no mercado brasileiro), Sauternes e outros licorosos franceses do Loire e da Alsácia, Eiswein e Trockenbeernauslese alemães e austríacos, ou os fantásticos e esquecidos Tokajis da Hungria. Todos têm, quando vêm de bons produtores, o justo equilíbrio de sabores em que o frescor sustenta o doce e impede que os vinhos pareçam enjoativos, além da imprescindível untuosidade na boca que se amalgama tão bem com a dupla panetone e castanha.

Esse mesmo leque de opções é válido se a preferência for pela agradável confusão de várias frutas secas juntas, também muito bem-vindo para temperar a costumeira conversa final em volta da mesa. Nesse caso, há mais candidatos com perfil para integrar com dignidade esse grupo tão especial. As mais bem cotadas são certas categorias de vinho do Porto, em particular a dos Tawnys, como são chamados os que, ao contrário dos Rubys, LBVs e Vintages, passaram um bom tempo em barris de carvalho. Neles, adquiriram aquela cor aloirada e aromas que lembram as frutas secas e, elemento essencial, um paladar suavizado, características que vão se acentuando à medida que o vinho envelhece. Variando desde um Tawny sem menção até os com indicação "40 anos", é na faixa intermediária que em geral, e dependendo do produtor, está o equilíbrio. Vale, como exemplo, minha eterna opção pessoal, o Duque de Bragança 20 anos da Casa Ferreira, cuja harmonia e sutileza fazem parar para pensar na magia que existe dentro dos velhos armazéns de Vila Nova de Gaia.

Panetones, castanhas e frutas secas, combinados ou individualmente, acompanhados do vinho apropriado, contribuem para o ambiente mais leve que caracteriza o fim de ano.

Paixões que podem ser plenamente satisfeitas na Páscoa

Chocólatras e amantes de vinho podem se regalar juntos, e não há nada mais convidativo do que fazê-lo na Páscoa. Como são dois universos muito vastos, é preciso atenção para encontrar a harmonização e a sintonia adequadas. O melhor é começar pelo chocolate, que tem como características um sabor adocicado associado a um toque de amargor, e uma textura pastosa trazida pela manteiga de cacau, seu ingrediente básico. Com o componente doce, o vinho deve ter um grau de doçura igual ou superior, sob pena de parecer demasiado seco e sem força para se compatibilizar.

Se o gênero "vinhos de sobremesa" fica sozinho nessa parada, é preciso lembrar do caráter levemente amargo dos chocolates, que se choca com os Sauternes, Moscatéis, Tokays e similares. A escolha destes faz sentido quando a sensação de amargor é atenuada, caso dos chocolates brancos e das receitas com ingredientes e preparo que deixam o conjunto mais suave ou caramelizado (pralinés, musses, caldas de açúcar derretido e até profiteroles). Sobram, portanto, os fortificados, tipo Porto e Madeira de Portugal, Pedro Ximenez da Espanha e, em especial, os que têm a denominação Banyuls e Maury, produzidos no Sul da França. Além das notas de torrefação, presentes em todos e que se misturam com as do chocolate, esses vinhos têm em comum uma maior graduação alcoólica, predicado importante para diluir a camada de cacau que reveste as papilas gustativas. Algumas sugestões em que o par tem mais chances de dar certo.

GRAHAM'S 10 YEARS OLD TAWNY, PORTO GRAHAM'S

Uma das casas mais estreladas de Porto, a Graham's brilha sempre em toda sua gama. Este Tawny 10 anos, com sua delicadeza e aromas de frutas secas, pede chocolates ao leite, mais ainda se estiverem associados a castanhas e amêndoas. É a combinação das elegâncias.

WARRIOR SPECIAL RESERVE, PORTO WARRE'S

A Warrior, da casa Warre's, é a marca de Porto mais antiga de Portugal, sendo exportada desde 1750. Embora passe cerca de quatro anos em madeira, o Warrior tem estilo mais próximo de um Ruby do que de um Tawny, sobressaindo um sabor mais frutado. Faz ótima companhia a bombons recheados com frutas.

BURMESTER LBV 98, PORTO BURMESTER

O LBV, que faz o gênero dos Vintages, é um Porto com estrutura que necessita de chocolates que estejam no mesmo patamar em termos de intensidade. É o caso dos meio amargos e de sobremesas preparadas com eles, como brownies e algumas tortas. O LBV, de ótima procedência, ainda tem o preço como um atrativo extra.

MAURY MAS JANEIL 2001, J & F LURTON

Há grande semelhança entre o Maury e o Banyuls. São produzidos em regiões próximas, no Sul da França, as uvas são as mesmas, assim como o processo de elaboração. O Maury, no entanto, segue a linha tradicional, com estágio em bombonas de vidro expostas ao tempo.* Daí os aromas de torrefação e a afinidade com chocolates fortes.

BURMESTER VINTAGE 2000, PORTO BURMESTER

Um Porto Vintage, em especial de uma ótima safra, como a 2000 do Burmester, é bastante intenso quando jovem, apresentando ainda um pouco de tanino. Nesse estágio, se harmoniza muito bem com bombons amargos, em particular as macias trufas de chocolate.

5 YEARS OLD MALMSEY RICH, BLANDY'S, MADEIRA

Infelizmente um tanto esquecidos, os Madeiras têm grande afinidade com comida em geral. Qual delas, vai depender de seu grau de doçura, e isso, por sua vez, se deve à casta com a qual é elaborado. Este, moldado a partir de Malmsey (Malvasia), é o

* Recipiente de vidro semelhante a uma grande garrafa bojuda, com tamanhos variados, onde o vinho repousa por tempo prolongado.

mais doce de todos. Sua afinidade com chocolates vai desde pralinés até charlotes e musses.

PEDRO XIMENEZ SOLERA 1927, ALVEAR

Pouco conhecidos, como são todos os vinhos do Sul da Espanha, o Pedro Ximenez é produzido integralmente com a uva que lhe dá o nome. É bastante doce e nele predominam aromas caramelizados. Chocolates ao leite são bem-vindos, assim como os clássicos profiteroles e tiramisu.

BANYULS RIMAGE 2001, DOMAINE DU MAS BLANC

Da mesma forma que se associa Banyuls a chocolate, quando se pensa em Banyuls a referência é o Domaine du Mas Blanc. O Rimage, produzido com 100% de uva Grenache, não passa por madeira, conservando seus aspectos intensos de frutas vermelhas. Vai bem com chocolates meio amargos e com *fondue* de chocolate.

A cozinha condimentada e seus parceiros mais sensuais

O advento de bons restaurantes de comida contemporânea, que incorpora instigantes sabores da culinária asiática em suas receitas, abriu um campo enorme para belas e diferenciadas compatibilizações com vinho. No fundo, compensou a carência de boas e verdadeiras casas especializadas em cozinha oriental, notadamente chinesa, indiana e tailandesa — sempre estivemos bem servidos de comida japonesa, mas ela é uma escola à parte na região, pelo menos no que diz respeito a seus pratos mais conhecidos, sushis e sashimis.

Para tirar pleno proveito do que essas cozinhas tão sofisticadas têm a oferecer, é necessário, antes de mais nada, quebrar o paradigma de acompanhá-las com cerveja: a falta de uma carta de vinhos atraente (quando ela existe) nessas novas casas faz com que a opção acabe sendo pela "loira gelada". Ou seja, é melhor se certificar antes da oferta de vinho e, eventualmente, checar se a casa permite levá-lo. Isso não deve ser interpretado como uma postura xiita da minha parte. Ocorre que, salvo algumas cervejas belgas mais elaboradas, as usuais, do tipo pilsen, não têm corpo e elegância para se harmonizar com esses pratos, sobrando apenas o gás e o amargor característico para atrapalhar.

A propósito, cabe aqui uma sutil mas importante diferenciação entre "acompanhar" e "compatibilizar", duas palavras muito utilizadas quando se fala de vinho e comida. A primeira significa "estar ao lado", sem que necessariamente haja afinidade, comunhão, cumplicidade. Dessa forma, é possível, sim, comer qualquer coisa "acompanhada" de qualquer bebida — guaraná, suco de laranja, chocolate quente ou um destilado. Não existe segredo, mas também não existe a noção de prazer absoluto, que só advém quando ocorre uma mútua valorização, quando se ressaltam as qualidades individuais e se engrandece a sensação final. Enfim, quando ficam melhor juntos do que separados.

Mesmo se valendo de ingredientes, modos de preparo e apresentações diferentes, as três cozinhas têm em comum a proposição de pratos bem condimentados, indo desde paladares picantes e apimentados até acentuados sabores agridoces. A utilização de especiarias de forma apropriada imprime um caráter particular a cada prato. No todo, é uma festa para os sentidos, mas que só se completa se houver vinhos com atributos na medida para ressaltá-los.

O primeiro elemento a ser considerado é que, a despeito do tempero forte, impactante, a culinária asiática não é pesada. Ao contrário, ela é rica e delicada, pedindo um vinho no mesmo patamar para que um não ofusque o outro. Se a receita for com carne, não é o caso de optar por tintos robustos e tânicos; nem por brancos potentes e alcoólicos, se a base for verduras, peixes e frutos do mar.

O passo seguinte é conciliar as sensações e os sabores mais intensos da comida oriental (doce, salgado, apimentado, ácido) com os do vinho (basicamente ácidos e doces), e aqui os melhores resultados vêm do contraste. No caso da cozinha asiática, as pimentas e especiarias picantes casam perfeitamente com vinhos de acidez mais elevada e toque adocicado, todos sabores marcantes que se atenuam reciprocamente, gerando uma combinação exótica e sensual.

É importante notar que a conjunção dos sabores ácido e doce em vinhos tem mais a ver com brancos do que com tintos. Para os pratos de carne, entretanto, algo próximo é possível com vinhos tintos jovens e com bom frescor, que ressalte seu aspecto frutado. Dentro desse perfil, e respeitando o fato de não serem pesados, encaixam-se sobretudo Syrahs do Rhône e do Sul da França, e Merlots de Pomerol, bem como, entre outros, alguns Tempranillos da Rioja e seus primos de Tinta Roriz do Dão, e determinados vinhos de produtores do Novo Mundo com mão mais leve.

Entre os brancos a lista é bem mais extensa, embora o sucesso na escolha dependa da receita e da execução do prato. A combinação e a presença de certos ingredientes — pimenta, gengibre, leite de coco, coentro, capim-limão, alho etc. — é que definem a estrutura do vinho e, por consequência, sua casta e procedência. No geral, as variedades brancas mais recomendáveis são a Sauvignon Blanc e a Riesling, com uma ressalva a favor da Gewurztraminer, sobretudo para pratos mais condimentados, caso dos indianos com curry. São igualmente considerados os Alvarinhos portugueses. Merecem cautela, por outro lado, os moldados a partir de Chardonnay, por não terem a vivacidade necessária para encarar intensos sabores picantes. A exceção fica por conta dos Chablis, por sua mineralidade.

No cardápio da matriz do Nam Thai, no bairro do Leblon, no Rio de Janeiro, há um texto que termina dizendo: "Comer é um ato social, sempre revestido de muita alegria, e é pouco provável que se veja um tailandês comendo sozinho. Tal fato é sinal de grande infortúnio". O mesmo vale para o ato de beber um vinho: é sempre melhor estar acompanhado. Não é por acaso que o vinho e a comida oriental têm tanta afinidade.

PERSONAGENS DO MUNDO DO VINHO

Cálice amargo

Os bastidores nada nobres da disputa pelo Château d'Yquem

É uma imprudência falar de unanimidade quando o assunto é vinho, e imprudência ainda maior é tentar apontar "o melhor do mundo". No entanto, se existe uma exceção, ela se chama Château d'Yquem, pelo menos no que diz respeito a vinhos doces. Não há no planeta nenhum outro que tenha conseguido reunir, ao longo de mais de três séculos, tanta qualidade, equilíbrio e elegância, o que lhe dá um poder de sedução inquestionável. Expressões como "néctar dourado" ou "ouro líquido" podem parecer chavões, mas, em se tratando de Yquem, são perfeitas.

Para ter todas essas virtudes, é necessário que a natureza seja muito benevolente, e ela o é para toda a região de Sauternes, mas exagera no caso do Château d'Yquem. De fato, naquela área de colinas suaves, situada a cerca de quarenta quilômetros ao sul da cidade de Bordeaux, uma conjunção favorável de fatores climáticos contribui para o aparecimento do fungo *Botrytis cinerea*, que age sobre os bagos das uvas, levando-os a perder água, ao mesmo tempo que concentra o açúcar e o glicerol (que dá untuosidade ao vinho) e equilibra a acidez e demais componentes sólidos do fruto. Os aspectos positivos desse fenômeno já eram reconhecidos em tratados escritos por volta de 1750 e, curiosamente, eles não se manifestam um pouco acima dali, em Pessac-Léognan, conhecida pela qualidade de seus vinhos brancos secos.

É um capricho da natureza e ele está associado à bruma matinal que, no outuno, recobre os vinhedos de Sauternes. Ela se forma devido às águas relativamente quentes do rio Ciron, que margeia a região, o que é suficiente para permitir o desenvolvimento e a multiplicação da *Botrytis*, dissipando-se a névoa quando o sol esquenta e a brisa sopra, a tempo de o fungo não enveredar para uma comum e nefasta podridão. No caso do Yquem, situado no topo da colina, a situação é privilegiada, tanto para fomentar a *Botrytis* quanto para impedir que ela aja negativamente. Nenhum outro vinhedo vizinho foi premiado com tamanha condescendência, e essa é a senha para que o Château d'Yquem seja inigualável.

Um presente desses tem de ser manejado adequadamente. Produzir vinhos doces com base em uvas botrytizadas já não é uma tarefa fácil, e buscar a perfeição, como é o caso do Yquem, mostra-se mais desafiador ainda. Ocorre que o fungo ataca cada bago de uva individualmente, estendendo-se de forma lenta e gradual por todo o cacho. Chega a levar sessenta dias para isso se consumar, o que obriga a passagens sucessivas no vinhedo, colhendo-se manualmente apenas as uvas infectadas. Retira-se uva por uva, e não o cacho inteiro, ao contrário do que ocorre em outros vinhos. No Château d'Yquem, houve anos em que se registraram até catorze colheitas parciais. Com tanto esmero e preciosismo, o rendimento é pequeno, não sendo raro que uma parreira conceda apenas um cálice de vinho. Outros Sauternes, até por não terem uma localização assim privilegiada, não chegam a requintes tão extremos e se contentam em elaborar vinhos sem que a totalidade das uvas esteja afetada pela *Botrytis*.

Digamos que é preciso muita determinação para comandar um Château d'Yquem e não se deixar levar pelas facilidades. E nesse sentido a família Lur-Saluces, à testa do Château d'Yquem desde 1785 — data em que o jovem conde Louis Amedée se casou com a última herdeira dos Sauvage d'Yquem —, foi fundamental. Já nessa época o vinho se destacava, tendo clientes ilustres como Thomas Jefferson, que fora enviado pelo governo americano à França e se tornara um grande conhecedor e apreciador dos melhores vinhos franceses. O próprio Jefferson, ao retornar aos Estados Unidos pouco antes de dirigir o país, comentou sobre o Yquem: "É excelente e parece ter conquistado o paladar dos americanos mais do que qualquer outro vinho que conheci na França". Mais tarde, escreveu a Louis Amedée pedindo 360 garrafas para o então presidente George Washington e 120 para si próprio. Entre outras passagens sobre o Château d'Yquem, consta que em 1947 o grão-duque Constantino, da Rússia, pagou a quantia recorde de 20 mil francos por um *tonneau* (equivalente a novecentos litros), o que representava quatro vezes o maior valor pago por igual volume de vinho francês até aquela data.

Não houve grandes sobressaltos nas diversas sucessões no comando do Château até dezembro de 1968, quando o marquês Bertrand de Lur-Saluces, que começara a dirigir a propriedade logo após a Primeira Guerra Mundial, faleceu sem deixar herdeiros diretos. A partir daí, a história mistura vaidades, brigas de poder, interesses financeiros e mau uso do dinheiro, entre outras facetas negativas. Mas ao mesmo tempo traz exemplos de competência que mantiveram elevada a imagem da propriedade, tornando-a rentável pela primeira vez. O personagem central desse imbróglio é o conde Alexandre de Lur-Saluces, que passou a ocupar o lugar do tio, embora não tivesse sido designado por ele como seu sucessor. Há muita fofoca e circunstâncias deploráveis nessa fase recente do Yquem, e fatos novos continuam se sucedendo.

Uma versão dessa história, repleta de detalhes sempre pouco favoráveis ao conde Alexandre, foi escrita pelo jornalista William Echikson, chefe do escritório da Dow Jones Newswires em Bruxelas e colunista de vinhos do *Wall Street Journal Europe*. Ela ocupa três dos quinze capítulos de seu livro *Noble rot*, lançado em 2004.

Ainda que o autor possa ter cometido exageros, alguns fatos narrados depõem tanto contra Alexandre de Lur-Saluces, que vários de seus antigos e intransigentes defensores (que o tinham como vítima) passaram a duvidar de sua inocência. Tudo começou com sua ascensão ao comando do Château. Por ser o caçula dos três sobrinhos do marquês Bertrand, não era ele o escolhido para dar continuidade à dinastia Lur-Saluces. Na verdade, o herdeiro seria seu irmão mais velho, Eugène, que até ficou com o título de marquês e 47% das ações que pertenciam ao tio. Alexandre trabalhava na propriedade havia um ano e imaginava fazer carreira lá dentro, quando a morte do então poderoso mentor do Yquem o pegou de surpresa. Boa parte do livro de Echikson narra suas tentativas de reverter o quadro junto a um tabelião e adquirir o direito às ações, sob a alegação de que o tio lhe prometera a transferência em seu favor e estava a caminho do cartório para assiná-la quando faleceu. Não deu certo. Contudo, a perseverança de Alexandre, associada ao caráter pacato e retraído do irmão, fez com que conseguisse um acordo: ele abriria mão da disputa pelas ações em troca de um documento que lhe permitisse assumir o controle operacional do Château. Resumindo, ele não era o dono, mas parecia ser.

Outra parte da família (os Hainguerlot, descendentes da irmã do marquês Bertrand) também detinha uma porcentagem de ações da propriedade, mantendo com o conde Alexandre uma relação amistosa. Muitos haviam sido criados juntos. Nos anos 1970, com o mercado vinícola em crise, sobretudo para os vinhos doces como o Sauternes, os acionistas, sabedores de que o Yquem dava pouco lucro, não discutiam uma maior distribuição de dividendos. Alexandre vivia muito bem, cumpria com eficiência seu papel de embaixador do vinho e não tinha que se preocupar com a parte técnica, desde 1963 a cargo do competente Pierre Meslier. A situação melhorou muitíssimo a partir de 1983, com o reaquecimento da economia mundial e com a explosão do consumo de vinho em países que antes não cultivavam o hábito dessa bebida, caso do Japão. O Château d'Yquem começou a ser lucrativo. Coincidência ou não, foi com a entrada de dinheiro que as coisas começaram a degringolar. Houve pressão por dividendos e críticas à forma como Lur-Saluces administrava as finanças e gastava com viagens e promoções. No final da década de 1980, até a confiança e o respeito que o conde tinha pelo trabalho do enólogo acabaram, e Meslier foi despedido sem nenhuma consideração, chocando os que trabalhavam no setor em Bordeaux. Em 1990, Alexandre começou a se indispor também com sua mulher, com quem estava casado havia dezenove anos. Pouco depois, separaram-se.

A competência com que Alexandre de Lur-Saluces garantira a qualidade e elevara a imagem do Château d'Yquem, sempre exaltada pelos familiares, não foi suficiente para que eles deixassem de contestar o restante de sua administração, em especial a área financeira. Pouco acostumado a prestar conta de seus atos, o conde convocou uma reunião extraordinária dos acionistas em Paris e propôs criar uma sociedade em cotas de participação que administraria Yquem e, fiscalmente, segundo ele, traria vantagens para os sócios em termos de taxação dos dividendos. Deve-se dizer que, por trás disso tudo, ele teria na nova empresa poderes ilimitados para conduzir a propriedade sem dar satisfações a ninguém. Alexandre ficou furioso quando os parentes pediram um tempo para refletir. A reação dele levantou mais suspeitas, e as partes romperam relações.

O livro de Echikson relata supostas manobras de Lur-Saluces para conseguir aprovar a abertura dessa sociedade em 1992, modificando até a ata da reunião. Isso fez com que seus parentes se desiludissem e, na impossibilidade de mudar o rumo das coisas, resolvessem vender suas ações. Embora o escolhido para intermediar a venda dos 37% que aquela parte da família detinha em 1994 já tivesse sido bem-sucedido em negócios semelhantes, não foi fácil encontrar um interessado. Além de se tratar de uma participação minoritária no caso do Yquem, o setor de vinhos, embora charmoso, não é interessante como negócio, o que afasta a maior parte dos investidores. Até Bill Gates, da Microsoft, foi contatado e, para a alegria dos franceses (e dos amantes de vinho), não se interessou. Em abril de 1996, após muitos contatos, tentativas e expectativas, Pierre d'Hancourt, que representava os acionistas da Yquem, recebeu uma carta de intenção do poderoso grupo LVMH (Louis Vuitton, Moët, Hennessy). Segundo o autor de *Noble rot*, a intransigência e arrogância do conde Alexandre de Lur-Saluces eram tão gritantes que acabaram preocupando até o esquecido Eugène; ele então aceitou colocar parte de suas ações no negócio para que o comprador fosse majoritário.

Em novembro de 1996, a venda do Château d'Yquem foi manchete no mundo inteiro. Houve, claro, reações apaixonadas aludindo à luta de David contra Golias. E elas ficaram mais fortes com declarações do conde, do tipo "se o grupo assumir a propriedade, as modelos vão invadir o Château, e eles vão produzir um perfume com o nome Yquem", e "Yquem não pode ser rebaixado a um produto de marketing banalizado". Depois de uma batalha judicial cheia de idas e vindas, a LVMH conseguiu assumir o controle. Em princípio e em parte, a história teve um final feliz, com uma composição que manteve Lur-Saluces na direção. Bernard Arnault, presidente da LVMH, participou diretamente da negociação com Alexandre e, segundo William Echikson, mostrou-lhe que seu objetivo era "proteger e preservar esse tesouro" e que o interesse por Yquem estava "ligado ao prestígio e à publicidade positiva que ele pode render, não a proveitos financeiros e à sua utilização indiscriminada".

Isso não significa que ao se manter esses princípios não seja possível obter lucro. Em maio de 2004, aproveitando a aproximação do 70º aniversário do conde (idade ainda abaixo da necessária para aposentadoria compulsória na França), a LVMH o substituiu por Pierre Lurton, diretor-geral do Cheval Blanc, outro Château de primeiro time, que pertence a Arnault e a seu amigo Albert Frère. Lurton vem de uma família com larga tradição na área de vinhos e abraçou bem o conceito de qualidade e sofisticação da LVMH, sem trair suas origens.

Para qualquer amante de vinhos, a venda de um símbolo como o Château d'Yquem a um grupo de outro ramo é preocupante, na medida em que representa um risco de prevalecerem outros interesses que não o de preservar o *terroir*, as raízes, a cultura — e por que não? —, o glamour. Em *Noble rot*, Echikson transcreveu uma frase significativa do diretor de uma grande empresa alimentícia, explicando por que eles não haviam se interessado em diversificar seus negócios e comprar uma vinícola:

> Há 2 mil anos, Jesus realizou o primeiro milagre ao transformar água em vinho. Ainda estamos esperando o segundo, que é transformar vinho em lucro.

Num setor que vive de pureza e emoção, nós, que estamos do lado de cá, abrimos mão da possibilidade de que esse milagre venha um dia a acontecer, dando origem a algo insosso.

Vovô era uma uva

A noite em que os herdeiros do Domaine Ramonet mostraram que um vinho vai muito além dos buquês e dos taninos

Embora a personalidade do produtor não se manifeste claramente no vinho que ele elabora, não há dúvida de que existe uma relação profunda entre os dois. Assim, tão fascinantes quanto os grandes vinhos, são os personagens a eles ligados de forma direta. Sempre que fui atrás de um, encontrei também o outro, seja provando uma garrafa especial para depois descobrir a pessoa interessante por trás dela, ou vice-versa. Foi o que ocorreu em 1987, quando li uma passagem curiosa sobre um produtor famoso que eu só conhecia à distância. A história me encantou e procurei saber mais sobre ele. Seus vinhos acabaram sendo, desde então, um dos meus preferidos.

Pierre Ramonet foi uma legenda dos famosos vinhos brancos da Borgonha, tendo construído, ainda antes da Segunda Guerra, uma das mais reputadas propriedades da região. Já na época, seus vinhos constavam da carta dos melhores restaurantes franceses e foram dos primeiros a ser exportados para os Estados Unidos. Intuitivo e rústico, "*Père*" Ramonet não gostava de telefone e dificilmente escrevia — funções exercidas por sua mulher —, mas era um gênio para elaborar vinhos. Com dedicação total, raramente se aventurava para fora de Chassagne Montrachet, seu vilarejo.

Em 1978, Ramonet, com 72 anos, vestiu o surrado pulôver e seu inseparável boné e se deslocou até o notário de Beaune, cidade distante quinze quilômetros ao norte de sua casa, para efetivar a compra de uma pequena parcela do vinhedo Le Montrachet, o mais caro e disputado pedaço de área vinícola do mundo. Na hora do pagamento, diante dos vendedores, Pierre Ramonet começou a tirar de cada bolso maços e maços de notas, amontoando tudo sobre a mesa do tabelião, que nunca tinha visto tanto dinheiro em espécie. "Bem, acho que está tudo aí", disse, para logo em seguida levantar-se, ansioso para voltar a sua adega e suas parreiras, onde se sentia mais à vontade.

Pausado e seguro, o velho Ramonet foi acrescentando vinhedos de peso a seu patrimônio, tendo por fim reunido alguns dos melhores Premiers e Grands Crus brancos, como o próprio Montrachet e o Batard Montrachet. Seus vinhos, não poderia ser diferente, tinham estilo próprio e alma, e sempre foram considerados uma referência do melhor que a uva Chardonnay podia oferecer. Era reverenciado por todos os produtores da região, que invariavelmente iam lhe pedir conselhos. Continuou trabalhando até falecer em 1994, com 88 anos.

Noel Ramonet, neto do lendário Pierre, começou a trabalhar na vinícola sob as ordens do avô, junto com o irmão Jean Claude, durante a colheita de 1984, e pôde absorver muito de seus conhecimentos. Mais do que isso, incorporou o jeito de Pierre, inclusive na maneira de vestir; porém, em vez das antigas casquetes e das roupas de décadas atrás, usa um chapéu amassado e camisetas de time americano. Produtores amigos seus brincam dizendo que ele está mais ousado do que antes e que tem "viajado" algumas vezes até Beaune. Mas Noel, a bem da verdade, vai ao máximo até Paris. Para o exterior é impossível: avião nem pensar.

Por trás de sua aparência desleixada, existem um paladar refinado e uma inteligência ímpar. Noel é seguro nas atitudes e consciente da responsabilidade de responder por um nome de tamanha tradição. Isso faz com que não abra mão do princípio de jamais enviar garrafas de seus vinhos para ser degustadas fora, prática exigida por algumas revistas especializadas. Noel comenta a situação com um argumento bem-humorado e inapelável, dizendo que é o mesmo que o *Guia Michelin* de restaurantes exigir que os proprietários de restaurantes coloquem os pratos que prepararam dentro de quentinhas e enviem para ser avaliados na redação. Não estranhem, então, se não encontrarem vinhos do Domaine Ramonet em algumas publicações.

Coerência e caráter são qualidades que os dois netos herdaram de Pierre Ramonet. A dupla decidiu prestar uma homenagem ao avô um ano após sua morte, mesmo pressionadas pelos impostos devidos ao fisco francês por direitos de sucessão. Enviaram um fax para 22 clientes e amigos da casa de várias partes do mundo, convidando para um encontro na propriedade na manhã de 15 de abril de 1995, um sábado, e para um jantar na noite do mesmo dia. Honrado pelo convite, fui ansioso e confiante, mesmo sem saber detalhes do que me aguardava.

Nos primeiros cumprimentos e nas apresentações informais entre os demais convidados, percebi que ninguém conhecia a programação. Com todos já sentados em torno de uma grande mesa, e após uma breve e emocionada explicação dos netos, começamos uma degustação dos dezessete vinhos que a casa produziu na safra de 1993, terminando, evidentemente, com sua majestade, o Montrachet. Seguiu-se a prova de treze vinhos brancos representando o que há de melhor no gênero no mundo, uma especialíssima seleção de garrafas de outras regiões da França, além de Estados Unidos, Austrália, Nova Zelândia, Itália e Chile.

A maratona matinal não havia terminado. Como em toda grande sinfonia há três movimentos, o *gran finale* estava por vir: sete dos melhores vinhos do Domaine Ramonet — Montrachets inclusive — de safras antigas, que retrocediam até 1952. Comovido pela generosidade e sensibilizado pela forma como tudo foi conduzido, fui descansar, me preparando para o jantar no Lameloise, o melhor restaurante estrelado da região e que dispõe dos vinhos mais nobres da Borgonha.

Qualquer suposição de que aquilo não passaria de uma serena confraternização em respeito à memória de *Pére* Ramonet começou a se desfazer quando fomos recepcionados com uma taça de Champagne Krug 1959, uma preciosidade em garrafa Magnum. Não, o que estava por vir era apoteótico. A mais fértil imaginação não presumiria, no entanto, o tamanho dessa apoteose preparada com nobreza pelos dois anfitriões, cuja autenticidade dispensou o uso de paletó e gravata, que todos os convidados vestiam naquela noite.

A folha do cardápio que nos aguardava, com a foto do velho Pierre na capa, relacionava numa página interna os pratos especialmente preparados e, na outra, os vinhos que acompanhariam cada um. Quais vinhos? Além dos três melhores brancos do produtor — Chassagne Montrachet Premier Cru les Ruchottes, Batard Montrachet e o Montrachet —, nas safras 1982 e 1986, e do Hemitage La Chapelle 61 (um dos vinhos mais disputados em leilões internacionais), ainda havia nada menos do que os oito melhores Bordeaux do século: Petrus, Latour e Cheval Blanc da safra 61; Cheval Blanc e Petrus 47; Latour 29; e Latour e Mouton Rothschild 45. As sobremesas foram cercadas por Château d'Yquem 67.

Diante dos antecedentes, é impensável qualquer associação com o exagero. Na concepção dos netos, era o único enredo digno de saudar personagem tão especial. Atualizar a produção e manter o padrão que Pierre Ramonet atingiu com seus vinhos era esperado, pois técnica e conhecimento ambos os herdeiros possuem. Mas a paixão e a sensibilidade imprimidas por esses dois Ramonets remanescentes, essenciais para se produzir um grande vinho, surpreendeu. E comoveu. Alguns presentes chegaram a chorar de emoção ao final da noite.

O bacante

Thomas Jefferson, amante e lobista do vinho no país do burbom

Os vinhos californianos alcançaram grande prestígio internacional e o consumo da bebida não para de crescer. Esse cenário, estabelecido entre os anos 1980 e a primeira década de 2000, era o sonho de Thomas Jefferson, o terceiro presidente dos Estados Unidos, há mais de duzentos anos.

Principal autor da Declaração da Independência e incansável defensor das liberdades individuais no país, Jefferson serviu sua pátria por cinco décadas, unindo seu amor à causa pública a uma inalienável paixão por vinhos. Dizia que o vinho era indispensável à sua saúde e defendia a isenção de impostos para tornar a bebida mais acessível. Declarou que: "Nenhuma nação é ébria onde o vinho é barato; e não é sóbria a nação em que a falta de gosto pelo vinho faz com que destilados ardentes se tornem a bebida mais popular. Eis, na verdade, o único antídoto para o veneno do uísque".

Mas Thomas Jefferson não se limitou só ao discurso, e por volta de 1771 partiu para a plantação de parreiras no estado da Virgínia. Mais especificamente em Monticello, sua terra natal, a cerca de duzentos quilômetros de Washington. Encorajou os vizinhos a fazer o mesmo, acreditando que um dia produziriam um vinho tão bom quanto os franceses. Importou mudas europeias e vinhateiros italianos. Mas o projeto não deu o resultado esperado. Primeiro, a Guerra da Independência destruiu anos de trabalho. Depois, e principalmente, houve dificuldade de adaptação das parreiras ao local.

De qualquer forma, a Virgínia tem a primazia de ser o primeiro estado americano a se iniciar na vitivinicultura, tendo como patrono e pioneiro ninguém menos do que um presidente do país. Curiosamente, a Califórnia começou na mesma época, mas estava, e continuaria por mais oitenta anos, sob domínio espanhol.

Em 1784, o governo americano enviou Jefferson, então com 41 anos, à França de Luís XVI. Lá ele assumiu a função de agente comercial e, em seguida, a de embaixador. Aceitou a contragosto, deixando claro, em crônicas, que só se entusiasmou pelos vinhos e pela gastronomia do país.

Durante os quatro anos em que viveu numa bela residência da Champs-Élysées, em cujo jardim plantou suas próprias videiras, Jefferson promoveu incontáveis e sofisticados jantares, regados aos melhores vinhos franceses. Pensando na volta, solicitou que seu chefe de cozinha americano fosse enviado para um estágio na França.

Na sua estada na capital francesa, Thomas Jefferson não só esteve em contato com tudo o que acontecia na área de vinhos como ainda visitou várias regiões vinícolas. Em 1787, saiu de Paris em direção à Itália, passando pela Borgonha, onde ficou particularmente atraído pelos Chambertins e Volnays. Na região do Rhône, encantou-se com o Hermitage branco e, mais ao sul, com os vinhos da Provence. Sua jornada estendeu-se até a Alemanha.

A parte mais importante das andanças de Jefferson foi Bordeaux. Sua sensibilidade apurada, associada às informações que recolhera em Paris, ampliaram seus conhecimentos. Consolidaram-se a tal ponto que ele estabeleceu sua própria classificação de vinhos bordaleses quase setenta anos antes da oficial, publicada em 1855 e que vigora até hoje. Em suas anotações consta: "Dos tintos de Bordeaux, quatro crus são mais célebres que todos. São o Château Margaux, Tour-de Segur (*o futuro Latour*), Haut Brion, e Lafite". Sobre os Sauternes, dizia que "é lá que estão os melhores vinhos brancos da França (*salvo Champagne e Hermitage*). Sobretudo aquele produzido por M. de Lur-Salur" (*na verdade Lur-Saluces, do Château d'Yquem*).

Jefferson comprava tudo o que lhe agradava em grande quantidade, e foi montando uma adega valiosa, patrimônio que continuou enriquecendo mesmo depois de ter voltado para os Estados Unidos. Durante os anos na presidência, entre 1801 e 1809, Thomas Jefferson não abandonou seus arraigados hábitos de bom gourmet. Para tanto, convidava políticos e estrangeiros a generosos jantares que se iniciavam às quatro da tarde e se prolongavam até a noite. Quando se aposentou e retornou à sua casa de Monticello, não foi fácil manter o padrão. Mas se a cozinha não era a mesma, os vinhos continuavam a ser.

A determinação de produzir bons vinhos se manteve na aposentadoria, e Jefferson empenhou parte de seu tempo e energia tentando produzir, sem sucesso, um "Borgonha à la América". Inspirados nele, outros conseguiram, bem mais tarde e em uma região diferente.

Sua compulsão por garrafas de vinho ficou evidente ao ser encontrada uma conta não paga do ex-presidente, de 10 mil dólares em bebida — uma fortuna na época —, que Jefferson deixou ao morrer em julho de 1826. Nem ele próprio, com todo seu otimismo, poderia imaginar que as garrafas de sua adega atingissem valores astronômicos no futuro. Uma delas, um Château Lafite Rothschild 1787 com as iniciais "Th J" gravadas — um requinte de alguns vinhos de sua coleção —, detém o recorde histórico de maior preço alcançado num leilão: mais de 150 mil dólares. O comprador, simplesmente o milionário americano Malcolm Forbes, editor da revista *Forbes*, arrematou em pessoa a garrafa em evento realizado pela Christie's de Londres em 1985.

Em 1997 foram leiloadas, pela Sotheby's, em Nova York, garrafas de vinho Madeira, outra preferência de Jefferson. Para obter uma única garrafa da safra 1800, Barrie Larvin, proprietário do Hotel Casino Rio de Las Vegas, desembolsou 23 mil dólares.

Thomas Jefferson foi político de destaque em seu país, conhecido ainda como filósofo, cientista, arquiteto e agricultor. Acredito que tudo nada mais era que passatempo. Sua verdadeira paixão era o vinho.

A saga dos Rothschild

Poucos nomes no universo do vinho têm o carisma e o magnetismo de um Rothschild. Por trás do *frisson* que seus dois rótulos míticos causam — Château Lafite e Mouton Rothschild —, está uma história instigante que contribuiu, inclusive, para solidificar o prestígio dos Bordeaux.

A saga da família Rothschild se iniciou com seu patriarca, Mayer Amschel, que, tendo começado como pequeno empresário num gueto judaico em Frankfurt, tornou-se um banqueiro bem-sucedido na segunda metade do século XVIII. Atento às instabilidades políticas que a Europa vivia, resolveu expandir os negócios para cidades estratégicas do continente na época — Viena, Londres, Nápoles e Paris —, enviando para lá quatro de seus cinco filhos; o mais velho permaneceu a seu lado. A ideia era que pudessem trocar informações com mais rapidez sobre os negócios e definir condutas, antecipando-se ao movimento dos mercados. Dessas frentes nasceu o emblema com cinco flechas exibido nos rótulos de seus vinhos.

A posição assumida em favor dos aliados contra Napoleão, que culminou com a derrota do imperador francês na batalha de

Waterloo em 1815, fortaleceu os negócios da família e seus laços com personagens influentes. Viria daí, pouco depois, o título de barão, concedido pelo Império Austríaco e extensível a todos os seus descendentes.

O primeiro passo em direção ao mundo do vinho foi dado por Nathaniel, filho do barão Nathan, fundador do braço inglês da família, ao decidir se mudar para Paris em 1850. Três anos depois, querendo ter um vinho próprio para servir a seus convidados, ele comprou o prestigiado, mas em fase meio decadente, Château Brane Mouton, mudando seu nome para Mouton Rothschild. Os investimentos feitos no sentido de recuperar a qualidade e a imagem de seu vinho não vieram a tempo de igualá-lo aos quatro mais celebrados Châteaux da época — Latour, Lafite, Margaux e Haut-Brion —, únicos a alcançar o patamar mais alto na famosa classificação de 1855, determinada pelo imperador Napoleão III e que abrangia cerca de sessenta vinhos da região de Bordeaux. Como prêmio de consolação, ao Mouton Rothschild foi concedido o título de "*Premier des Seconds*".

Não demorou para que outro membro do clã, o barão James, que havia sido designado pelo patriarca para assumir os negócios em Paris, também entrasse no ramo de vinhos. E o fez pelo ponto mais elevado: comprou o Château Lafite em 1868, pagando por ele um valor quatro vezes maior do que o negociado pelo Mouton. Na verdade, Lafite já era um rótulo de grande prestígio e um dos preferidos de Thomas Jefferson.

Os descendentes de Nathaniel que assumiram o Mouton Rothschild após sua morte, em 1870, primeiro James Edouard e depois Henri, não se dedicaram ao Château como deveriam, o que só agravou a situação da propriedade, já afetada, como todas as demais da região, pela crise da filoxera.

Com crise ou sem crise, tem gente que nasceu para fazer acontecer. No caso do Château Mouton Rothschild foi o barão

Philippe, filho de Henri. Vindo de Paris, onde levava uma vida glamourosa, ligada ao mundo das artes, aos carros de corrida e às belas mulheres, ele assumiu a propriedade em 1922, aos vinte anos, disposto a mudar o panorama e colocá-la no devido lugar. Ao cunhar a frase "*Premier ne puis, second ne daigne, Mouton suis*",* ele deixou patente sua revolta pelo fato do Mouton Rothschild ter sido preterido da condição de Premier Grand Cru Classe na época da classificação dos vinhos de Bordeaux, em 1855.

Uma de suas primeiras iniciativas foi engarrafar o vinho no próprio Château, assumindo total responsabilidade por sua fase de amadurecimento e garantindo a autenticidade do produto. Até então, era prática corrente dos produtores vender o vinho ainda nos barris a negociantes que se encarregavam de armazená-lo e vendê-lo, colocando seu nome em destaque no rótulo. Em resumo, nem os rótulos eram padronizados nem o conteúdo da garrafa.

Além da resistência dos negociantes e das objeções manifestadas pelos demais produtores, a decisão de engarrafar os vinhos na propriedade implicava significativas mudanças internas: a construção de grandes espaços para abrigar os barris — de duas safras, por causa do estágio de dois anos —, investimento em garrafas e aumento de pessoal para dar conta dos trabalhos de acompanhamento da evolução do vinho nas barricas, engarrafamento, etiquetagem, embalagem e comercialização. Tudo feito, a partir de 1924 o Mouton Rothschild passou a ser engarrafado na origem — o Lafite fez o mesmo no ano seguinte, não demorando para que os demais produtores seguissem esse caminho.

Para que a mudança ficasse bem explícita, o barão Philippe contratou o designer Jean Carlou para criar um novo rótulo para o Château. Nele, rompendo novamente as tradições, Carlou re-

* "Primeiro eu não posso, segundo eu desdenho; eu sou Mouton."

correu a cores vivas e a uma imagem de inspiração cubista, com as cinco setas, símbolo da família, a cabeça de um carneiro (o "*mouton*") e a inscrição "*Mis en bouteille au Château*",* que desde então é utilizada pelos produtores que engarrafam vinho na propriedade.

Diante das reações negativas ao estilo por demais avançado para a época, o rótulo só foi utilizado outras duas vezes, retornando a um padrão mais tradicional. Isso não impediu o barão de inovar outra vez em 1934, quando a etiqueta ganhou sua assinatura e passou a informar quantas garrafas, dos mais diferentes formatos — meia garrafa, Magnum, Jeroboam e Imperial —, haviam sido produzidas naquele ano.

Outra prova da preocupação com a qualidade e seus reflexos no prestígio do nome Mouton Rothschild foi dada pelo barão Philippe quando tomou a decisão de não engarrafar a safra de 1930 porque, em virtude das condições climáticas adversas, o vinho produzido não atingira o padrão mínimo desejado. Em seu lugar, teve a ideia de comercializar o lote sob a denominação Mouton Cadet (Mouton caçula). Dado o sucesso, a criação se tornaria marca de um rótulo mais comercial, composto de vinhos comprados de terceiros. É o carro-chefe da empresa *négociant* Baron Philippe de Rothschild S. A., posteriormente fundada e que comercializa milhares de garrafas todos os anos.

A sequência de boas tacadas foi interrompida durante a Segunda Guerra, mas não faltou ação na vida do barão nesse período: ele foi chamado para servir na Força Aérea Francesa, foi capturado, caiu nas mãos do governo de Vichy, escapou e foi para a Inglaterra, participando das Forças Livres do general De Gaulle, sendo condecorado por atos de bravura. Nesse período, quatro safras do Mouton — 1938, 1939, 1940 e 1941 — conduzidas pelos

* Engarrafado no Château.

invasores foram colocadas no mercado. Seriam as únicas a não levar sua assinatura no rótulo.

O barão voltou ao Château em 1945, a tempo de reorganizá-lo para a colheita daquele ano, de onde saiu, talvez como forma de compensação, o que é até hoje considerado o melhor Mouton Rothschild já produzido. Para comemorar, assim como a vitória das forças aliadas, o barão Philippe contratou um jovem desenhista francês, Philippe Jullian, para ilustrar o rótulo, escolhendo, entre os desenhos apresentados, aquele que mostrava o V da vitória, tão utilizado por Winston Churchill. Foi a retomada dos rótulos artísticos, para os quais, a cada ano, até hoje um artista é convidado. Grandes nomes, como Georges Braque (1955), Salvador Dalí (1958), Joan Miró (1969), Marc Chagall (1970), Kandinsky (1971) e Andy Warhol (1975), entre outros, fizeram trabalhos exclusivos para decorar suas garrafas.

Por mais que rótulos personalizados fossem um diferencial do Mouton, o barão nunca teve a intenção de utilizá-los como arma de marketing. Na verdade, suas duas obsessões eram a qualidade do vinho e provar que deveria se fazer justiça alçando-o à condição de Premier Grand Cru Classe. Lutando em todas as instâncias, enfrentou a oposição de personagens influentes do setor, sendo o principal deles Elie de Rothschild, um parente seu que comandava o Château Lafite.

Não houve jeito. O próprio barão Elie baixou a guarda e, conscientizando-se que era bom para os interesses da região, levou os demais Premiers Crus a concordarem com a promoção. Em 1973, por decreto do então ministro da Agricultura da França, o Château Mouton Rothschild alcançou a categoria principal. Foi, e provavelmente continuará sendo, a única alteração na classificação de 1855.

Consta que o fato foi celebrado junto com os trabalhadores do Château, com uma garrafa Jeroboam da safra 1924. Na ocasão, Philippe comunicou a alteração da frase que movera a propriedade para "*Premier je suis, second je fus, Mouton ne change*".* O rótulo do Mouton Rothschild de 1973, em vez de expor uma obra exclusiva, reproduz um quadro pertencente ao acervo do museu do Château, a aquarela *Bacchanale*, de Picasso. Uma homenagem do barão ao artista espanhol, falecido naquele ano.

Philippe de Rothschild teve apenas uma filha, a baronesa Philippine Mathilde Camille de Rothschild, fruto de seu primeiro casamento — sua mulher foi presa pelos nazistas e morreu num campo de concentração. Philippine deixou de lado a carreira de atriz — ela chegou a participar da Comédie Française — no final da década de 1970, para ficar mais perto do pai e se inteirar de seus negócios, que já incluíam, além do Mouton, os Châteaux vizinhos d'Armailhac e Clerc Millon, a "Maison de Négoce", que comercializa o Mouton Cadet, e o Opus One, parceria com Mondavi, na Califórnia, seu primeiro projeto fora da França. Em 1997, surgiu a parceria com o grupo chileno Concha y Toro para produzir o Almaviva.

Pouca coisa mudou com a morte do barão em 1988. Philippine herdou do pai não só o amor pela arte mas também o vigor e o carisma. Dinâmica e atuante, é presidente do conselho de administração e controladora majoritária da próspera empresa de vinhos da família, que tem uma estrutura profissionalizada. A baronesa Philippine de Rothschild é a grande embaixadora da marca e a única responsável pela escolha da obra que ilustra os rótulos do Château Mouton Rothschild.

* "Premier eu sou, segundo já fui, Mouton não muda."

O futuro em uma nota

Robert Parker determina o sucesso ou o fracasso de um rótulo

Tempos atrás, recebi um cartão-postal de um amigo americano com uma história em quadrinhos mostrando um cliente diante do balcão de uma loja de vinhos, experimentando uma taça que lhe fora servida. No primeiro quadro, ele comenta com o atendente alguns defeitos do vinho; no desenho seguinte, o vendedor lhe diz: com ar *blasé*: "O Parker deu 95 pontos". A cena final mostra o degustador dizendo incontinente: "Me dê duas caixas".

Essa situação está longe de ser uma mera anedota: o americano Robert Parker Jr., o crítico de vinhos mais louvado e influente do planeta, tem o poder de fazer com que rótulos alcancem sucesso e altos preços, assim como os mal avaliados fiquem encalhados na prateleira. Vale aqui um comentário de mercado: o prêmio Nobel tem menos importância para a venda de um livro que uma alta pontuação de Parker para um vinho.

Tudo começou na segunda metade da década de 1970, quando ele, já seguindo a carreira de advogado, era apenas um estudioso apreciador de vinhos. Parker declara que os livros que comprava sobre o assunto eram, em geral, fantásticos em discorrer sobre a história e o significado de vinícolas famosas, mas que na prática muitos desses chamados grandes vinhos não eram assim tão maravilhosos. Daí nasceu a ideia de criar uma publicação independente que falasse da bebida como um produto de consumo, com o objetivo de informar o consumidor sobre como era realmente a qualidade dos vinhos. Um Ralph Nader* do setor vinícola.

O assunto do primeiro número foi uma avaliação de Bordeaux da safra de 1973, tida pelos negociantes como frutada e fácil de beber e de compreender. Na opinião de Parker, os vinhos eram diluídos, magros e desagradáveis. Descontente também com os sistemas de avaliação vigentes, especialmente o método de notas até vinte pontos, ele analisou algumas alternativas, decidindo-se pelo modelo de cinquenta a cem, o mesmo utilizado pelos professores da sua faculdade de direito.

Desconhecido, decidido a não aceitar publicidade, a manter uma posição ética forte e evitar conflito de interesses (pagando ele mesmo hotéis, viagens e vinhos), sua publicação desejava estar voltada ao consumidor, e não ao comércio. Assim, a primeira edição tinha de ser gratuita. Para viabilizá-la, pediu 2 mil dólares emprestados à mãe e no verão de 1978 distribuiu 6500 cópias mimeografadas de seu boletim, que haviam sido datilografadas numa velha máquina de escrever. Embora decepcionado com o retorno de apenas seiscentas confirmações de assinatura, Robert Parker estava convencido de que existia demanda para esse projeto e continuou insistindo, mesmo porque já tinha recursos para o segundo número.

O total de assinaturas foi crescendo devagar, mas de forma consistente, e a resenha continuou sendo enviada aos assinantes de dois em dois meses, regularmente. Sobrecarregado, pois conti-

* Advogado americano que se tornou célebre nos anos 1960 por suas campanhas a favor do direito dos consumidores.

nuava trabalhando como advogado, tornaram-se mais frequentes as discussões em família sobre por qual das duas profissões Parker deveria optar. Em 1982, de comum acordo com a mulher, Patricia — casados desde 1969, foi ela quem o incitou a tomar seu primeiro vinho, em 1967 —, ele decidiu dedicar todas as suas energias à publicação se ela atingisse 10 mil assinantes.

Isso ocorreu em março de 1984, depois de um acontecimento que seria determinante para sua carreira — a safra de 1982 em Bordeaux. É que na edição de abril de 1983 Parker rasgara elogios àqueles tintos bordaleses, dizendo que quando os avaliou *en primeur** nunca havia degustado tantos vinhos ricos, opulentos e produzidos com uma uva tão madura. Parker sustentava que eram os melhores Bordeaux desde os da indiscutível safra de 1961, ao contrário do que afirmavam seus pares americanos — o *New York Times* e a *Wine Spectator* criticaram a colheita e aconselharam seus leitores a comprar os vinhos mais clássicos das safras de 1981 e 1979, pois a de 1982 era madura demais e lhe faltava acidez. Muita gente, erroneamente, ainda credita a Parker a primazia de ter reconhecido antes de todos a grandiosidade da safra 1982 em Bordeaux — a imprensa europeia nunca duvidou da excelência dos 82. O fato é que, com esse episódio, seu trabalho começou a ter mais visibilidade, e ele, mais influência.

Ali estava o homem certo na hora certa. O mercado e o consumo de vinhos expandiram-se muito desde então. Parker tinha encontrado uma forma de auxiliar uma crescente legião de novos consumidores, sem bagagem e conhecimento, a tomar decisões diante da invasão de novos rótulos. Sua publicação, a *The Wine Advocate*, usa uma linguagem direta: pontua os vinhos dentro de uma escala centesimal e faz breves comentários, analisando principalmente o aspecto visual, olfativo e gustativo do vinho. Algu-

* Venda a futuro de vinho, prática típica de Bordeaux.

mas informações e características importantes da bebida, como estilo e personalidade, acabam se perdendo no meio do vocabulário mais próximo de quem domina a terminologia da degustação. Embora Parker ressalte a importância das observações, ele mesmo justifica que a nota permite rápida comunicação. E é o que prevalece.

E em datas especiais, o autor expressa seu agradecimento aos fiéis leitores presenteando-os com poesias que o marcaram ou fragmentos extraídos de músicas de ícones de sua geração, caso de Neil Young, Bob Dylan, Bob Seger e outros. Na edição de número 180, que comemorou os trinta anos da publicação, além de um longo poema — "O caminho do bezerro", do americano Sam Walter Foss (1858-1911) —, Parker reproduziu um trecho da música "Fitzcarraldo", de Glen Hansard, da banda The Frames, que diz:

De volta aqui por um longo e estranho caminho
escolhi a estrada longa...
que me leva a Deus sabe onde
por isso não posso parar agora

Fica claro, portanto, que Parker, que tem 61 anos, não pensa em se aposentar tão cedo. Ao contrário, ele continua degustando cerca de 10 mil vinhos por ano, seja nas viagens bem programadas ou em sua modesta casa-escritório em Maryland — estado onde nasceu e sempre viveu — com a mulher Patricia e uma filha, Maia-Song Elizabeth, sul-coreana que o casal adotou em 1987.

A diferença é que hoje ele conta com uma equipe para auxiliá-lo, mesmo porque aumentou substancialmente o número de vinhos e de regiões a ser avaliadas. Assim, o trabalho ficou dividido. Antonio Galloni se ocupa exclusivamente da Itália, enquanto Jay Miller cuida dos vinhos do Oregon, Washington State,

Espanha, Austrália, América do Sul e Portos. David Schildknecht analisa rótulos da Alemanha, Áustria, Alsácia, Borgonha, Loire, Languedoc-Roussillon, Champagne, Nova Zelândia e África do Sul; e Mark Squires verifica marcas da Grécia, Líbano, Chipre, Bulgaria e Romênia. O *boss* ficou com o que ele realmente gosta: Rhône, em particular os Châteauneuf du Pape, Provence, Califórnia e, claro, Bordeaux.

Robert Parker, além de inquestionavelmente idôneo, é um ótimo degustador. Como todo ser humano, no entanto, tem preferências e deficiências. Suas avaliações sempre privilegiaram vinhos intensos e robustos, características, aliás, que distinguem as áreas que ficaram sob sua responsabilidade. Sabendo do poder que a análise de Parker tem na hora de vender, muitos produtores mudaram o estilo de seus vinhos para se adequar ao gosto do guru. É o que se convencionou chamar de "parkerização", movimento que continua dando margem a muita polêmica, levantada, em especial, por aqueles que não aderiram à prática (ao menos abertamente).

O que há, no fundo, é um desvirtuamento da noção de gosto pessoal. O mercado tem interesse em induzir o consumidor a acreditar que a avaliação de Parker é definitiva, quando isso não é verdade. Ela é consistente e confiável, porém não é absoluta. Ele próprio admite isso.

Com tanta exposição, é natural que Parker tenha detratores. Uma das tentativas de abalar sua reputação foi o lançamento, em 2007, do livro *Robert Parker: anatomie d'un myth*. A obra foi escrita por Hanna Agostini, que trabalhou para o crítico americano durante oito anos, sendo, também, responsável por traduzir seus guias e livros do inglês para o francês. Ela questiona sua comentada independência e o acusa, entre outras coisas, de favorecer produtores amigos. No entanto, o fato de ela ter sido demitida em 2003 depõe contra a imparcialidade de Agostini. Ela foi afastada após uma série de acusações de fraude e de se utilizar do posto de assistente do influente patrão para conseguir contratos de consultoria.

Como será o futuro sem Robert Parker? Alguém será capaz de ocupar seu lugar? Não há, por enquanto, nenhum nome que lhe faça sombra. Imagina-se que fenômeno semelhante não se repetirá. Ninguém teve, nem provavelmente terá, tanta força no mercado de vinhos.

Angelo Gaja faz história na Itália

Trajetória do produtor mais poderoso do país

Para comemorar em 2006 a 40ª edição da Vinitaly, tradicional feira de vinhos italianos, seus organizadores convidaram Serena Sutcliffe, diretora da área de vinhos da casa de leilões Sotheby's e uma das personalidades mais brilhantes do mundo do vinho, para comandar uma degustação que marcasse dignamente a ocasião, dando-lhe liberdade para buscar o que considerasse mais interessante.

Mrs. Sutcliffe, com seu conhecimento e influência, reuniu treze produtores internacionais de primeira linha: Jean-Baptiste Lecaillon, diretor responsável pela Maison Louis Roederer, que produz o champagne Cristal; Dominique Lafon, famoso sobretudo por seus soberbos borgonhas brancos; Alexander van Beek, *régisseur* do Château Giscours; Jeremy Seysses, que comanda o Domaine Dujac, da Borgonha; Philippe Guigal, dos mais celebrados dos Côte Rotie, do Rhône; Sebastiano Rosa, do Sassicaia; Albiera Antinori, da famosa casa toscana Antinori; o prestigiado Angelo Gaja; Arnaldo Caprai, da Úmbria; Peter Sisseck, proprietário do excepcional e quase inacessível Pingus, de Ribera del

Duero, da Espanha; Álvaro Palacios, cabeça brilhante e inquieta, produtor do l'Ermita, do Priorato, também da Espanha; David Powell, dono da reputada Torbreck, vinícola de destaque da Austrália; e Willi Bründlmayer, especialista nos grandes vinhos brancos secos e doces austríacos. O propósito era discutir os aspectos mais relevantes com que os enólogos precisam se confrontar hoje em dia com vistas ao futuro, especificamente que práticas utilizam e como se preparam para os efeitos do aquecimento global, o respeito ao meio ambiente e as tendências diante das exigências do mercado.

Acomodados em linha em uma mesa extensa o suficiente para receber aqueles catorze importantes palestrantes e perante uma seleta plateia de cinquenta convidados, cada um utilizava os dez minutos previstos para fazer sua explanação e comentar o vinho que, entre o que produzia de melhor, havia escolhido para aquela data. A excitação na sala já era grande e crescia à medida que se sucediam as exposições e se provavam garrafas de padrão tão elevado.

Tudo muito sério, até chegar a vez de Angelo Gaja, o nono na sequência. Ele começou dizendo que se eximiria de comentar seu próprio vinho, um Barbaresco 2001, já que sabia que lá estavam profissionais gabaritados. E que, prezando suas raízes, preferia falar dos vinhos de sua região, o Piemonte, mais especificamente de Barolos e Barbarescos. Não são, admitiu, vinhos fáceis de entender à primeira vista e saem em desvantagem diante daqueles demasiadamente opulentos e pesados. São tintos de exceção. E se permitiu uma comparação. Era como se o musculoso John Wayne, com seus quase dois metros de altura, entrasse numa festa, chamando a atenção de todos; logo estaria rodeado de mulheres atraídas por sua imponência. Pouco depois, discreto e sem alarde, chega Marcello Mastroianni; seu charme natural é percebido por uma das presentes, que dele se aproxima. Outras, aos poucos, notam e fazem o mesmo. Dali a pouco, Mastroianni está cercado por todas, enjoadas da mesmice do grandalhão. John Wayne representaria a Cabernet Sauvignon, hoje encontrada em qualquer lugar, originando, em sua grande maioria, tintos sem personalidade que precisam ser muito encorpados para impressionar. Mastroianni, por sua vez, personifica a Nebbiolo, uva que sozinha compõe Barolos e Barbarescos, ensejando vinhos elegantes que necessitam de alguma atenção inicial, mas que seduzem depois, em particular ao acompanhar uma refeição.

Encantar uma plateia tão especial — e empolgá-la — não foi difícil para Angelo Gaja. Muito carismático, ágil e demonstrando sempre extrema naturalidade, ele domina qualquer ambiente. Na sua frente, o interlocutor nem pisca. É também difícil acompanhar a velocidade com que ele se expressa — para desespero de quem se vale do fone de tradução simultânea em suas apresentações —, assim como os passos rápidos com que se desloca. Divirto-me vendo a fotografia de Gaja ciceroneando um grupo de amigos meus pelos jardins de sua vinícola; o produtor italiano está metros à frente deles.

O dinamismo de Angelo Gaja o levou a ser considerado pelos veículos especializados que atuam dentro e fora da Itália como o nome mais importante e poderoso do país (junto com Piero Antinori) e uma das figuras mais influentes do setor no mundo. A revista inglesa *Decanter*, a mais conceituada, lhe concedeu o invejado título de Man of The Year em 1998. No *Gambero Rosso*, principal guia de vinhos da Itália, Gaja é a vinícola número um do país, posição que ocupa por ter até hoje o maior número de vinhos premiados com a mais alta pontuação concedida pela publicação anualmente, os famosos *tre bicchieri* (três taças).

É bem verdade que logo que se formou na escola de viticultura e enologia de Alba, em 1960, e foi trabalhar com o pai, Giovanni, na vinícola da família, Angelo Gaja encontrou uma propriedade bem estruturada e a região vivendo uma situação econômica favorável. Ter e trazer sorte também conta: 1961 foi uma safra excepcional, o que incitou os Gaja a dar mais um passo na política de qualidade que vinham implementando — a partir daquele ano, e contrariando uma praxe no Piemonte, deixaram em definitivo de utilizar uvas de terceiros. Todos os seus vinhos passaram a ser produzidos apenas com uvas próprias, o que possibilitava controlar qualidade. Cuidar dos vinhedos era responsabilidade de Angelo, para desespero dos vinhateiros vizinhos. Indo contra o que se praticava por eles, o jovem Gaja, entre outras novas práticas, teve a iniciativa de podar e diminuir o número de cachos por videira, para assim obter vinhos mais expressivos. Para os outros, soava como um pecado jogar fora frutos com que a natureza havia lhes presenteado.

Hoje em dia, a velha guarda já aposentada — Angelo Gaja, que nasceu em 1940, continua parecendo um rapazola perto deles — lembra daquele moço intrépido dirigindo seu trator por todos os cantos como se fosse um carro de corrida. Guardam-lhe enorme respeito e é perceptível um certo receio de se aproximar de uma personalidade tão ilustre. Gaja procura não deixar que isso aconteça e que pensem que ele se afastou de suas raízes, saudando e trocando, sem sorrisos falsos, palavras com todos que cruzam com ele na rua.

Essa característica dele me vem à lembrança quando recordo certa vez em que saímos em sua potente BMW verde-metálica para jantar no Da Cesare, um ótimo restaurante então situado em Albaretto della Torre, distante cerca de vinte quilômetros de Barbaresco. "Voando baixo" até chegar lá, paramos em dois vilarejos para ele me mostrar a vista da região com o sol já se pondo. A velocidade do carro não era sinal de pressa. Gaja sempre encontrava alguns velhinhos na praça e conversava animado com eles no dialeto local. E depois ia embora dizendo: "Gosto e é importante fazer isso. Eles são os sábios que conhecem e estão a par de tudo no lugar. Se você precisa saber ou pedir opinião sobre alguma coisa, tem de perguntar a eles".

De certa maneira foi assim que, em 1988, depois de uma longa procura, Angelo Gaja ficou sabendo de um precioso vinhedo à venda em Serralunga d'Alba, a partir do qual recomeçou a produzir Barolos — o rótulo havia deixado de fazer parte de seu portfólio desde 1962, quando sua vinícola, que não possuía vinhedos na área, decidiu só utilizar uvas próprias. Por saudade daqueles tempos, o vinho recebeu o nome de Sperss, que no dialeto piemontês significa "nostalgia".

Alusões desse tipo são frequentemente utilizadas por Gaja para denominar seus vinhos. Foi o caso do Darmagi ("que pena"), expressão pronunciada por seu pai em 1978, quando soube que o filho tinha convertido em Cabernet Sauvignon uma parcela antes ocupada pela nativa Nebbiolo. O Chardonnay Gaia & Rey, por sua vez, traz o nome de sua filha Gaia, nascida em 1979, mesma data em que o vinhedo foi implantado, e uma homenagem à avó, que morreu quando ele começou a trabalhar na vinícola. Angelo pretendia colocar no rótulo o primeiro nome da avó, Clotilde. Desaconselhado, então usou Rey, seu sobrenome de solteira.

Mais extravagante foi a ideia de chamar de Ca'Marcanda (negociação que nunca termina, no dialeto piemontês) o segundo projeto vinícola de Gaja fora do Piemonte. No primeiro ele até foi comedido, alterando simplesmente para Pieve ("capela rural") Santa Restituta o que antes era Chiesa ("igreja") Santa Restituta, uma propriedade já sem tradição na prestigiada região de Montalcino. A nova investida fora de suas fronteiras denota também mais uma faceta da personalidade de Angelo Gaja: a obstinação. Foi em Bolgheri, a zona vinícola toscana mais badalada desde a década de 1990, por força do prestígio internacional alcançado por dois rótulos de lá, o Sassicaia e o Ornellaia. Ele fez de tudo para adquirir uma área ali, necessariamente em local nobre, como lhe convinha.

Durante sua venturosa caminhada, que lhe rendeu tantas glórias e prosperidade nos negócios, não faltaram a Angelo Gaja propostas de parceria. Uma delas foi do californiano Robert Mondavi, que, acenando com a penetração que possuía no mercado americano, fez a mesma oferta a vários produtores de renome. Convenceu, entre outros, o celebrado *baron* Philippe de Rothschild, dando origem ao Opus One, no Napa Valley, e Ludovico Antinori, de quem comprou uma participação na Tenuta Ornellaia.

Com toda sua verve, Angelo conta que Mondavi marcou uma reunião para aprofundar o assunto, levando um grupo de assessores e advogados. Sozinho, vendo toda aquela *entourage*, Angelo se dirigiu ao produtor americano e serenamente lhe comunicou que, depois de refletir muito tinha chegado à conclusão de que não ia dar certo. Isso porque, ele explicou a Mondavi, para os italianos sexo era algo muito importante, e não via como dar certo um casamento entre um mosquito, Gaja, e um gorila, Mondavi. O assunto foi encerrado ali.

Em 2009, a vinícola Gaja celebrou seu 150º aniversário. Ainda que tenha "muita lenha para queimar" e não pense em se aposentar, Angelo Gaja não tem preocupação com a continuidade de seu trabalho. A quarta geração dos Gaja já está assumindo seus postos com brilhantismo. Gaia, a filha mais velha, tem os mesmos dons de comunicação que o pai e Rossana é formada em enologia. O caçula, Giovanni, ainda tem tempo para se decidir, mas, convenhamos, é difícil não se deixar persuadir por Angelo Gaja.

Pelas mãos de Rolland matura-se um *blend* de sucesso

Não é possível afirmar se o poeta e escritor inglês John Ruskin estava se referindo a vinho ao enunciar a frase: "Qualidade nunca é acidente: ela é sempre resultado de um esforço inteligente". De qualquer forma, ela é mais do que apropriada a essa bebida virtuosa. É necessário uma conjunção de fatores para que um vinho alcance um patamar inquestionavelmente superior. Alguns estão associados à natureza e outros a um adequado trabalho do homem. De nada adianta clima e solo apropriados se eles não forem utilizados em toda a sua plenitude e com o objetivo de extrair o melhor. É, a propósito, o que explica por que numa mesma região possa haver vinhos de qualidades tão díspares em vinhedos vizinhos. Descartando aqueles em que a proposta é produzir quantidade e não qualidade, nos demais a questão é de competência. Para produzir um vinho (bom) não existe receita pronta, como a de um bolo, onde se tem ingredientes conhecidos e quantificados, um procedimento quase automático, e o processo se resume a controlar o tempo e a temperatura de um eletrodoméstico. No vinho as variáveis são muitas, as respostas lentas, os dados têm de ser interpretados e não medidos, e a vinificação é repleta de enigmas. O sucesso depende, portanto, de talento, sensibilidade e experiência. São esses atributos, raros de reunir, que explicam a fama dos "*flying winemakers*", como são conhecidos os enólogos de renome que dão consultoria a várias vinícolas espalhadas pelo mundo. O mais conhecido e disputado é o francês Michel Rolland.

Ter um consultor dessa categoria custa caro, mas dá retorno: além do indiscutível aporte de qualidade ao vinho, o nome Rolland facilita o acesso aos grandes formadores de opinião. Ele tem o que mostrar desde que despontou em 1982 com um excepcional vinho do Château Le Bon Pasteur, situado em Pomerol, sub-região de Bordeaux, de propriedade da família. Não foi por mero acaso. Rolland, enólogo desde 1973, adotou em sua vinícola métodos rígidos em busca de qualidade, pouco utilizados numa época em que Bordeaux não vivia momentos prósperos.

A receita, utilizada depois gradualmente por todos os seus vizinhos, começava no vinhedo, com a diminuição do número de cachos por parreira e a iniciativa de retardar ao máximo a data de colheita para que as uvas chegassem aos índices-limites — e ideais — de maturação. Na cantina, Michel Rolland sempre foi rigoroso com relação a higiene, a sistemas precisos de controle de temperatura de fermentação e à qualidade das barricas de carvalho, tão indispensáveis quanto um bom acompanhamento da evolução do vinho dentro delas. Ele continua aprimorando suas técnicas no Bon Pasteur, para depois recomendar a seus clientes espalhados pelo mundo.

Michel Rolland assessora perto de cem vinícolas em doze países diferentes. Para dar conta de tudo isso, ele deve ter conseguido implantar um sistema eficiente de gerenciamento à distância, principalmente na importante época que antecede a colheita e se segue até o final da vinificação. É quando se joga a última cartada e as ações devem ser precisas. É uma fase delicada e o que mais me intriga nos contratos que Rolland assina. Sua presença seria importante, e é impossível que isso aconteça, já que a grande maioria das propriedades que ele atende está espalhada no hemisfério norte, onde tudo se passa entre agosto e outubro. Nos demais meses, ele consegue demonstrar de forma tranquila sua habilidade como técnico e degustador, determinando diretrizes gerais de trabalho (também para diminuir margens de erro em sua ausência) e participando ativamente da definição das cubas e barris para composição do *blend* final do vinho. Prova dessa atuação foi a decisão de atrasar em três meses o lançamento do Salentein Merlot da safra 2001, porque, segundo ele, o vinho ainda precisava de mais tempo em barril.

A Argentina recebe atenção especial de Michel Rolland desde o final da década de 1980. Ele dá consultoria a alguns vinhos (não à linha toda) de quatro bodegas e ainda tem, em sociedade com amigos locais, seu próprio vinhedo na região de Salta, no extremo norte do país. O Yacochuya, com a assinatura do próprio Rolland no rótulo, é um Malbec concentrado, elaborado a partir de um vinhedo antigo situado a mais de 2 mil metros de altitude.

Outro país do Cone Sul onde Michel Rolland atua é o Chile, mais precisamente na Casa Lapostolle, da qual é quase fundador. Foi Rolland quem indicou o Chile para a família Marnier-Lapostolle — a mesma dos licores Grand Marnier —, que procurava uma região vinícola para diversificar e se instalar fora da França. Na Casa Lapostolle, o consultor maneja com maestria a Merlot, a uva principal de Pomerol, sua terra de origem. Não é de se estranhar que a vinícola produza o melhor Merlot chileno, denominado Cuvée Alexandre e, com essa uva, mais Carmenère, Cabernet Sauvignon e um pouco de Malbec, molde um dos grandes vinhos premium do Chile, o Clos Apalta.

É, no entanto, trabalhando majoritariamente com outra uva bordalesa, a eclética Cabernet Sauvignon, que o nome de Michel

Rolland brilha fora da França. Basta citar o badalado *cult wine** californiano Harlan Estate e o disputado Ornellaia, um Supertoscano premiado em 2001, safra 1998, como o Top 100, melhor vinho do ano pela revista americana *Wine Spectator*.

Para seus rótulos ganharem tantos prêmios, o conceito de grife que há por trás do nome de Michel Rolland ajuda, mas só se sustenta se estiver acompanhado de qualidade. No caso do mercado de vinhos, há ainda um detalhe importante: o que influencia e agrada às publicações especializadas, poderosas junto aos consumidores, é o estilo dos vinhos de Rolland. Ele busca sempre concentração e taninos maduros, uma fórmula infalível que impressiona de cara. O influente Robert Parker é um declarado apreciador do "estilo Rolland" e lhe concede, habitualmente, altas notas. Nos comentários que acompanham as pontuações, o nome Rolland é sempre citado.

Geralmente há críticas a quem consegue tanta projeção. No caso de Michel Rolland, elas vêm, em grande parte, de seus conterrâneos franceses e estão dirigidas ao excessivo apego à força e à utilização do carvalho, que estandardizam os vinhos e fazem com que se distanciem do *terroir*, um conceito fundamental na França. Paradoxalmente, é justamente em Bordeaux onde ele mais atua: mais da metade de seus clientes são Châteaux distribuídos por todas as suas sub-regiões. Esses não reclamam; Rolland lhes consegue uma projeção que dificilmente teriam. Vale citar, entre tantos, o caso dos Châteaux Monbousquet, Pavie Decesse e Pavie, que vinham capengando até serem comprados pelo controvertido Gerard Perse. Com grandes investimentos e muito trabalho, evidentemente, e contando com a consultoria de Michel Rolland,

* Denominação informal de vinhos californianos de produção minúscula que alcançaram altas pontuações dos críticos (e preços estratosféricos). Exemplo: Harlan Estate, Dominus, Caymus, Araújo, Bryant e Shafer.

as propriedades entraram numa nova era. O Château Pavie, por exemplo, o último a ser incorporado, em 1997, saltou de uma posição secundária na constelação bordalesa para brilhar com destaque nas safras 1998 e 1999 (95 RP) e 2000 (100 RP), chegando a ser considerado, por Parker, como candidato ao melhor entre todos os Bordeaux de 2001.

A atração de Michel Rolland também por desafios foi o que o levou à Índia. Sim, a Índia também está produzindo vinho e exportando para a Inglaterra. As condições climáticas são complicadas e foi por isso mesmo, aparentemente, que Rolland se sentiu tentado a extrair bons (?) vinhos numa região situada perto do paralelo 13°, onde as estações do ano não são bem definidas. Em termos de posição no mapa — há outros fatores geográficos que também incidem —, essa região está à mesma distância do Equador que a área vinícola do Vale do São Francisco no Brasil.

Ele sabia a diferença entre um vinho ruim e o mau bebedor

Diante da infinidade de rótulos disponíveis hoje, e das mais diferentes procedências, escolher um vinho não é tarefa fácil. Nunca se produziu tanto vinho bom quanto agora, ainda que esse fato tenha seus inconvenientes e não estejamos livres de surpresas desagradáveis. Da mesma forma, o apreciador da bebida tem muito mais noção de paladar do que antes, e todo esse quadro é fruto de um processo que teve início logo após a Segunda Guerra e foi se desenvolvendo progressivamente, tendo como grande mentor o francês Émile Peynaud, falecido em 2004.

Nascido em 1912, aos vinte anos o professor Peynaud já teve suas primeiras ideias publicadas na *Revue de Viticulture* e, em 1946, defendeu sua tese de enologia na desde sempre prestigiada Universidade de Bordeaux. Foi ele quem introduziu conceitos de elaboração fundamentais, hoje obrigatórios em qualquer vinícola séria: as uvas têm de ser colhidas no seu ponto ideal de maturidade e sanidade, os taninos devem ser extraídos com habilidade e é preciso controlar rigorosamente a temperatura de fermentação. A partir de então, se aprimoraram as análises dos diferentes componentes da uva, possibilitando a escolha da hora certa de colher, e desenvolveram-se cubas termorreguláveis, as modernas cubas de inox atuais. A questão da temperatura era dramática em anos quentes. Na safra de 1947, por exemplo, os produtores de Bordeaux foram obrigados a colocar pedras de gelo nas cubas (com a consequente diluição do vinho) para tentar salvar a colheita.

Seus métodos logo repercutiram no exterior. Por volta de 1950, o "pai" do Barca Velha, Fernando Nicolau de Almeida, definiu as bases do tinto ícone de Portugal a partir do contato com Émile Peynaud. "Seu" Fernando, como era chamado, não tendo eletricidade no Douro Superior, região onde o vinho seria produzido, concebeu cubas de paredes duplas, que eram enchidas à noite com blocos de gelo vindos de Matosinhos, uma viagem que, se não houvesse nenhum contratempo, demorava cerca de cinco horas.

O trabalho de Peynaud, principalmente junto a grandes Châteaux de Bordeaux, era cada vez mais reconhecido e ganhou destaque especial com as safras de 1959 e 1961, quando condições extremas, semelhantes às de 1947, foram dominadas e se consagraram como históricas. Como consultor, chegou a assessorar mais de setenta vinícolas simultaneamente, podendo ser considerado o responsável pela projeção de boa parte delas. Por sua orientação passaram os Châteaux Margaux, Cheval Blanc, Lafite e Léoville Las Cases, entre outros Bordeaux, e o Mas de Daumas Gassac, o primeiro grande vinho do Sul da França. A bem da verdade, Émile Peynaud foi o precursor dos atuais "*flying winemakers*", consultores internacionais, como Michel Rolland.

Além de contribuir decisivamente para a evolução qualitativa da bebida, Peynaud percebeu que não adiantava aprimorar os vinhos se ninguém percebesse isso. Em seu livro *Le goût du vin*, um tratado sobre degustação escrito no final dos anos 1970, Émile Peynaud incita os consumidores a se aperfeiçoar e procurar beber melhor. No prefácio, há uma "Carta ao amador amante de vinhos", a quem ele considerava o elo mais importante da corrente, antes mesmo do produtor, do enólogo e do negociante da bebida. Entre outras frases, ele escreveu que "Se existem maus vinhos é porque existem maus bebedores".

Índice remissivo

ESTA OBRA FOI COMPOSTA EM MINION PELO ACQUA ESTÚDIO
E IMPRESSA EM PROCESSO SOB DEMANDA PELA UM LIVRO SOBRE PAPEL
OFFWHITE PARA A EDITORA SCHWARCZ A PARTIR DE 2025

FSC
www.fsc.org
MISTO
Apoiando o manejo florestal responsável
FSC® C128038

A marca FSC® é a garantia de que a madeira utilizada na fabricação do papel deste livro provém de florestas que foram gerenciadas de maneira ambientalmente correta, socialmente justa e economicamente viável, além de outras fontes de origem controlada.